高等院校小学教育专业教材

小学科学教学技能

徐敬标　编著

华东师范大学出版社
·上海·

图书在版编目(CIP)数据

小学科学教学技能/徐敬标编著. —上海：
华东师范大学出版社,2010
ISBN 978-7-5617-7941-5

Ⅰ.①小… Ⅱ.①徐… Ⅲ.①小学—教学研究—高等学校—教材 Ⅳ.①G622.0

中国版本图书馆 CIP 数据核字(2010)第 134767 号

高等院校小学教育专业教材

小学科学教学技能

编　　著	徐敬标
策　　划	朱建宝
责任编辑	朱建宝
审读编辑	姜汉椿
责任校对	王丽平
封面设计	卢晓红

出版发行	华东师范大学出版社
社　　址	上海市中山北路 3663 号　邮编 200062
电话总机	021-62450163 转各部门　行政传真 021-62572105
客服电话	021-62865537(兼传真)
门市(邮购)电话	021-62869887
门市地址	上海市中山北路 3663 号华东师范大学校内先锋路口
网　　址	www.ecnupress.com.cn

印 刷 者	常熟高专印刷有限公司
开　　本	787×1092　16 开
印　　张	15.25
字　　数	340 千字
版　　次	2010 年 11 月第 1 版
印　　次	2022 年 2 月第 12 次
印　　数	27301-27960
书　　号	ISBN 978-7-5617-7941-5/G·4642
定　　价	31.00 元

出版人　王　焰

(如发现本版图书有印订质量问题，请寄回本社客服中心调换或电话 021-62865537 联系)

前　言

高等师范院校肩负着为中小学培养师资的重要任务。如何为中小学输送合格的师资,这始终是我们要关注的问题。国际上非常强调教师的专业化,国内近几年对教师专业化的呼声也很高。恰逢基础教育课程进行改革,新的课程也呼唤更高素质的老师,尤其是教师的教学技能与素养已经成为制约小学科学课程改革的"瓶颈"。在这样的形势下,检讨以往的高等师范教育,应该说我们在师范生的培养上,更多强调了理论的学习,虽然多年来我们对师范生的教学能力的训练也在改进,但从总体上说,这种训练还有待更加系统化和更有计划性。现在看来,根据实际的教育教学的需要,加强对师范生的教学技能的培养,是我们课程设置的一个不可忽视的内容。

现在有关师范生技能训练的教材陆续出版,虽说其中有很多新的探索,有不少新的内容值得我们借鉴,但我们仍感到这些教材还有一些不足,如:有的教材涉及的能力项目太多,课堂教学不好落实;有的理论性太强,可供进行课堂训练的材料不足;有的写得太多,读起来很花时间。

鉴于此,考虑编写一本从师范生实际能力水平出发,便于在课堂上进行课堂教学技能训练的实用教材。师范生应具备的能力有很多,都收入进来进行训练也不可能。这本教学技能训练教程从师范生毕业后走上讲台的工作要求出发,从"实战"出发,注重教育教学理论和实际技能的结合,力求通过提高师范生的综合素质,提高他们的教学实践能力。通过教学行为,体现一种先进的教学理念、较强的教学能力、扎实的基础和广阔的知识面,力求体现基础教育科学教育课程改革和学生科学教育素质发展的双重要求。

本书在编写中贯彻研究型教学和小组合作学习的思想,内容包括基本理论和基本实践,每章含以下五个模块,阐述了小学科学教师必备的各项教学技能的训练步骤和方法,注重技能解读和技能运用,结合优秀案例,剖析深入,启发性大,同时强调师范生的思考、参与和自主学习。

"观点演绎场"——师范生对该项技能的认识。

"教学案例园"——选出有针对性的教学案例。

"分析反思亭"——分析案例,优化技能。

"知识导航塔"——展现技能训练的理论依据或相关知识。

"任务接受所"——结合所学技能,进行自我训练。

本书在撰写过程中,参考了很多相关的书籍和资料,也引用了一些教师的案例和实录,在此表示诚挚的谢意!由于水平有限,书中难免有不少纰漏,希望广大读者能够多提宝贵的意见。我们不胜感谢!

本书适用于师范院校、教育学院和师资培训项目的小学科学教师教学技能训练课程,也可作为广大小学科学教师学习自修的参考书。

目录

前言 …………………………………………………………………………… 1

绪论 …………………………………………………………………………… 1

第一篇　小学科学教学准备技能 …………………………………………… 1
　第一章　小学科学教学内容分析技能 …………………………………… 3
　第二章　小学科学学习者分析技能 ……………………………………… 17
　第三章　小学科学教学方法与手段分析技能 …………………………… 27
　第四章　小学科学教学目标设计技能 …………………………………… 42
　第五章　小学科学教案编写技能 ………………………………………… 54

第二篇　小学科学教学实施技能 …………………………………………… 69
　第六章　小学科学课堂导入技能 ………………………………………… 71
　第七章　小学科学课堂讲解技能 ………………………………………… 82
　第八章　小学科学课堂提问技能 ………………………………………… 93
　第九章　小学科学教学演示技能 ………………………………………… 107
　第十章　小学科学课堂观察、实验技能 ………………………………… 122
　第十一章　小学科学课堂激励技能 ……………………………………… 140
　第十二章　小学科学课堂调控技能 ……………………………………… 150
　第十三章　小学科学教学板书设计技能 ………………………………… 165
　第十四章　小学科学课堂结课技能 ……………………………………… 174

第三篇　小学科学课外活动指导技能 ……………………………………… 183
　第十五章　小学科学课外活动指导的认识 ……………………………… 185
　第十六章　小学科学课程资源的开发与利用 …………………………… 199

第四篇　小学科学教学评价技能 …………………………………………… 205
　第十七章　小学科学教学评价技能 ……………………………………… 207

绪　　论

教学既是一门科学,就需要教师以育人为目的,遵循一定的教育、教学和学生身心发展的规律,只有具备科学头脑,运用科学方法才能完成;同时教学过程也是一种艺术再现的过程,如果没有一种完善的传播技能和再现技巧,再好的教育、教学也达不到预期的效果。

一、小学科学教学技能的概念

1. 教学技能的认识

技能是通过学习而获得的一种动作经验,对个体动作的方向、强度、速度和应变等有着调节控制作用。教学技能,目前国内外都未提出一个公认的科学概念,人们可从不同的视角、不同的范畴、不同的层次去审视、表征、运用它。有活动方式说、行为说、结构说、知识说等,从中可以看出,教学技能应该至少涵盖这样两个方面:教师的教学技能总是由可观察的、可操作的、可测量的各种外显性的行为表现构成,同时又是由教师既有的认知结构对知识的理解、对教学情景的把握、对教学行为的选择等认知活动构成的一个复杂的心理过程,也就是指通过练习运作某种知识和规则顺利完成某种教学任务的能力。

2. 小学科学教学技能的内涵

小学科学教学技能是指小学科学教师运用已有的教学理论知识,通过练习而形成的稳固的复杂的教学行为系统。它是科学教师必备的一种职业技能。教学技能的高低反映了科学教师驾驭教育系统中各个要素的水平,因而在很大程度上影响着小学科学教学活动的效果和效率。

教学技能与教学理论知识、教学能力是相互联系的。教学理论知识是人脑中形成的教学经验系统,教学能力则是个体顺利完成教学活动任务的直接有效的心理特征,这两者是掌握教学技能的前提,并制约着掌握教学技能的速度和深度。

掌握教学方法是形成教学技能的前提,教学技能首先表现为教师在掌握大量的教学方法的前提下,在具体的教学实践中对这些教学方法的灵活运用。熟练掌握教学技能又为教学方法的娴熟运用提供了支持。二者相互促进,相得益彰。学习教学法的最好办法是在学习教学法理论、原则的同时,加强教学技能的训练,将教学技能训练贯穿到整个教学法课程中。

二、小学科学教师教学技能的专业特征

1. 小学科学教学技能的综合性

在教学实践中,教学技能的形成依赖于两个方面:即教师的教与学生的学。从结构上看,

教的技能是教师表达、判断、组织、管理等方面能力的综合;学的技能则是阅读、分析、理解、记忆等多方面能力的综合。在教师身上,以上这些能力又会围绕不同的目标,交织并结合成各自的教学技能体系,并以此为基础,去构建广博而精深的知识结构。

2. 小学科学教学技能的内隐性与观念性

在复杂的教学活动中,大多数教学技能的运用是通过内部心理活动的智慧技能和自我调控技能来实现的,如教学设计技能、教材处理技能、教学组织技能和教学反思技能等,它们往往表现在对知识、信息的加工和改造上,因此,它具有内隐性和观念性。

3. 小学科学教学技能的智能性与情感性

小学科学教学技能的获得包含有对教学信息的吸收、消化和反输出的复杂过程,需要教师充分发挥主观能动性,对他人的言传身教以及自身掌握的教育教学理论知识和积累的教学经验细加揣摩,依据教学实践灵活使用、改进乃至创新。另外,教师掌握教学技能的目的是教书育人,这一目的决定了教学技能的运用必然是灵活多变的。教学过程是师生情感交流的过程,在教学中,不仅教师的爱憎、好恶会强烈地感染学生,学生课堂上情绪的好坏,也同样会对教师产生影响。

4. 小学科学教学技能的多样性与简约性

教学技能既表现为个体的经验,又是群体经验的结晶。它虽植根于个体经验,但又不是个体经验的简单描述,而是在千百万教师经验的基础上,经过反复筛选和实践检验而形成的高度概括化、系统化的理论系统。这种在丰富多彩经验基础上形成,又以简约化的形态呈现的教学技能体系,既源于教学经验,又高于教学经验,是个体经验与群体经验、理论与实践相结合的产物,反映了多样性与简约性的统一。

5. 小学科学教学技能形成中练习的不可替代性和知识的不可或缺性

练习在技能的形成过程中具有不可替代性,这是技能与知识的重要区别。教学技能的形成不等同于教学理论知识和规则的获得,它是通过多种条件、不同方式的练习逐步形成和熟练掌握的,练习是技能训练中不可缺少的环节。

6. 小学科学教学技能的专业性

教学技能具有很强的专业指向性,小学科学的教学技能一般是其他课程难以互换或替代的。教学的作用是要建立学科知识与学生的联系,因而科学教师一定要精通所教科学课程的教学技能。

7. 小学科学教学技能的自动化

教学技能达到熟练的程度,即达到教学技能自动化通常被视为技能的一大特征。技能一旦达到自动化程度,所进行的活动则不需要或很少需要意识控制,可以极大地提高活动效率。

三、小学科学教学技能的特点

1. 小学科学教学技能要凸显情境性

小学生的年龄一般介于6~12岁之间,根据皮亚杰的观点,这一时期儿童思维的主要特征是,能够因循逻辑规则进行推理思维,但是推理思维能力往往局限于眼前的具体情境或熟悉的经验,需要借助具体的形象进行。这就要求教师在教学中利用直观性、形象性的情境吸引学生的注意,所以教师的教学技能很大一部分应体现在教学情境的创设上。

2. 小学科学教学技能要富有趣味性

小学生的心理特征表明,他们只关注自己感兴趣的对象,注意的目的性比较低,情绪性比较强。小学科学教学要从小学生的兴趣入手,创设出充满趣味的学习活动,让学生们喜欢学习,快乐地学习。

3. 小学科学教学技能要注重情感参与性

小学生的情感较为单纯,但是他们十分渴望获得他人的尊重与认可,渴望教师对自己在情感上的关注与交流。

4. 小学科学教学技能要强调监督指导性

由于小学生的注意力、情绪稳定性和意志力都不持久,教师需要在教学过程中对学生的学习活动加以监督和适时指导,因此,监督指导性是小学教学技能的重要特征之一。教师需要以适当的方式方法引导学生学习,帮助他们树立遵纪好学的观念意识,对于学生的怠惰与违纪行为,教师应正确、客观地对待,依据小学生的心理特征加以合理处理、引导。

四、小学科学教学技能的作用

1. 小学科学教学技能是提高教学效果的手段

西方研究者对大学毕业的中小学教师考查的结果表明,教师一旦达到或超出一定的智力和知识"水平线",教师的智力和知识水平就不再是影响教学效果的重要因素了。实践证明,在达到必要的智力和知识水平之后,从事教师工作不可缺少的思维能力、口头表达能力、组织教学活动的能力等教学技能是影响教学效果的决定因素。

2. 小学科学教学技能是衡量教师专业成熟度的重要尺度

一个专业成熟的教师不仅需要掌握所教知识,还应当具备与教育任务相适应的教学工作技能、技巧。

3. 小学科学教学技能是实现教师人生价值的前提基础

教师职业从产生之时起,就具有"传道、授业、解惑"之功能,要发挥这样的功能,教师必须是闻道在先、术业有专攻。只有掌握教学规律、原则和方法,懂得教育成败的原因,才有能力胜任教师工作。"胜任"意味着在教师的岗位上,既能实现自身价值,又能为社会创造价值。

五、小学科学教学技能的发展规律

从教学技能发展过程的本质特征和发展方向来看,教学技能的发展规律表现在:个体教师在已掌握教学技能的基础上,不断地进行教学实践,使已掌握的教学技能发展成教学技巧,再经过创新发展到教学技艺的水平,最终达到教学的最高追求——教学艺术。教学技巧、教学技艺、教学艺术是教学技能不同发展阶段表现出的三种不同形态。

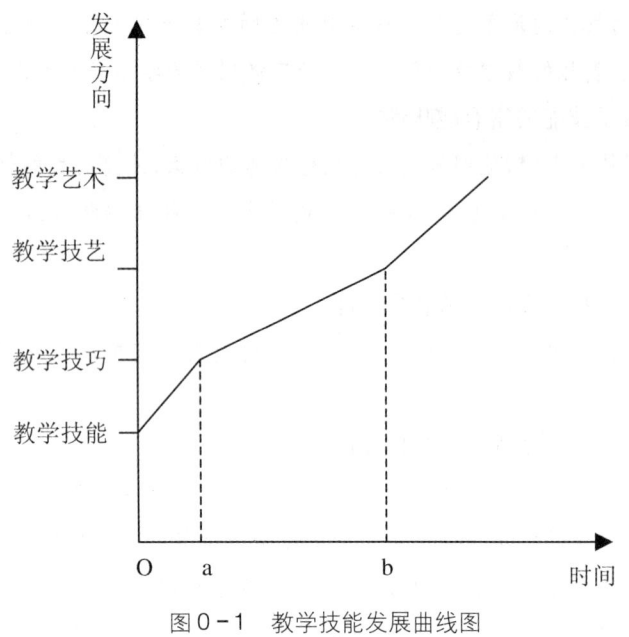

图0-1 教学技能发展曲线图

六、小学科学教学技能的分类

教学技能种类繁多,为了便于我们认识、学习和自我训练,必须依据一定的标准对其进行综合和分解,科学地确定出教学技能的结构体系。确定教学技能分类的标准有很多,依据不同的标准可得出不同的教学技能分类体系。如以教学过程为线索,教师的教学技能大致可以划分为:(1)课前的教学设计技能;(2)课堂教学技能;(3)课后指导技能;(4)学生与教学评价技能。本书根据现代教育教学理念,结合我国当前基础教育新课程改革的实际情况,拟从三个层面来考虑这一问题:

首先是课堂教学基本技能。可将课堂教学技能分为:导入技能、讲解技能、提问技能、演示技能、课堂观察、实验技能、激励技能、调控技能、板书设计技能、结课技能等。这样,有机地构成了反映课堂教学行为的各种技能间的纵向关系。

其二是教学准备技能。教学准备技能包括教学内容分析技能、学习者分析技能、教学方法与教学手段分析技能、教学目标设计技能、教案编制技能。

其三是教学综合技能。教师教学综合技能包括:教学评价技能、课外活动指导技能以及合作技能。

为了准确地反映教师所应具备的基本技能体系,参照国内外许多研究成果,确定上述这些教学技能为教师在教学的准备与实施的各个阶段中必备的教学技能。一名教师在具备相应知识和能力的基础上,掌握了以上几类教学技能,也就练就了教学的基本功。

第一篇　小学科学教学准备技能

　　小学科学教学设计是教师以小学科学教育理论为指导,运用系统方法分析小学科学教学问题,确定教学目标,建立小学科学教学方案,并对方案进行试行、评价和修改的过程。

　　小学科学教学设计的基本要素:小学科学教学内容及教学对象,即小学科学教学设计的前期分析;小学科学教学目标,确定通过教与学的活动,要求学生掌握的知识与技能,应当形成的认识与态度,要求用具体可观察、可测量的术语精确表述学习目标;小学科学教学方案及评价,即教案的编制。

第一章 小学科学教学内容分析技能

教学内容,是指为了实现教学目标,要求学习者系统学习的知识、技能和行为规范的总和。学习内容分析,主要包括学习内容的范围和深度,以及学习内容的结构和内在联系。前者是为了确定学生应当认识或掌握的知识、技能的广度,应当达到的理解程度和技能、能力水平。后者是为了明确学习内容中各项知识、技能的相互关系,为安排教学的有序展开打下基础。教师通常所说的教材分析实际上就是学习内容分析。

【观点演绎场】

△ 教学内容分析并非是全新的事物,过去在讨论教师如何备课时总会提到诸如"大纲分析、教材分析"等名词,这些与要谈到的教学内容分析有很多相关的地方。一般认为,小学科学教师的教学内容分析包括"钻研大纲和分析教材","阅读、搜集教学有关的资料","搜集实验材料、制作直观教具","熟悉自然界"等。

△ 小学科学教学过程中的教学内容分析历来就是科学教学的重要准备步骤。而备课的过程则是围绕着教学大纲进行的。在小学科学课程的教学大纲中,有对于教学内容的详细说明,里面采用双向细目表的形式仔细说明了各部分教学内容的知识要点及教学要求,学生实验、实习和研究性课题的内容及要求。作为一名合格的小学科学教师应该能够做到:分析教材中的重点和难点、根据教学内容的特点选择教学中使用的媒体素材、按照教学内容的特点选择恰当的教学方式、自己收集与教学内容有关的各种资料、自己设计并组织"综合实践活动"和符合地方特点的"校本课程"。

△ 教学内容分析的最终目的是帮助教师选择或设计一种有效的方式将教学内容传递给学生,因此,首先需要对教学内容的内在关系进行透彻的分析,包括:教学内容包括哪些知识点?这些知识点之间的关系是怎样的?而明确教学内容具体包括哪些知识点则是最基本的工作。

△ 我们对教学内容的分析可以从三个方面进行。一是建构教材内容的知识体系;二是确定知识点;三是确定教学内容的重点和难点。

△ 分析教学内容是为了规定教学内容的范围、深度及教学内容各部分的联系,回答"学什么"的问题。分析和组织教学内容是教学设计的一项重要工作。分析教学内容就是鉴别教学内容的性质及其组成部分,并在此基础上,把综合的、复杂的整体内容分解为各个相对独立、简单的组成部分,确定各个部分之间的联系。组织教学内容就是把经过分析而划定的各个部分,按照一定的方式、方法进行安排,或把分散的、零散的内容组成具有一定结构的整体。

【教学案例园】

案例1:《摩擦起电》的教学片断

"同学们,想不想知道摩擦过的玻璃棒与橡胶棒相互接近时,会出现什么现象?"教师提出问题后,没有像往常那样强调让学生一定要用丝绸摩擦玻璃棒,毛皮摩擦橡胶棒,更没有让学生照课本上的例题模仿实验。而是用科学课的探究方式,让学生大胆尝试,观察两根摩擦后的橡胶棒与玻璃棒、玻璃棒与玻璃棒、橡胶棒与橡胶棒相互接近后,会产生什么现象。让学生分组实验。

15分钟后,让学生汇报交流。先让最快的葛灵燕小组汇报。

"我们组用摩擦过的两根橡胶棒相互接近时,发现挂着的那根一下被吸了过来,我们的结论是橡胶棒与橡胶棒接近会相互吸引。"葛灵燕话音刚落,王拓成就站起来说:"陈老师,不对,它们应该是相互排斥的。"这时下面几个组已经争了起来。于是教师又让几个小组汇报,结果发现还有几个小组也是相互吸引的。这个结果也出乎教师的意料,照课本的例题只有三种结果,即橡胶棒与橡胶棒摩擦后互相接近时,它们会相互排斥;橡胶棒与玻璃棒摩擦后互相接近时会相互吸引;玻璃棒与玻璃棒摩擦后接近则相互排斥。而学生小组汇报的结果除了例题的三种以外还出现了橡胶棒与橡胶棒摩擦后接近会相互吸引,橡胶棒与玻璃棒摩擦后接近会相互排斥的现象。这不是与例题相矛盾了?

这又是怎么回事呢?于是为了解开谜团,教师让学生思考:"为什么你们的实验结果与书上的例题提出的结论不一样?"教室里一下像炸开的锅讨论开了。于是教师又抓住机会,让认为橡胶棒与橡胶棒接近是相互排斥的第三大组第3小组组长王拓成汇报他们的实验是怎样做的。

王拓成说:"老师,我们用两块毛皮分别摩擦两根橡胶棒,摩擦后一根挂在架子上,屠一聪用另一根去接近,我们发现挂在架子上的那一根逃开了,所以我们认为它们相互排斥。"教师又让认为"相互吸引"的第二大组第2小组葛灵燕汇报他们小组的实验过程。

"陈老师,我把用丝绸摩擦过的橡胶棒放在架子上,钱楼成用橡胶棒在头上摩擦后,拿着橡胶棒接近我的橡胶棒,结果我的橡胶棒一下子就被他吸了过去,所以我们认为它们是相互吸引的。"

通过与学生一起分析讨论,学生终于了解了相互吸引的两根橡胶棒是用不同的材料(毛皮与丝绸)摩擦的,而相互排斥的两根橡胶棒则是用同样的材料(毛皮)摩擦的。明白了用不同的材料去摩擦同一物体或用同样的材料去摩擦不同的物体,它们所产生的电是不同的;而用同样的材料去摩擦同样的物体产生的电却是一样的。知道了自然界存在着两种不同的电,而用丝绸摩擦过的玻璃棒所带的电跟用毛皮摩擦过的橡胶棒所带的电是不同的,正是为了区分科学家规定用丝绸摩擦过的玻璃棒带正电,毛皮摩擦过的橡胶棒带负电。

案例2：苏教版《科学》四年级下册第五单元的第一课《认识常见岩石》

本课与《岩石和矿物》、《认识矿物的性质》、《日益减少的矿物资源》共同组成"岩石与矿物"单元，本单元属于"地球与宇宙"部分的内容，是小学科学教材的重要教学内容之一，同时也为后续学习"地球运动和地表变化"作好铺垫。

本课教材共分为三个部分。第一部分：介绍岩石组成地球的外壳，覆盖在地球表面。通过图片导入，提出问题："对于岩石，你了解多少？"为后面学习岩石的特征、岩石的种类建立联系，作好铺垫；第二部分：引导学生仔细研究各种岩石，多角度了解岩石的特征，并对岩石进行分类；第三部分：初步了解岩浆岩、沉积岩、变质岩的形成过程。

案例3：教科版小学科学六年级下册《月相变化》

本课时教学设计是六年级下册第三单元第二节，是学生认识宇宙空间的开始。前一节，同学们已经初步认识了地球的卫星——月球，本课将继续学习有关月球的知识——月相的变化。

教材共2页，分三部分。第一部分是画月相，第二部分是给月相排序，第三部分是观察白天的月相。

由月亮的圆缺变化所形成的各种形状就是月相，它是由月球、地球和太阳三者相对位置变化引起的。这节课就是从学生日常生活中常见的月相变化开始研究，不过研究的重点不是让学生找到月相变化的原因，而是研究到底有哪些月相，月相是如何有规律地发生变化的。从知识这个角度讲，难度是较以前的教材大大降低了，但在科学探究技能方面对观察的要求提高了，要求学生进行持续一个月的观察，在观察的过程中详细纪录月相的形状、月相所在天空的位置、月相的旧历时间、太阳在天空中的位置等。从宇宙单元角度来讲，这一课的意义在于提示学生，天文学的一个重要方法就是观察，科学家就是借助观察来揭示宇宙的秘密的。

【分析反思亭】

案例1：从上述的教学内容与教学过程的编排中可以看出，教师没有围绕教材规定的例题来安排分组实验，而是用探究的方式让学生自主选择材料，进行了尝试性实验，剩下了较多的空间让学生充分发挥，使整堂课的教学获得了意想不到的成功。教学并不是只有通过课本上所提供的这一种途径才能达到我们的教学目的的，只要是能够让学生学到知识、发展能力的有效途径，我们都可以大胆采用。这堂课通过巧妙地处理教材，把原本机械的操作转化为学生的自主探究，学生的学习情绪高、气氛浓、学习效果很好。在学生学到知识的同时也让学生在课堂学习中能够独立思考，能够有效地与同伴交流探讨，促进了学生能力的发展，让课堂充满生命与活力。

一、如何进行小学科学教学内容的分析

1. 要有三个明确

（1）明确本课教材地位。深入研读课程标准与这一课有关的《内容标准》的规定，明确

本节课教学内容是什么,包括知识传授的内容是什么,能力培养与训练的内容是什么,以及情感态度与价值观方面的内容是什么。以《观察我们的身体》为例,这是小学科学第四单元"我们的身体"的第一课时,知识传授内容:初步了解人的身体由头、颈、躯干、四肢这几部分组成,左右对称。能联想人的身体如果左右不对称,生活中将会怎样,提高学生的想象能力。能力培养与训练的内容:有顺序、有目的、有计划、仔细地观察人的身体。能用看、摸、听等不同手段进行观察,有意识地记录观察的结果,并能整理总结。情感态度与价值观方面的内容:能够将想象与实际的观察结果区分开,保证观察活动的真实性。对探究自己的身体感兴趣,感受人体构造的精巧和谐之美。体验身体残障所带来的不方便,爱护自己的身体,关心和善待身体有残障的人。

(2) 明确本课教材的整体结构。分析教材整体结构,把握相关知识的内在联系。一般来说,分析教材应当从整体到局部。先通览全套教材,了解小学《科学》教材的全貌,特别是把握前后几册课本中相关部分的内在联系。再从全套教材到一册课本,看看这册课本有哪几个单元,涉及哪几部分内容。然后深入分析一个单元的教学内容,明确这一单元内容的承前启后。也就是搞清这部分内容的学习是在什么基础上进行的,又怎样为后续学习做准备的。

一是以某一知识为起点,顺向往后,有如"综合法",理清有关知识的头绪。把这些分散在前后几册课本各单元中的相关内容单列出来,就容易看出,它们环环相扣,前一内容是后一内容的基础,后一内容是前一内容的发展,构成了一个递进的学习系列。其中有些内容对后续学习的作用比较明显。二是以某一知识为终点,逆向往前,有如"分析法",找出有关知识的联系。这样做的目的是对教材内容进行整合优化。教科书是编写者依据课程标准编写的教学用书,代表的是编写者对课程标准的理解,所以教者在教学中不能也不应该唯教材是从,其实教者自己也可以根据对课标的理解尝试编写教材,如果做不到这一点,也应该对现行教材进行分析,该采用的采用,改增删的增删,需整合的整合,真正做到用教材教而不是教教材。对教材内容的剪裁组织是贯彻落实教学目标实施有效教学的重要保证。

《观察我们的身体》一课,当学生能够有目的地观察身边事物的时候,他们观察和研究的对象在逐渐增多,他们也能够自觉地把这些事物纳入到自己的研究活动中去。"我们的身体"这个单元包括七个部分教学内容,为学生提供了认识自己身体结构和功能的机会,使他们能够意识到身体的各种活动都需要各个系统的协调动作,在这个基础上建立他们的健康意识。本节课的教学内容主要由两个观察活动构成。观察活动从两方面进行:一是身体外部的组成部分,二是感知身体内部构造。身体外部的观察活动要求学生围绕"观察什么"、"怎么观察"展开思考。身体内部的观察活动由"人体的有些组成部分从外形上是看不到的,但是我们却可能听到、触摸到或者感觉到它们的存在"这句话引出。活动中,学生要根据观察进行分析,思考使用怎样的观察方法才能观察到看不到的身体内部。

(3) 明确教学重点和难点。教与学的重点,是指某一范围(如一册、一个单元或一节课)内容的重要部分。教与学的难点,是指那些难于被学生理解、掌握或容易引起混淆、错误的内容。教与学的关键,是指那些对学生理解知识、掌握知识起着决定性作用的内容。教与学的重点、难点和关键,有时可能具有同一性。学习的重点、难点和关键都是同一内容。把握了教与学的重点、难点和关键,也就明确了教学时应该突出什么、抓住什么,以及铺垫或分散什么,这是有效地实现教学目的的必要条件。为了恰如其分地确定教与学的重点、准确地找出教与学的难点或关键,必须具体问题具体分析。教学重点、难点在一节课中一般1至2个。《观察我们的身体》一课教学重点和难点:重点——让学生有目的、有计划地用多种方法亲自观察。观察中要做记录,并且学习整理和总结观察材料。难点——启发学生用看、听、闻、摸各种方法结合进行感知身体的内部构造。

2. 要把握不同教学内容的特点

教学内容分析,挖掘各部分教学内容的思想性、智力性和趣味性。挖掘教学内容的思想性首先是指明确教学内容的现实意义与科学精神。挖掘教学内容的智力性是指把握在这部分内容的教学过程中,哪些环节可以深入展开相应的智力活动,如比较、分类、分析、综合、抽象、概括等;哪些地方可以进行适当的引申、开拓,或展开进一步的探索、思考等。挖掘教学内容的趣味性是指寻找科学知识本身的或相关的趣味内容,特别是能够体现科学的奇妙、科学的魅力的内容。

(1) 科学探究内容特点。探究始于"问题",这已经成为科学探究教学实施中的一个基本信念。没有明确的问题,探究将变得盲目而没有方向。因此,探究教学强调培养学生提出问题和发现问题的意识和能力。然而是否所有的问题都能引起科学探究?这就需要教者作进一步思考。当代科学认识论研究表明,就性质而言,科学探究中有两类问题,一类是"科学问题",另一类是"简单问题"。"简单问题"并非指容易解决的问题,而是指源于好奇与无知,或某种疑虑与求知欲而提出的问题(也称无知问题),它往往来自直接观察或生活常识,表现为对观察对象"是什么"的描述再加上一个问号而形成。例如,"发烧病人的额头上为什么要盖一条湿毛巾?""覆杯实验中的水为什么不会倒出来?""刹车时人为什么容易向前倾倒?"由于"简单问题"仅表达了对现象的好奇、无知或疑惑,大多缺乏确定性和深刻性,犹如水上浮萍,漂移不定,因此,它对科学探究没有实质性意义,也难以成为科学探究的真正起点。那么怎样的问题才能真正成为科学探究的起点呢?科学发现论认为"科学发现的起点是对科学发现具有奠基意义的第一步","一个问题要与科学发现发生必然联系,就必须与发现本身所提供的知识发生某种必然的联系","就必须对现有知识提出质疑"。这就是说若要使问题真正成为科学探究的起点,就需要将问题指向已有的知识,将两者联系起来,使问题从现象的描述触及现象的本质;将完全无知的问题转化为具有某种抽象性、渗透一定知识理论的、有所知又有所不知的问题——"科学问题"。科学认识论关于科学探究中问题性质的研究对探究教学的启示如下。

第一,并非所有的问题都能成为科学探究的起点。如果学生提出并围绕探究的问题是没有触及事物本质的简单问题,不是产生于对知识背景分析的问题,那么就可能出现问题指向不明、探究主题不定、研究难以深入的局面。因此,教师在探究教学中的一个重要职责就是要善于洞察学生所提问题的性质,要善于引导学生将简单问题转化为科学问题。

第二,知识背景对科学问题的重要性。科学探究是对问题对象"有所知而求知"。因此,一个问题如果不能与其知识背景(或经验)相联系,或没有可联系的背景知识,那么这必定是不适宜探究的无知问题。然而,在当前探究教学研究中,存在着一种认识上的误区,认为提出的问题只要生动、新奇,能激发学生的探究兴趣就可以,似乎知识在探究教学中不重要了。事实上缺少知识作定向的探究,也往往是难以给学生的努力带来成就感和胜任感的无效探究,只能激发探究的"有趣"而不能激发探究的"志趣"。

第三,虽然"简单问题"不是科学探究中具有奠基意义的第一步,对科学发现也没有实质性意义,但不是无用的,它是学习者好奇心和求知欲的表现,教学中保护这种好奇心和求知欲是教育学生树立求知信心,敢于提出问题,进行科学精神教育的一项重要内容;何况事物的认识总是从浅入深,从简单到复杂。

(2) 生命科学内容特点。生命世界的教学内容主要有四个方面,即多样的生物、生命的共同特征、生物与环境、健康生活。对儿童而言,生命世界是他们怀有浓厚兴趣的神奇世界,一草一木,虫鱼鸟兽,伴随着他们的童年生活。科学课就是要使他们对生命世界的兴趣进一步延伸,从对花草树木、小动物的兴趣过渡到对整个生命世界的兴趣,从对生命现象和事物的表面认识发展到对生命的本质的认识。即"生命世界"这一部分内容为小学生提供了诸多培养科学素养的机会和可能,使其关注生命,关注环境,关注生命科学的发展,关注人类的生存,培养热爱生命的情感,建立保护环境和生态的责任感,形成良好的生活习惯和健康的生活意识。

苏教版教材中有关养蚕的内容,主要是为了落实课程标准中生命的共同特征中"动植物的一生"这一具体内容标准,当然养桑蚕确实是比较好的教学内容,但由于地区性的差异,有些地区(如大连)饲养桑蚕的几乎已经绝迹了,另外就算这些地区学校引进了蚕种,饲料也成了问题。相反,这些地区农民可能有饲养柞蚕的,如果教师改为饲养柞蚕就会容易得多。当然也可以饲养蚂蚁、蜗牛、毛毛虫等,只要能达到观察动物的一生这一目的就可以了。这部分内容的教学方法以观察法为主,通过观察,了解生物的外部特征,这种观察应该是广泛的,既包括视觉观察,也包括听觉、嗅觉、味觉、触觉的介入,在必要时,还应该包括使用放大镜、显微镜等。

生命的共同特征这部分教学内容是生命科学的重要内容,是生命科学研究的基础和主体,学好这部分内容,有助于学生对生命本质的理解。这部分内容的教学是比较复杂的:有长期的内容,如种植、饲养;有深入细致的观察,如认识动植物的器官及其作用;还有一些实验,如植物根吸收水分、茎运输水分的实验,种子萌发的条件实验等。在这部分内容的教学中,应该注意以直观教学为主,决不能以简单的讲述、图片、视频演示等代替学生的亲眼观察和动手实验。长期观察的教学内容,有助于培养学生的观察习惯、耐心严谨的研究作风和热爱生命的思想情感。学习这部分内容,教师应该身体力行,获得第一手的资料和经验,和学生共同研究提高,仅凭书本上的知识传授、仅从理论上进行指导是远远不够的。

生物与环境这部分教学内容是比较古老的知识内容,进入工业社会以来,自然环境变化很大,由此对生物的生活产生了巨大的影响,以至于许多物种遭到灭绝。因此,生物与环境的科学越来越受到人们的重视。这部分教学内容中,可以观察和实验的内容比较少,仅有植物适应环境的几个特性如:向光性、向水性、向地性,动物适应环境的特性如蜗牛、蚯蚓找栖息环境的实验等等,其余的大部分内容,都只能通过间接的调查研究来完成学习任务。在这部分内容的教学中,教师应紧紧围绕生物与环境的关系这一主线来选择相关的学习资料,同时引导学生自主搜集资料,尤其应重视乡土资料的采集与处理和以当地自然环境为主的科学考察。

研究动物的生活习性也属于生物与环境教学的范畴,生活习性的研究要做好充分的准备,例如,研究蚂蚁的食性时,要把蚂蚁饿几天,以提高其食欲。另外,对动物行为的观察应该以自然环境下的观察为主,提倡把自然界作为课堂,这是因为,只有在自然状态下,动物特别是高等动物才表现出它的自然习性,有的教师在研究蚂蚁的生活习性时,打开容器后,蚂蚁四处逃窜,根本无心取食,造成实验失败。

健康生活主要是人体生理健康教育的内容,主要让学生认识人的消化、呼吸、循环、神经系统,以及生长发育、卫生保健的相关知识。教学这部分内容时,必须树立人体是一个有机整体,各系统间既分工又协作的观念。例如,消化系统、呼吸系统、血液循环系统,三者之间不是单独存在的,它们之间有着极为密切的联系:消化系统为人体摄取养料,呼吸系统为人体摄取氧气,它们最终要在人体内结合氧化,释放能量并产生废物,这些养料、氧气和废物的运输都要靠血液循环系统来完成。如果把这三个系统完全割裂开来进行教学,既不符合科学规律,也不利于学生掌握正确的学习方法,影响学生对生命本质的认识。

(3) 物质科学内容特点。"物质世界"是小学科学教学中关于物质和能量的本质及变化的教学内容。包括了这样几个领域:力与运动;热和物质状态;声音;光;电和磁;物质变化和化学。"物质世界"的教学是在学生日常经验或"前概念"的基础上展开的,其目的是通过学生的科学探究活动,将他们原有的关于物质和能量的"前概念"上升为科学概念。在这个概念发展过程中,学生学习探究的过程和技能,形成科学态度和价值观。"物质世界"的教学活动一般以观察物体的性质和通过实验来了解物质或能量的变化规律。教师在这部分内容的教学前,要明确每个教学单元及每个教学活动的中心概念(教学目标之一)。要围绕这个中心概念设计相应的教学活动。要根据学校的条件、学生的特点选择活动所需要的材料与设备。教师自己先进行操作试验。

(4) 地球与宇宙内容特点。地球与宇宙的教学内容共分三个方面,分别是:地球的概貌与地球的物质、地球运动与所引起的变化、天空中的星体。

对于地球与宇宙的知识,小学生比较感兴趣,头脑中也积累了一些知识。但是,这些知识的来源大多是课外读物或其他视觉传媒,也有的是通过请教别人得来的,因此他们的认识往往比较片面,缺乏直观感受和理论分析,所谓的知识大多是一些靠机械记忆记录下来的符号信息。因此,我们对于这一部分内容的教学,要在学生已有认识水平的基础上,提高他们的认识,丰富他们的体验,最终达到我们的教学目标。

在教学地球的形状、大小、构成,对地球进行整体研究时,由于地球实在是太大了,我们的教学做不到去直接观察,这也是前人对地球的认识产生偏差的原因之一。在教学中,只能够借鉴图片、视频资料,结合模型演示,来达到目的。

在教学组成地球的岩石圈物质:岩石、沙和土壤的内容时,学生对土壤、沙、岩石的认识必须建立在观察、实验的基础之上,任何精彩的讲述、任何生动的视频资料都不能代替学生的亲自动手操作。在课前,教师就应该准备好实验材料和土壤、岩石标本,土壤标本很容易找到,岩石标本可以购买,也可以带领学生在当地采集,大连地区常见的岩石有:石灰岩、页岩、砂岩、砾岩、方解石、花岗岩等等。当地的岩石种类可能没有标准的岩石标本盒里的那么丰富,但是，这个采集的过程却是科学研究的重要途径之一，更可以丰富学生的体验，增进对家乡的了解。这个过程体现出"学生认识的是自然世界，而不是课本"的思想。另外，因为当地的岩石资源种类虽然不是很多，但存储量却很大，所以可以不考虑材料成本和消耗，用以作为标准配备的岩石标本损耗的一种补充。

在有关地球上的水资源的教学中应注意：自然界里水资源的分布、水能溶解一些物质、水与生物的关系、水域污染及主要原因。这里除了水能溶解一些物质有实验内容以外，其余的多为考察和讨论的内容，在考察中，可以自主插入一些实验项目，比如，研究水域污染的危害时，可以设计一个用污染的水养鱼或种植水草的实验，使学生体会到受污染的水对生物有害。水资源的教学也应该体现本土性，即密切联系当地实际，从本地区水资源的分布、数量、质量、历史以及发展趋势等方面进行考察，学习"看得见、摸得着"的科学。例如，南京市内的学生可以通过查资料，了解到南京地区水资源概况。

在地球运动与天气变化内容的教学中，由于这部分的内容与人们的日常生活和生产联系很紧密，又有比较多的观察实验，学生的学习兴趣比较浓厚，教师应该充分利用这些有利条件开展教学活动。长期连续的观测（观测一周、一个月的天气情况）是教学的难点，难处不在于学生的接受能力，而在于不容易长期坚持下去，这个问题的解决只能靠教师和学生互相提醒，逐渐养成习惯，也可以编好小组，用小组轮流值日的办法像接力一样完成长期的观测，这样的做法虽然降低了难度，但不如全体人员自始至终全程参与效果好。

二、小学科学教学内容分析的常用方法

科学课的教学虽然以探究为主，但是根据教学目标和教学内容的不同，可以有不同的选择并呈现出不同的特点。

（1）归类分析法——研究对有关信息进行分类的方法，旨在鉴别为实现教学目标所需学习的知识点。例如：人体外表各部位的名称可由上向下，按头、颈、躯干、上肢、下肢分类等。确定分类方法后，或用图示，或列提纲，把实现教学目标所需学习的知识归纳成若干方面，从而确定教学内容的范围。

（2）图解分析法——一种用直观形式揭示教学内容要素及其相互联系的内容分析方法，用于对认知教学内容的分析。图解分析的结果是一种简明扼要、提纲挈领地从内容和逻辑上高度概括教学内容的图表或符号。这种方法的优点是，使分析者容易觉察内容的残缺或多余部分以及相互联系中的割裂现象。

（3）层级分析法——用来揭示教学目标所要求掌握的从属技能的一种内容分析方法。这是一个逆向分析的过程，即从已确定的教学目标开始考虑：要求学习者获得教学目标规定的能力，他们必须具有哪些次一级的从属能力？而要培养这些次一级的从属能力，又需具备哪些再次一级的从属能力？依次类推。可见，在层级分析中，各层次的知识点具有不同的难度等级——愈是在底层的知识点，难度等级愈低（愈容易），愈是在上层的难度愈大；而在归类分析中则无此差别。层级分析的原则虽较简单，但具体做起来却不容易。它要求参加教学设计的学科教师熟悉学科内容，了解教学对象的原有能力基础，并具备较丰富的心理学知识。

（4）信息加工分析法——由加涅提出,是将教学目标要求的心理操作过程揭示出来的一种内容分析方法。这种心理操作过程及其所涉及的能力构成教学内容。信息加工分析不仅能将内隐的心理操作过程显示出来,也适用于描述或记录外显的动作技能的操作过程。

（5）使用卡片的方法——教学内容分析的工作细致复杂,常有必要对分析结果进行修改,补充或删除一些内容。因此,需掌握一种计划技巧,如使用卡片。具体方法是,将教学目标和各项内容要点分别写在各张卡片上,对它们的关系进行安排,经讨论修改后,再转抄到纸上。使用卡片的主要特点是灵活,便于修改及调整各项内容之间的关系;另一特点是形象直观,便于讨论时交流思想。下面是使用卡片时的一些具体技巧:

① 每张卡片写一个要点（如一个单元目标或一项从属技能）,便于增删内容、调整位置。

② 使用彩色卡片,同一层次或同类的内容用相同色彩的卡片,这有助于分类。例如,概念用白色、规则用黄色等。

③ 制作一种专用的展示板,用于辅助分析并展示分析结果,使参加讨论者对教学内容分析的结果一目了然。磁性白板就是一种有用的展示工具。

④ 建立一套卡片编号系统,便于理顺各张卡片之间的关系。有利于分析结果定稿后的记录整理。

（6）解释结构模型法（ISM 分析法）——Interpretative Structural Modelling Method 简称 ISM 分析法,是用于分析和揭示复杂关系结构的有效方法,它可将系统中各要素之间的复杂、零乱关系分解成清晰的多级递阶的结构形式。当教师分析的各级教学目标不具有简单的分类学特征,或者其中的概念从属关系不太明确,也不属于某个操作过程或某个问题求解过程时,要想通过上面所述的几种方法直接求出各级教学目标之间的形成关系是很困难的,这时就要使用 ISM 分析法。这种分析方法包括以下三个操作步骤:

① 抽取知识元素——确定教学子目标。
② 确定各个子目标之间的直接关系,作出目标矩阵。
③ 利用目标矩阵求出教学目标形成关系图。

【知识导航塔】

一、理论基础——布鲁纳的知识结构

知识结构指的是知识的内部逻辑关系,它包括基本的概念、原理以及它们之间的关系。布鲁纳认为,知识结构因为具有概括性和普遍的适用性,可以促进学生对信息进行精细的加工,有助于知识的巩固和迁移,因此教学应该教给学生知识的基本结构或基本概念和原理。

布鲁纳认为,学习学科的基本结构可以有以下好处:第一,懂得基本原理可以使学科更容易理解;第二,把所学的知识用圆满的结构联系起来,有利于知识的记忆和保持;第三,领会基本的原理和概念,有利于知识的迁移和运用,达到举一反三、触类旁通的境地;第四,强调结构和原理的学习,可以缩小高级知识和低级知识之间的差距,有利于各级教育的贯通;第五,可以简化教学内容,"现实的极其丰富的教学内容,可以把它精简为一组简单的命题,成为更经

济、更有活力的东西(基本结构)"。

布鲁纳认为,任何学科都有相当广泛的结构,而且任何与该学科有联系的事实、论据、观念、概念等都可以不断纳入一个处于不断统一的结构中。尤其是自然科学这类高度形式化的学科,更有明晰的基本结构可教给学生。

二、小学科学新教材为教师提供了哪些新的教学思想和策略?

许多教师把教材理解为教科书,认为教科书就是教材的全部,并常与学科、课程、教学内容等概念混淆。到底如何界定教材,不同观点的人对这一问题也有不同的看法。

《中国大百科全书·教育卷》对教材的解释是:(1)根据一定学科任务,编选和组织具有一定范围和深度的知识技能体系,一般以教科书的形式来具体反映;(2)教师指导学生学习的一切教学材料。

顾明远主编的《教育大词典》对教材的界定为:教材是教师和学生据以进行教学活动的材料,教学的主要媒体,通常按照课程标准(或教学大纲)的规定,分学科门类和年级顺序编辑。包括文字教材和视听教材。

日本学者欢喜隆司教授认为,"从总体上说教材是受学校教学内容所制约的。它源于实质性的科学、文化、艺术、生活的各个领域,并以计划的形式表现出来。它包括学生在教师的指导之下通过学习活动在心理上和实践上主动地作为普通教育和专业教育的成分加以掌握的物质对象和观念对象"。

传统教育派认为:教材是历史积累的人类经验,是学校各学科的目的内容或材料。现代教育派认为:教材既包括师生所从事的活动,又包括完成此类活动所应用的各种材料或工具。教材可分为有形的(物质的)和无形的(精神的)。

教材是由一定育人目标、学习内容和学习活动方式分门别类组成的可供学生阅读、视听和借以操作的材料,既是教师进行教学的基本材料,又是学生认识世界的媒体。

从教材构成的角度讲,信息及其赖以生存的物质载体是组成教材的不可或缺的要素。从教材的功能上看,教材是教师为一定育人目标服务的师生之间的中介媒体。在新课程师资培训资源包《新教材将会给教师带来些什么》(靳玉乐等主编)中将教材定义为:教材是教师为实现一定教学目标,在教学活动中使用的、供学生选择和处理的、负载着知识信息的一切手段和材料。它既包括以教科书为主的图书教材,又包括视听教材、电子教材以及来源于生活的现实教材。

新教材"改变课程实施过于强调接受学习,死记硬背、机械训练的现状,倡导学生主动参与、乐于探究、勤于动手,培养学生搜集和处理信息的能力、获取新知识的能力、分析和解决问题的能力以及交流与合作的能力"。为了这种学习方式的改变,新教材从以往单纯规定和建议教学方法,发展到引导教师形成开放的、创新的教学方式,为教师提供新的教学思想,那就是主体性教学思想和反思性教学思想。

三、新一轮课程改革应怎样"用好教材,超出教材"?

新一轮课程改革在使用教材方面提出了许多新的观点,如:教师在教学中要"用教材教",而不是"教教材";要"用好教材,超出教材";要"走进教材,走出教材";要注重"开发课程资源"、"整合课程资源",等等。那么"用教材教"与"教教材"有什么区别?为什么要"超出教材"?怎样才算是"超出教材"?对于这些问题,许多已经进行了几年课程改革的教师也感到困惑,觉得在实践中不好把握。

新的教材观为什么提出"用教材教"而不是"教教材"?这是由于旧的教学大纲和新的课程标准在教材编写上的指导思想不同决定的。旧的教学大纲在指导教材编写时强调学科自身的逻辑体系,忽略了知识与现实生活和科技发展的联系,所以在确定知识难度时规定了某一学段某一学科知识的最高标准,是"上限",教师在教学时不要突破这一上限,如果突破了就会加重学生的负担。所以我们过去强调教师教学时要"紧扣教学大纲,紧扣课本",正所谓"教教材",教师能让学生把书本上的知识掌握就不错了。而新的课程标准要求改变过去课本"繁、难、偏、旧"的弊端,要精选那些学生终生发展必备的基础知识和基本技能,在确定知识难度时规定了某一学段某一学科知识的最低标准,是"下限",强调书本知识与社会和科技发展的联系,强调学生在学习时要结合自己的生活体验学习。教学不再只是忠实地实施课程计划的过程,而是课程知识的建构与开发过程,是师生共同创生课程的过程。因而要求教师在教学时不但要用好教材,还要超出教材,要开发课程资源,要整合课程资源。

所谓"用好教材",就是教师首先要引导学生把书本上的知识学好。目前在课程改革中出现了一些新的偏差,有的教师认为这次课程改革强调知识与现实生活的联系,课本知识不重要了,上课蜻蜓点水般涉及一下教材,虚晃一枪,很快就引导学生"走出教材",搞一些所谓的联系实际活动,甚至整堂课都是一些与课本知识无关的活动,看起来热热闹闹,到下课时学生连书本上的基本知识都没有搞明白,这是误人子弟。新中国成立以来基础教育课程改革进行了若干次,有正面的经验,也有反面的教训,而最基本的一条经验就是认真抓好基础知识和基本技能的教学。俗话说:课本课本,一课之本。教师首先要引导学生学好课本。如果学生连书本上最基本的概念都没有学会,联系实际又有什么用?不管课程怎样改革,教师都要认真钻研教材,把握教材,吃透教材,这是教师永远的基本功。

所谓"超出教材",就是开发课程资源和整合课程资源的过程。在实际教学中主要有以下几种做法:

一是替换教材的例子。为了说明基本概念,教材中往往选用一些例子。尽管教材的编写者力求选用那些不同地区学生都熟悉的例子,但仍然不能照顾到每个地区和所有学生,所以新课程提倡要开发课程资源,要结合学生的生活实际和自身体验学习知识。用学生熟悉的例子和情境学习新知识,学生更容易理解,对学习更有兴趣,也更容易记忆。

二是拓展教材的主题。在科学教学中,要灵活运用教材,就必须向学生开放时间与空间,拓展研究的主题。例如,讲"校园里的小动物"时,可先指导学生自己找蜗牛、蚂蚁等各种小动物,同时启发他们如何观察动物,思考它们各有什么特点,如何分类,引领学生带着要研究的问题进入课堂,使学生的探究活动有了大量的感性材料和较明确的目标,以至于有学生问"蜗牛吃什么,好养吗"、"蜗牛喜欢吃植物的茎和叶,这里面含有大量的纤维,纸是纤维构成的,蜗牛是否吃纸呢"等问题。

三是改变教材的呈现方式。可以开发条件性课程资源,如制作成挂图、剪纸、幻灯片、录像、录音等。这样平面的教材就变成了立体的教材,枯燥单调的书面资料就变成了丰富多彩的多媒体资料,学生对教材就会有兴趣,就愿意学习,也更容易理解。

四是整合不同学科的内容。这次课程改革一方面通过增加一些综合性的课程来整合学生的知识,如"科学"课整合了物理、化学、生物、地理、天文等科的内容;另一方面,在分科教材中也增加了不同学科的知识,加强不同学科的联系。这些,都是在加强科学精神与人文精神的相互渗透与融合。教师在运用这些教材时要理解编者的意图,有意识地引导学生加强学科之间的联系。除了教材中已有的学科渗透外,教师在教学时可有意识地进行多种学科的交叉与整合。

五是鼓励学生提出不同的见解。与传统教材不同,新教材允许学生对问题有自己的独特见解,为学生的个性发展留出了空间。

【任务接受所】

1. 如何灵活使用教材?针对下述教学分析进行说明

《油菜花开了》是教科版小学《科学》四年级下册"新的生命"单元的第一课。选取油菜花作为观察实例,学生较为熟悉,而且构造也较为简单,具有代表性。这节课的活动从观察一棵油菜开始,其中隐含着一个从整体到部分的观察顺序。要求学生能区别油菜的根、茎、叶、花、果实和种子,并要求学会自觉地与凤仙花进行比较,使学生对"植物的一生"概念又增加了新的外延。

本课力图用一个驱动性问题或任务来统领,把教学内容转化为学生从内心想探究的活动,提高学生的参与度,当观察了油菜的完整植株后,试图用油菜的果实是由什么发育过来的这一问题,引导学生"观察一朵油菜花",在观察、表述过程中获取十字花科的一些特征,为了观察得更清楚了解得更仔细到"解剖一朵油菜花",再看看油菜花到底是怎样发育的,让学生深入"观察一棵油菜花"。

观察一朵油菜花是本课的重点,它是由解剖油菜花、记录观察结果以及围绕以上问题的合作讨论展开的。让学生主动探究并提出只有用解剖的方法才能更仔细地观察和了解花的各个部分的构造是本课的关键。并为下一课《各种各样的花》打下进一步学习的基础。

要尽可能地减少采摘,并要进行爱护植物的教育,学校可在校园内种一些油菜供学生实验时使用。

2. 教科版《科学》五年级(上)教材及教学分析——《健康生活》

(1) 单元教学的意义

健康生活对青少年的健康成长有着极其重要的意义,因此"健康生活"是科学课标中"生命世界"的重要内容,包括生理与健康、良好的生活习惯、生长发育几个方面。本册主要是从和人体健康有密切联系的饮食、饮水、空气、体育锻炼等方面出发,学习一些生理和健康方面的知识,理解为什么要有科学的生活习惯,怎样才是科学的生活,从而自觉地摒弃不正确的认识和做法,养成科学的生活行为习惯,促进身心健康。主要内容如下:

① "水——人体最重要的营养素"、"我们每天应该喝多少水";

②"健康需要新鲜空气"、"关心我们周围的空气质量";

③"运动与健康"、"让我们精力更充沛"等。

单元的最前面的首页是一个序言,引起孩子们对健康的话题,了解他们对健康的看法,初步形成对"健康"的正确认识。最后的"珍惜健康、珍爱生命"是本单元学习的小结及拓展延伸。

(2) 思考·研讨

① 随着生活水平的提高,人们对健康越来越重视,但也出现了一些认识上的误区,目前人们对健康有哪些认识上的误区?现在的学生有哪些不良的生活习惯?

② "健康生活"单元的学习活动从哪些方面展开,教材为什么这样安排?

③ 本单元内容涉及一些人体生理方面的知识,如消化器官、呼吸器官等,教材的处理和过去的自然教材有什么不同?出发点是什么?

【阅读资料】

教育回归生活世界

误区一:教育回归"日常生活"。日常生活是一个主客未分的、非认知性的、最能体现世界之原始生活性的世界,它也是最现实、最实在或最具普遍性的世界。不少教学实践者把"生活世界"等同于"日常生活",将"回归"视为教学与日常生活的"融合",由此导致了一种歪曲了的粗陋的教学实践观——仅把教学实践理解为获取感性材料的途径和方法,忽视了它作为科学抽象的一面,有的甚至消解了知识的确定性。例如有的教师在教学中为了体现"生活性"等特点,完全放手,使课堂看起来很活跃,实际是杂乱无章,像一个乱哄哄的"集贸市场"。有的老师为了培养学生所谓的"创新性"、"主体性",在教学活动一开始就提出:本节课所涉及的问题没有标准答案,怎么理解都可以。没有了标准答案,没有了对犯错的担心,同学们自然会积极主动地发表自己个性化的看法。针对五花八门的回答,老师给予同样的关注、赏识和鼓励,有的学生明明回答错了,老师也不采取措施纠正错误,而是顾左右而言他,表扬他们回答问题的态度、方式,如态度积极、声音洪亮、有个性化见解等等。所有这些教学实践中的问题,暴露出我们教育工作者对教育回归生活世界的内在意蕴理解和把握不正确。

误区二:教育回归"个体生活"。不可否认,我国传统教学把学生看作是知识的容器、知识加工的机器,在一定程度上压抑了学生的个性。所以,呼唤教育回归生活,强调重视人的价值。应该说,提倡教育重视和维护人的生命价值和尊严,培养个体的主体性、自主性和个性,这种思想本无可厚非。但由于过分张扬个体性,鼓励完全以自我为中心的主体性或个人主义的个体性,致使将教育回归生活误读为教育回归"个体生活"。这里所说的"个体生活",就是指生活之重完全落到了个体的人的身上,生活变成了一件彻底个体性的私人化的事物,每个人依靠自己的个体性在未来的生活轨道中进行预期和盘算。这种人只是站在自己的双脚上不走向他人,他无法获得真正的自我价值。教育回归个体生活,显然完全背离了教育要以人为本、关怀人的价值的真正内涵,而仅是提倡一种追逐成功的竞争精神,鼓励个人把自己个性的优越建立在战胜他人的成功之上,造成人与人之间相互妒忌,相互怨恨。所有这些必将导致一些学生自私自利,个人主义极度膨胀,合作意识、团结互助、共同进步就将成为笑谈,集体主义、爱国主义核心价值就将难以维护。

参考信息资源

【1】张红霞.小学科学课程与教学.北京:高等教育出版社,2004.

【2】蔡铁权,姜旭英.新编科学教学论.上海:华东师范大学出版社,2008.

【3】郭成.课堂教学设计.北京:人民教育出版社,2006.

【4】彭蜀晋,林长春.科学课程与教学论.北京:高等教育出版社,2005.

【5】徐敬标.有效教学——小学科学教学中的问题与对策.长春:东北师范大学出版社,2007.

【6】隋晓红.小学科学不同内容教学实施的对策.http://jiusan.foredu.com.cn/n2643c76.shtml

【7】荀渊.教师教学技能研究.http://keyan.xhedu.sh.cn/cms/data/html/doc/2005-12/15/24744/

【8】网络研讨.用教材与教教材.科学课.e21科学探究网.

第二章　小学科学学习者分析技能

俗话说:"人心不同,各如其面。"世界上没有两个完全相同的学习者,每个学习者的学习就像他的指纹一样特殊。在教学中我们会遇到不同类型的学习者,他们可能有不同的习得的技能,不同的图式,以及不同的能力和特质。教学设计的一切活动都是为了学习者的学,教学目标能否实现,要在学习者自己的认识和发展的学习活动中体现出来,而作为学习活动主体的学习者在学习过程中又都是以自己的特点来进行学习的。因此,要取得好的教学效果,在教学设计中,必须注重对教学对象——学生的分析。

【观点演绎场】

△ 三年级学生整体学习状况:整体学习科学兴趣很高,学习比较认真,但缺乏灵活性,普遍习惯于常规课堂学习模式,而不善于设法自主去获取知识并在生活中灵活运用知识。因而学生对基础知识的掌握往往只停留在了解上,理解不甚深刻,运用能力差。

△ 已有知识、经验:从课外书中获得的科学知识比较丰富,但科学探究能力比较弱。家长和某些教师偏重于语数教学,使学生没有多少时间和机会接触大自然,更没有得到家长和老师及时、周到的指导,使学生没能很好地在观察、实验、调查等实践活动中获取知识、发展能力、培养思想情感。

△ 儿童心理分析:在小学阶段,儿童对周围世界有着强烈的好奇心和探究欲望,他们乐于动手操作具体形象的物体,而我们的科学课程内容贴近小学生的生活,强调用符合小学生年龄特点的方式学习科学,学生必将对科学学科表现出浓厚的兴趣。

△ 冬天,对学生来说并不陌生,他们对冬天的冰天雪地、寒风刺骨都有亲身的经历和感受。四年级的学生在科学探究方面上也具有了一定的能力,他们会观察、善于表达、能够收集整理资料,并且具有一定耐心和毅力进行中长期的观察研究活动。在上节课对冬天里动植物研究的基础上,本课对冬天对人们的影响进行研究。

△ 学习动机是推动主体进行学习活动的内在动力机制。学习动机由两个基本部分组成,一部分即作为个性心理倾向的学习需要,是潜在的学习动机;另一部分是学习期待或学习诱因,其作用是激发学习需要,使动机由潜在状态转化为激活状态,从而发动和维持学习活动。学习需要一般认为由三种成分构成,即认知需要、交往需要和自我提高需要。科学学习动机中,如有的学生感到"科学课生动有趣,并能不断揭开事物的秘密,所以很爱学"。这是认知需要的反映。有学生说:"科学老师和蔼可亲,风趣幽默,对我们很好,所以爱学科学";还有学生说:"我们班别的同学科学都很好,就我们几个学得不好,所以我也得加劲学",这些体现了学

生的交往需要。还有学生立志要考名牌大学理工科,或为将来去研究所工作而学科学等则反映了学生自我提高的需要。

【教学案例园】

案例1：六年级下册科学教学学情分析

　　通过几年的科学学习,大多数学生对科学课产生了浓厚的兴趣,对科学本质有一定的了解,科学素养得到相当的培养,已经具备了初步的探究能力,他们对周围世界产生了强烈的好奇心和探究欲望,乐于动手,善于操作。不过两极分化很明显。优等生表现出对科学浓厚、持久的兴趣,科学素养发展态势良好;后进生对科学有种担忧感,随着年级的升高,课程难度值增加,学习态度不够认真,加上对科学学科的认识不足,认为本学科不重要,轻视,造成科学素养发展态势一般。

　　我所任教的班级中,六(1)班同学认真,好奇心强,且思维活跃,科学的探究欲强,但有五六个学生倾听习惯很差,且不易集中注意力。其中部分学生的自我意识过强,倾听习惯有待培养。六(2)班,总体上课堂纪律较差,思维有些局限,发言不如其他班积极,表现欲望差,两极分化比较明显。应特别注意培养学习兴趣,形成良好的氛围。让学生在探究中学到科学知识,培养探究能力,提升科学素养。

案例2：五年级下册科学教学学情分析

　　五年级的科学课进入课程实验的新阶段。对于五年级的学生来说,通过两年多的学习,学生有了自己的科学思维方式,对科学探究过程有所了解,并能运用这一方法解决问题。但目前五年级学生的抽象思维,仍然需要直观形象的支撑。五年级的学生平时能自主完成作业,能关心、留意生活中的一些有趣的现象,并试着利用以前学到的观察方法来观察这些现象;学生对活动的参与性很高,但对活动的热情持续性不长;学习工具准备有一定难度,大部分同学的课前学具准备总是要打一些折扣,影响课堂教学的顺利进行。总体来说,五年级学生对科学学习有一定的兴趣,但学习的主动性仍旧不够,自觉性不高,可见学生对科学学习还是不够重视。

　　我所任教的五年级三个班,总体上课堂纪律好,但思维有些局限,发言不够积极,表现欲望差,两极分化比较明显。应特别注意培养学习兴趣,形成良好的氛围,让学生在探究中学到科学知识,培养探究能力,提升科学素养。学生的倾听习惯也有待培养。

案例3：四年级上册科学教学学情分析

　　四年级的小学生虽然已经有一定的科学知识,但是对科学课的认识不足,学习科学课有一定困难,特别是以探究为主的教学活动,大部分学生的自主性学习的能力比较薄弱,很少有能在教师引导下主动学习的,比较依赖于教师的教;学生绝大部分基本不会用自己擅长的方法来表述自己的观点以及进行合作研究学习。因此科学课的教学要积极地发展学生探究学习的能力,提高学生的合作意识以及促使他们用自己的方法来表达自己的认识与观点。

如在《怎样让小球动起来》一课中,通过"推和拉"的学习,学生已认识到推和拉两种力的方向和产生的结果是不同的,进而,学生又认识了生活中常见的各种力,并能正确地判断常见的力,科学地说出不同力的名称。这为研究力与运动的关系奠定了良好的基础。

【分析反思亭】

一、小学科学教学为什么要"学生分析"?

因为学生之间是存在差异的,了解学生的差异是教学的基础。差异一:人的认知水平存在纵向的差异;差异二:儿童间存在横向差异。学生分析的基础是了解研究学生,这是一项长期而复杂的调查研究任务。尤其是学习者一般特点和学习风格的分析、了解,它是教师根据《科学》课程内容、课程标准与教学实践经验相结合的产物,主要靠平时的积累。

1. 学生的一般特征分析

传统教育学和教学论中主张的"量力性原则"、"可接受性原则",以及教师备课中要"备学生",都是指要对学生进行一般特征分析。

三、四年级科学学习习惯要求是:(1)学会倾听(听取发言要专心,注视对方动脑筋;听取发言不插嘴,分析比较求领会);(2)积极发言(每位同学表达有主见,围绕主题讨论提意见,意见不同要多多明鉴);(3)善于观察(观察方法顺序要恰当,坚持长期观察做到);(4)乐于实验(先动脑筋后动手,安静实验要等候,出现问题不怕丑);(5)记录详实(记录及时并公正有序,字迹书写工整)。

五、六年级科学学习习惯要求是:(1)专心听讲(倾听他人发言有礼貌,想想哪些我还不知道);(2)善于表达(独立思考要做到,敢于发言不一样,理由充分头头是道);(3)设计实验(计划方案要全面,预设猜想要检验);(4)探究操作(认真做好每一个实验,勇于提出每一个探究发现);(5)整理归类(记录资料要梳理,分类归档有根据)。

2. 学习风格分析

学习风格是学习者持续一贯的带有个性特征的学习方式,是学习策略和学习倾向的总和。包括学习者在信息接收、加工方面的不同方式;对学习环境和学习条件的不同需求;在认知方式上的差异,如独立型和依存型、沉思型和冲动型等;某些个性意识倾向性因素,如控制点、焦虑水平等;生理类型的因素,如左右脑功能优势等。研究学生学习风格的目的在于改善教学设计,使其更加具有针对性和科学性。应当注意,任何一种学习风格,既有其长处,也有其不足。教育的最终目的是要扬长补短。因此,适应学习风格差异的教学设计应包含两方面的内容:一是采用与学生学习风格相一致的"匹配策略";二是针对学习风格中的短处实施弥补性的"故意失配策略"。因此,在当前以班级授课制为主要形式的学校教学中,分析学生的学习风格的目的并不仅仅是为了顺应每个学生的不同风格,更重要的是培养合理有效的学习风格。

3. 学生起点学习能力分析

学生在进入新的学习单元或命题之时,其原有的学习习惯、学习方法、知识和技能等对将来的学习的成败起着决定性的作用。著名教育心理学家奥苏伯尔认为,学习就是把新知识和已有知识联系起来,将新知识纳入学生已有的认知结构中去的过程。加涅也认为,传授新知识之前,首先必须激活学生头脑中相关的已有知识。因此,教学设计中对学生起点能力的分析是十分重要的。一般来说,学生起点能力分析包括三个方面:一是对新知识的学习所需要的预备知识和技能的分析。二是对目标能力的分析。即了解学生是否已完全掌握或部分掌握教学所要达到的目标,以及达到的程度如何。因为班级授课制中,一名教师同时对几十名学生进行教学活动,而学生的基础水平有时差别较大,了解这些差异对于整体教学设计是十分有益的。三是了解学生对所学内容的态度如何,如是否存在偏见或误解等。

对学生学习起点能力的分析主要通过调查的方法进行。调查可以有多种途径和方式,如课堂接触、个别谈话、批改作业、召开座谈会、演讲会、写小论文、开家长会、家庭访问等,都是常用且行之有效的方法,皆可以获得全面的信息。

4. 学生学习需要分析

学习需要的分析是一个系统的调查研究过程,内容包括学习的社会需要分析、学科需要分析、学生需要分析,以及资源条件等方面的分析。目前的新课程《科学》中最容易被忽略,而且难度最大的是学生需要的分析。学习的内部需要即学生需要分析,在专业技术的角度上说是将学习者的现状与学习目标相比较,找出两者之间存在的差距,从而揭示出学习需要的分析方法。这是工作在教学第一线的教师最有必要完成的任务。因为学习的外部需要分析,大都可以通过多种资料获取相关信息,而学生学习的内部需要尽管也有共性,但更多的是个性,常常因班、因人而异,有待教师作出系统分析,加以把握。

二、小学生学习科学心理特点分析

感知特点:小学生从笼统、不精确地感知事物的整体渐渐发展到能够较精确地感知事物的各部分,并能发现事物的主要特征及事物各部分间的相互关系。起初,他们选择观察对象常常从兴趣出发,以后则渐渐能够按照学习任务的需要去感知事物了。对于外界事物空间特性的知觉,小学低年级学生还需有具体事物的支持,随着年龄的增长和知识的增加,他们的空间知觉渐渐从直观向抽象过渡。对于时间的特性,小学生入学时能掌握他们经验范围内的时间概念,如前天、昨天、大后天等等,但对于与他们的生活关系不太密切的时间单位,如几分、几秒、几世纪等则不能理解,而且对时间长短的判断力也比较差。随着年龄的增长,他们对时间单位的理解力和对时间长短的判断力都会不断提高,开始逐步懂得珍惜时间,学习的自觉性也日益增强。

注意力特点:小学生的注意力不稳定、不持久,且常与兴趣密切相关。生动、具体、新颖的事物,较易引起他们的兴趣和注意,而对于比较抽象的概念、定理,他们则不感兴趣,因而不易长时间地集中注意力。另外,小学生的注意范围较小,常出现顾此失彼的现象。比如,边听课边记笔记,同时注意演算速度和准确度对于他们来说都是比较困难的。

记忆力特点:小学生的记忆最初仍以无意识记、具体形象识记和机械识记为主。他们对一些有趣的事情能很好地记住,而对老师交给的学习任务有时记起来却感到困难;他们能记住一些具体的、直观的材料,而对抽象的词、公式和概念却难以记住,随着年龄的增长,他们的思维理解能力不断提高,记忆的自觉性、对词的抽象识记和意义识记的能力都会不断提高。

想象、思维的特点:小学生的想象从形象片断、模糊向着越来越能正确、完整地反映现实的方向发展。小学生的思维从以具体形象思维为主要形式逐步向以抽象逻辑思维为主要形式过渡,但他们的抽象逻辑思维在很大程度上仍是直接与感性经验相联系的,具有很大成分的具体形象性。

情感的特点:随着年龄的增长,小学生的情感也逐渐变得更加稳定、丰富、深刻了。低年级小学生虽已能初步控制自己的情感,但还常有不稳定的现象。到了小学高年级,他们的情感更为稳定,自我尊重,希望获得他人尊重的需要日益强烈,道德情感也初步发展起来。此时他们的好恶不再是只停留在口头或面部表情上,而是常付诸行动。

意志的特点:小学生的身体各器官、系统都生长发育得很快,他们精力旺盛、活泼好动,但同时因为他们的自制力还不强,意志力较差,所以遇事很容易冲动,意志活动的自觉性和持久性都比较差,在完成某一任务时,常是靠外部的压力,而不是靠自觉的行动。在学习活动中,虽然开始时劲头很足,但却往往虎头蛇尾,不能持久地坚持。随着年龄的增长,小学生意志活动的自觉性和持久性会渐渐增强,他们能够自觉地完成作业。在遇到难题时,有时也能够控制自己不泄气、不分心,直到问题得到解决。另外,由于小学生的模仿性比较强,因而家庭对他们的影响是不可低估的。特别是现在独生子女家庭比较多,孩子较易形成任性等不良习惯,因而就更应注意进行正确的教育和引导。

性格的特点:小学生的自我意识在不断发展,自我评价的能力也不断有所增长。随着年龄和见识的增长,他们已不再完全依靠教师的评价来估计自己,而是能够把自己与别人的行为加以对照,独立地作出评价;他们逐步学会了用道德观点和社会准则来评价别人和自己的行为,尽管他们运用的准则一般还常是很具体的,他们的评价却变得越来越全面,能够同时看到正面和反面、优点与不足。另外,随着个性的发展,小学生的个性性格特征也不断增强,性格对他们行为的影响越来越大。当然小学生性格的可塑性很大,但随着年龄的增长,他们的行为会渐渐形成习惯,性格也就越来越稳定,越来越难以改变了。因而在小学阶段进行有效的教育,使学生形成良好的性格是非常重要的。

三、小学科学学习过程中学生心理障碍的分析

1. 小学科学学习中思维障碍的分析

思维是科学学习过程中最主要的心理活动,也是存在障碍最多的心理活动。思维障碍干扰和阻碍科学思维活动的正常进行,影响学生对科学知识的正确理解,久而久之,势必会影响科学学习能力甚至一些非智力因素的正常发展。造成思维障碍的因素很多,一般可归为三类:一类是知识因素,即由于学生头脑中缺乏为思维活动定向的知识或有关知识处于混乱无序状态而形成思维障碍。如在建立科学概念的思维过程中,如果相应的表象知识缺乏或错误,存在错误的前概念或新旧概念界限不清,则都有可能发生思维障碍,形成对科学概念的表面理解或引起概念的混淆。在解决科学问题的思维过程中,如果学生对相应的科学概念、规律的含义或适用范围不清楚,则这一思维过程必然会遇到障碍。再一类是技能或能力因素,即缺乏执行思维活动的智力技能或能力从而使思维过程无法继续。例如综合性强的科学问题要求学生具备较强的综合分析能力,灵活性强的科学问题要求学生具备逆向思维、发散思

维能力,即使是基本的科学问题也要求学生具备分析科学问题的基本智力技能,否则解决科学问题的思维活动会障碍重重,无法顺利进行。最后一类是学生的不良思维习惯和一些外来干扰因素。如小学生思维的绝对化、片面化倾向,想当然的思维习惯以及思维定势的影响都可形成思维障碍;教师在讲课或演示实验过程中,处理不当也会产生一些干扰因素,导致思维障碍。

思维障碍的分析比较复杂,不像能力可以通过测验测出,也不像动机可通过问卷调查。思维障碍存在于学生的思维过程中,间接反映在学生的智力作业中,学生自身也不一定能意识到,因而既不能通过外部观察和学生内省报告直接得到,也不能在学生的作业中直接测出。对思维障碍的分析只能综合运用观察法、谈话法和测试法(或作业分析)通过对学生思维过程及结果的深入综合分析方可得出结论。具体分析时可采用以下步骤:

(1) 提出问题,通过对教材中重点、难点的分析和科学学习中各种思维过程的分析,确立一些学生学习中可能出现困难的知识点。该步工作也可以通过整理平时对学生学习过程的观察和对学生作业的分析所积累的资料来完成。

(2) 测试,针对这些疑点、难点编制测验题,测试时不仅要求学生答出结果,还要写出理由,以充分暴露思维过程。

(3) 深入了解,根据学生回答问题的情况,选择部分学生,运用谈话法进行进一步诊断。

(4) 做出结论,并提出教学对策。

2. 科学学习中非认知心理障碍分析

在科学学习过程中,除思维障碍外,学生还经常会遇到其他一些心理障碍。从来源上看,导致心理障碍的因素可分为三类:第一类是由早期的学习方法和习惯迁移来的,是一种心理定势,如死记硬背等僵化的学习方法;第二类是个人的一些不利于科学学习的心理特点,如短暂兴趣、不爱动手等;第三类是将在社会上的一些处事原则带进课堂,如从众心理、逆反心理、文饰心理等。

四、小学科学教学中学情分析技巧

1. 分析学生原有的认知基础

即分析学生学习该内容时所具备的与该内容相联系的知识、技能、方法、能力等,以确定新课的起点,做好承上启下、新旧知识的有机衔接工作。

2. 分析学生的个体差异

经常听到教师感叹,现在的学生越来越难教了!原因是现代学生的个体存在着较大的差异,学生由于遗传素质、社会环境、家庭条件和生活经历的不同,形成了独特的个性。有的主要来自先天,有的主要是后天,教师只有了解学生的个体差异,教学上才能有的放矢。学生的个体差异主要反映在学习习惯、学习兴趣、知识基础、学习能力、智力因素和非智力因素等方面。

3. 了解学生的生理、心理

小学生的抽象思维能力较低,对教材中概念、原理、规律等知识的理解比较困难;小学生的形象思维能力强,精力旺盛,但注意力容易分散。小学生正处在身心发展、成长过程中,其情绪、情感、思维、意志、能力及性格还极不稳定和成熟,具有很大的可塑性和易变性。通过分析了解他们当时的生理心理与学习该内容是否相匹配及可能产生的知识误区,充分预见可能存在的问题,对课堂情况作有针对性的分析,使教学工作具有较强的预见性、针对性和功效性。

4. 了解学生对本学科学习方法的掌握情况

教学过程不仅需要教师的活动,而且更需要学生的活动,只有教师教得最优化和学生学得最优化融合在一起,才能保证教学效果的最优化。陶行知说过,好的先生不是教书,不是教学生,乃是教学生学。第斯多惠也说过,不好的教师是转述真理,好的教师是教学生去发现真理。由此可见,在课堂教学中对学生进行学法指导是非常必要的,它是提高课堂有效教学的必要条件。不同年级段的学生都有自己的一套学习方法,不同的教学内容需要不同的学习方法,教师只有事先了解学生对本学科学习方法的掌握情况,才能根据不同的教学内容进行相应的学法指导,才能创造出教学效果的最优化。

5. 分析学习知识时可能要遇到的困难

学生在学习中可能遇到的问题和阻力往往会成为他们进一步学习的困难与发展的障碍,教师如果能及时发现这些困难与障碍,并且能够及时地帮助学生克服这些困难和障碍,学生就能获得真实的发展。因此,在备课中要努力去关注和发现学生在学习中可能存在的困难和障碍,具体分析这些困难和障碍产生的原因,思考相应的具有针对性的教学策略。

五、小学科学教学中学情分析的步骤

(1)学期初学情分析。教师要在学期初有意无意地对学生进行分析。具体了解:根据学生的年龄,对学生的非智力发展水平有一个整体的把握和分析;根据上学期的试卷分析等了解学生现有的知识技能水平;通过谈话、问卷等形式分析学生的集体特点和个人学习特点等;通过分析课标和教材确定学生应有的知识与方法、过程与技能、情感态度价值观水平。

(2)课前学生分析。分析学生已有的知识水平;分析学生学习的过程和方法水平;分析学生的情感、态度、价值观的水平。

(3)课中学生分析。提问分析学情;表格记录分析学情。

(4)课后学情分析。作业分析;小测验分析;动手操作及作品评价分析;访谈式分析;档案袋分析;评定量表分析。

(5)学期末学情分析。试卷分析(注重质性和量性结合、整体和个体结合等原则)。

【知识导航塔】

一、理论基础——皮亚杰的认知发展理论

皮亚杰的认知发展理论以智力发展理论为重点,涉及智力发展的影响因素、阶段特点和智力的本质等,其中许多具体内容成为设计课程和选择课程内容的重要依据。

皮亚杰的认知发展理论认为,儿童是主动的,儿童的行为是先天的遗传结构与外界环境相互作用的结果。儿童正是在先天遗传结构或图式的基础上,经过不断的同化、顺应和平衡而获得物理经验和数理逻辑经验,不断形成新的认知结构,促进智力的发展。

皮亚杰认为，影响儿童智力发展的因素有四个：成熟、经验、社会互动、平衡作用。成熟以先天的生理遗传因素为基础逐渐达到，它对认知发展的作用仅仅是必要条件，而非充分条件。智力是否得到发展，还要看后天的环境因素的作用。经验包括物理经验和数理逻辑经验。物理经验比较简单，是儿童操作外界环境中的各种事物而获得的，它只有经过同化，才能进入儿童的认知结构，形成新的发展。数理逻辑经验是儿童经过内在活动所获得的概念，而非来自物体表面的知识，它超越了物理经验，是儿童进一步获得发展的基础。社会互动泛指文化对儿童认知发展的影响，主要指社会关系、教育和语言的运用。它使人类与其他动物有所差别。诸如诚实、公平等概念，只有经过社会互动才能掌握。平衡作用是一种内在的自我调节系统，负责协调成熟、经验和社会互动，它是个体与外界相互调适的状态，是矛盾与冲突的解决，是认知发展的必经历程。

二、小学生概念学习与科学教学

儿童概念的获得主要通过两条途径：一是不经过专门的教学，在日常生活中通过积累经验而获得的概念，这类概念称为日常概念或前科学概念（前概念）；二是在教学过程中，通过揭示概念的内涵而形成的概念，这类概念属于科学概念。由于小学科学教育中，概念学习的主要任务是要将儿童自发形成的日常概念，上升为一定层次的科学概念，因此将儿童的日常概念与科学概念充分加以对比，发现它们之间的关系，便显得十分重要。

心理学家在分析了很多的儿童日常概念后指出：日常概念与科学概念可能一致，也可能有冲突，一致则前者有助于后者的学习，冲突则前者干扰后者的学习。对于日常概念所产生的积极作用，我们可以举出这样的例子：在进行金属知识教学时，发现儿童金属概念的建立常常比较顺利，据分析这是由于儿童在生活中经常接触到铜、铁、铝等金属物体，对它们的一些性质比较了解，经验中已有"金属发亮、热得快、能传电"等日常概念。因此在形成金属有金属光泽、易传热、易导电的科学概念时就十分容易。科学概念的获得确实依赖于适当的经验，当然也与智力等因素有关。有人做过概念得分和经验与智力相关的实验，结果发现，概念得分与经验丰富程度的相关高于概念得分与智力的相关。这说明智力较高的儿童，如果缺乏相应的知识经验，仍不易理解概念。我们在科学教育中之所以总是强调让儿童多多接触、感知自然事物，这个实验可以说是一个很好的诠释。

对于日常概念所造成的消极影响，我们也可以举出一些例子。在儿童的日常概念中，鸟就是会飞的动物，因而在让他们区分一些小动物时，他们常把蜻蜓、蝴蝶也看成是鸟，而不同意鸡、鸭是鸟。还有一些儿童认为植物体上能吃的东西就是果实，因而把红薯、萝卜也归为果实。这些例子都可以说明，儿童的日常概念常常与科学概念存在差异，对科学概念的形成造成障碍。

在概念学习中，首要的问题是处理好儿童日常概念与科学概念的关系。这需要从两方面考虑。一方面小学科学教育的教学内容和小学儿童的认知水平决定了科学概念的获得还不可能摆脱日常概念的影响，相反还必须把日常概念作为获得科学概念的跳板。因此，在我们的教材和教法设计上就要充分利用一些儿童的日常概念。例如，教材讲解物体热胀冷缩概念时，就没有从温度、体积等抽象概念出发，而是以受热受冷后，水壶是否溢水、铜球是否通过铁环、乒乓球是否胀瘪等儿童亲身经历的实际经验为基础，来使他们获得这一概念。在概念学习中,引导儿童亲身感知自然事物,使他们更多地获得和积累具体经验,可以说是利用日常概念积极因素形成科学概念的关键。

另一方面,儿童日常概念的局限性,也需要我们正视它,采取措施来消除它的干扰和阻碍。例如,教材讲解溶解概念时,针对儿童日常概念中总是认为"溶解物质在水中消失了"的错误,设计了使用一些有味道(如盐)、有颜色(如灰锰氧)的物质进行溶解实验,让儿童通过自己的尝和看,亲自感知这些物质溶解后并没有消失,而是变成了极小的微粒(分子)均匀地分散在水中,从而建立了溶解的概念。在概念学习中,针对儿童日常概念中的问题,研究如何消除障碍因素,可以说是克服日常概念消极因素形成科学概念的关键。

概念学习的另一个重要问题是处理好日常概念向科学概念的转化。这需要从转化的实质和规律两方面来加以注意。对于概念的转化实质,首先要分析儿童日常概念产生的条件和特点:儿童原有的认知结构简单,知识具体而贫乏,在日常概念形成中不善于把有关问题结合起来,从不同角度分析、比较,只是以具体、直观的方式观察事物,因而难以从事物中分辨出本质特征和非本质特征。概念转化,实质上就是要使儿童以新的认知结构来重新认识事物,从而发现事物的本质特征,并会将非本质特征区分出来。例如,教材在讲解昆虫、鱼、两栖动物、爬行动物等概念时,都是让儿童在原有的日常概念基础上,重新认识、归纳概括这些动物的本质特征,而后建立科学概念。

对于概念转化的规律,要根据小学儿童对自然事物的理解尚处在以感知为主的具体思维向以概念为主的抽象思维过渡的特点,特别要注意它的阶段性规律。在低年级应以对自然事物外部特征的观察描述为主,不应涉及科学概念的建立,而应是多积累感性知识。从中年级开始可以逐步让儿童接触一些科学概念,到高年级逐渐增多。例如,我们教材的整体结构就充分注意了这一点,在低年级我们只安排了一些自然事物的个体,如动物中的蟋蟀、蝉、金鱼、青蛙等,让儿童从外表上认识它们的特征,积累经验。中、高年级安排的多是一类事物,如动物中的昆虫、鱼、两栖动物,让儿童认识它们的共同本质特征,建立概念。

【任务接受所】

1. 小学科学学习心理分析是一种特殊的教育心理分析,其特殊性决定了这种分析必须是在学生的科学学习活动中,通过对学生的各种科学作业过程及结果的分析来探知学生的心理特质。同时由于它也是一种心理分析,可以借鉴哪些一般心理测量的方法?

2. 谈谈你对"学习是主体自主建构知识过程"这句话的理解。

【阅读资料】

人民教育家陶行知

我们做老师的,一定要知道陶行知这个人,否则,人家笑话。

我们都知道孔子,有人说孔子是我国第一个专职教师,是我们教师的鼻祖,也被历代帝王所尊崇。正是因为这样,孔子的嫡系后裔成了我国历史上持续时间最长的贵族世家,被称为"天下第一家"。康熙帝亲临曲阜祭祀孔子时,又尊其为"万世师表",并亲题匾额。这几个字,除了孔子之外,还有谁能担当呢?陶行知就是一位。宋庆龄尊称他为"万世师表",毛泽东誉他为"伟大的人民教育家"。

陶行知的教育思想蜚声海内外。当年,他被国民党政府通缉,爱因斯坦、杜威、甘地、罗素、罗曼·罗兰等许多世界知名人士联名致电国民党政府,要求撤消对他的通缉令。可见,陶行知在世界上是相当有威望的。"文革"时期,陶行知的教育思想曾被批判,被否定。可是,近年来,又掀起了学习和研究陶行知的高潮。我上网搜寻了一下,发现研究陶行知的文章有一万多篇。现在人们为什么对陶行知如此关注?因为他的教育思想和实践对于我们今天的素质教育改革仍然具有广泛的现实意义。

陶行知的教育思想博大精深,不是一句话两句话就能说得清的,下面用两个小故事来说明一下他的"生活教育理论"及他"以人为本"的教育思想。

对青蛙的忧虑——我们知道蛙是从蝌蚪变成的,蝌蚪是粒状,像灵隐的念佛珠般大小。有一天,一个孩子从河边,淘到一群蝌蚪,移植到天井中一个小小的池潭里,过了几天,蝌蚪生尾了,再过几天,蝌蚪生足了,小孩观察得很快活。再过几天,蝌蚪挤得一片墨黑。不久,一个都没有了,这并不是蝌蚪变成了蛙跳走了,原来都死光了……如果我们抱着宇宙即学校的观念,那么野外的池塘,便是我们蛙的实验所,我们要看蝌蚪的变化,我们就时常去那个池塘看,为什么要把蝌蚪捉到家里来呢?我们任凭生物在大自然安居乐业,过它们的生活。要观察便带领小孩到自然界去观察。我们须把学校的范围扩展,海阔天空便是一个整个的学校。这样一来,所观察的也就比较真切可靠,生物学也不致成为死物学。不然,要讲青蛙时,便捞取许多蝌蚪,养育在学校中所备的缸或瓶里,结果死得精光。我希望这样的科学教育不能提倡,否则科学教育提倡得愈厉害,杀死的生物愈多,恐怕蝌蚪死尽,中国的蛙便绝迹了。

四块糖的故事——当年陶行知任育才学校的校长时,有一天他看到一个男生欲用砖头砸同学,就将其制止,并责令其到校长室。等陶行知回到办公室,见男生已在等他。陶行知掏出一块糖递给他:"这是奖励你的,因你比我按时来了。"接着又掏出一块糖给男生:"这也是奖给你的,我不让你打人,你立刻住手了,说明很尊重我。"男生将信将疑地接过糖果。陶行知又说:"据了解,你打同学是因为他欺负女生,说明你有正义感。"陶先生遂掏出第三块糖给他。这时男生哭了:"校长,我错了,同学再不对,我也不能采取这种方式。"陶先生又拿出第四块糖说:"你已认错,再奖你一块,我的糖分完了,我们的谈话也该结束了。"

参考信息资源

【1】张春兴.教育心理学.杭州:浙江教育出版社,2006.

【2】仇丽君.关注学生学习心理,着眼学生未来生活.科学课,2006(2).

【3】[美]欧文(Erwin).选择性课堂——满足学生的需要.薛莉译.北京:中国轻工业出版社,2006.

【4】杨九民,范官军.教学系统设计原理.武汉:湖北科学技术出版社,2005.

第三章 小学科学教学方法与手段分析技能

方法是任何一个领域中的行为方式,是用来达到某种目的的手段的总和,是人们认识世界、改造世界的方式和手段。教学方法是"为达到教学目的,实现教学内容,运用教学手段而进行的,由教学原则指导的,一整套方式组成的,师生相互作用的活动"。教学手段则是师生教学互相传递信息的工具、媒体或设备。

小学科学学科的教学方法是指在小学科学教学活动中,教师和学生为了完成学习目标,根据教材的特点和学生的认知规律,结合学校的实际情况所采用的教学手段和教学方式。

【观点演绎场】

△ 教学方法包括教师教的方法(教授法)和学生学的方法(学习方法)两大方面,是教授方法与学习方法的统一。教授法必须依据学习法,否则便会因缺乏针对性和可行性而不能有效地达到预期的目的。但由于教师在教学过程中处于主导地位,所以在教法与学法中,教法处于主导地位。八十年前,陶行知就为我们创造了良好的科学的方法:"教学做合一"和"六大解放"。

△ 教学手段是师生教学相互传递信息的工具、媒体或设备。随着科学技术的发展,教学手段经历了口头语言、文字和书籍、印刷教材、电子视听设备和多媒体网络技术等五个阶段。

△ 传统教学手段主要指一部教科书、一支粉笔、一块黑板、几副挂图等。科学教育的教学方法从任务设计、组织实施、过程控制到结果评价等方面都摒弃了传统教学方法的教师中心、书本中心、课堂中心模式,而代之以学生中心、发展中心、活动中心,作为一门以自然科学为主要内容的课程,观察、实验仍是小学科学不可缺少的教学方法。

△ 探究式学习仍是未来小学科学课的重要学习方法,并会有新的发展。主要表现是:探究的内容会更广泛,不仅有对自然事物的探究,还会增加与科学有关的技术、社会等问题的探究;探究的形式会更加多样化,不仅有通过直接经验的探究,还要有利用间接经验(查阅资料)的探究;探究的过程不仅强调科学性,而且强调有个性,以便充分发挥学生的自主性和创造性。

△ "学中玩、玩中学"是我们经过十几年小学科学(自然常识)教学实践,逐步形成的一种教学方法。它是一种建立在"玩"的基础上,学生乐于学习、乐于探究的小学科学教学的方法。这种科学教育的教学方法,以凸现学生主体为指导思想,以激发学生学习兴趣为导向,以"玩"为主线,在教师的组织和引导下,让儿童有机会亲历探究自然奥秘的过程,使他们在"玩"的活

动中,体验科学探究的过程,建构基础性的科学知识,获得初步的科学探究能力。

【教学案例园】

案例1:教科版《科学》三年级上册"我们自己"《观察手》教学片段

1. 游戏导入,激发兴趣:

教师:同学们,我们先来做一个"剪刀、石头、布"的游戏。你们会玩吗?说明规则。

学生活动:学生以小组为单位,做游戏。

2. 探究手的用途:

教师:我们刚才做游戏时用到了身体的哪一部分?(手)

平时,我们用手还可以做哪些事情?

学生汇报交流。(写字、打乒乓球、制作模型……)

教师:我们的手真灵巧啊!

谁能用灵巧的手模仿几只小动物的样子?(利用投影仪)

你们对自己这双灵巧的手能不能提几个问题?(手为什么这么灵巧?)

3. 观察猜想:

既然要观察"手为什么这样灵巧",是不是我们先要仔细观察认识自己的手有什么特点?

谁能告诉大家我们应该观察手的什么?

出示友情提示:手上有什么?手是什么样的?五个手指是怎样长的?动动你的手?想想手为什么会这样灵巧?……

分组活动:下面我们就带着(手为什么这么灵巧)这个问题和刚才大家说的方法以小组为单位观察自己的一只手,然后小组合作把观察到的特点简要地记录下来。

教师巡视,在巡视过程中有意识地抓住资源并共享。

学生汇报交流观察结果。

小结,激励:既然我们的手这么灵巧,你们觉得灵巧的手可能跟什么因素有关呢?(学生根据刚才观察的内容进行猜测)

案例2:粤教科技版三年级上学期"从岩石到土壤"单元中的第一课《坚硬的岩石》

1. 导入

教师:用多媒体展示在生活中应用的岩石。

学生:仔细观察得出答案。

2. 认识过程

① 感受大自然的岩石

教师:多媒体放"大自然的岩石"片子。

学生:观察:哪些地方有岩石,哪些地方岩石最多?

② 小组内展览并讨论岩石的内容

教师：分小组展览石头，引导学生往哪些方面研究岩石。

学生：把课前收集的一些岩石标本，在小组内展览。小组讨论：要研究岩石的什么？怎样去研究？

③ 观察研究岩石

教师：安排小组实验，提供实验工具。

学生：分小组进行观察研究并作好记录、汇报等。

3. 深入

教师：引导学生用自己的方法给石头分类。

学生：小组分类并汇报、评价。

4. 引申

教师：多媒体展示科学家的分类方法，让学生初步了解岩石的用途。

学生：观看学习体会，通过说和看，初步了解岩石的用途。

5. 小结

教师：这节课我们学会了什么？想到了什么？

学生：对学习进行小结。

案例3：教科版三年级下册《植物的种子》

采取了实验与投影有机结合的方式，教者设计了一张种子的构造——胚根、胚芽活动的抽拉灯片（右边是植物的幼苗）和一张解剖观察各种不同种子胚根和胚芽的自制课件。出示课件教学后，要求学生利用学具再进行实验：先让学生解剖浸泡膨胀了的菜豆种子，要求他们从外到里观察菜豆种子是由哪几部分构成的，然后，找一名学生汇报所观察到的每一个部分：(1)最外层的皮——种皮；(2)豆瓣边上的小芽——胚根；(3)胚根上部小叶状部分——胚芽；(4)内部两片叶叶——子叶。最后，学生自己总结出种子是由种皮、子叶、胚根、胚芽四部分构成的。

接着，教师提出问题：把这粒种子种到土壤里，过几天就会长出一棵幼苗。请看幻灯片，说一说这棵幼苗的根、茎、叶分别是由种子的哪部分发育的？先让学生自己充分发表意见后，老师再演示：抽拉灯片的胚根、胚芽部分，引起学生的观察兴趣，看到了灯片上胚根用线指向幼苗的根部，胚芽用线指向幼苗的茎叶。这样，问题便迎刃而解了。然后，出示花生、大豆、蚕豆等种子的复合片，揭出上片，露出剖面，请学生指出每粒种子的胚根、胚芽部分。这时学生自然就会得出：不管什么植物的种子，都有胚根和胚芽。

案例4：《使沉在水里的物体浮起来》

教学《使沉在水里的物体浮起来》时，设计了三个活动，"如何让橡皮泥浮在水面上，并在上面放回形针，看谁放得多"、"想办法使沉在水里的土豆浮起来"、"让潜水艇自由沉浮"。学生在学习活动中都兴致勃勃，每个人都在忙于实验。教师呢，则忙于控制时间，并让学生展示实验结果，汇报实验方法。看起来，场面很热闹，每个学生都在自主参与，都在动手实践，课堂活动内容也很丰富。

【分析反思亭】

案例1：从孩子爱玩的特点出发，通过做剪刀、石头、布游戏活动先激发起孩子探究的兴趣，再引导孩子观察自己手的结构，最后让他们自主地选择多种方法体验手的灵活性与什么有关。整堂课让孩子们在轻松、愉快、和谐的气氛中，进行"玩中体验、玩中交流、玩中探究"。

案例2：以感性认知为主，对岩石进行一些定性的观察、实验测量和比较分类的探究活动。学习浅显的岩石的知识和研究方法，在自主探究活动中，保持和发展学生对周围事物的好奇心和求知欲。

案例3：教材重点是掌握种子的基本构造——都具有胚根和胚芽。难点是指导学生认识胚根发育成植物的根系，胚芽发育成植物的茎叶。根据过去教学中的经验：单一的实验教学，大多数学生对该教材中的重点、难点，难以掌握。通过这样分类教学，采取实验和观察相结合的方法，既训练了学生观察物体的细微构造的能力，又使学生在轻松愉快的活动中掌握了知识，提高了教学效果。

案例4：实际上，学生在活动中思考时间不够，老师也没时间引导学生质疑方法的差异，没时间去关注没成功的学生。一节课下来，老师和学生都很辛苦，紧赶慢赶，生怕这节课任务完不成，求大求全，学生也只能跟着老师的节奏，草草收场。在这节课中，减少一个活动或某些环节，把一部分做透了、做细了，学生的收获就不仅仅是知识与技能上的，学生就能体验探究的全部过程，反而增强了学习的有效性。新课程强调的重要一点是重视教学的有效性，强调深入到学生的认知世界，通过自主学习的过程，给他们深刻的体验。相对以前注重教学的"量"，教学的"质"应该是关注的焦点。一节好的科学课应能做到"一英寸宽，一英里深"。"一英寸宽"，即知识内容少而精；"一英里深"，即相关的教学内容挖得深，达成了多个教学目标。

一、明确小学科学常用的教学方法

教师选择教学方法的目的，是要在实际教学活动中有效地运用。首先，教师应当根据具体教学的实际，对所选择的教学方法进行优化组合和综合运用。其次，无论选择或采用哪种教学方法，要以启发式教学思想作为运用各种教学方法的指导思想。另外，教师在运用各种教学方法的过程中，还必须充分关注学生的参与性。即小学科学教学方法的确定是有原则的：

科学性原则。教学方法的确定，必须是科学的，必须符合科学教育的规律，符合学生的认知规律。

主体性原则。教学方法的确定，必须有利于充分发挥学生的主体作用，有利于学生生动、活泼、主动地学习。

活动性原则。教学方法的确定，必须有利于指导学生进行科学探究，必须有利于学生各种探究活动的开展。

过程性原则。教学方法的确定，必须有利于学生亲身经历探究过程，在探究过程中获得过程的体验。

创新性原则。教学方法的确定,应当在吸收传统教学方法的基础上,立足创新,重视创造出一些与传统教学方式不同的教学方法。

小学科学学科中最常用的教学方法整合如下(以教科版为例):

(1) 探究发现法。探究发现法是指学生在教师的指导下,像科学家发现真理那样,通过自己的探究和学习,发现事物发展变化的原因和内部联系,找出变化规律的方法,在经历探究和发现的过程中,学到科学知识和学习科学的方法。主要环节:创设情境,明确目标——提出问题,假设猜想——设计方案,实验印证——讨论交流,归纳总结——实践应用,走进生活。

适合教学的内容有:

三年级:《谁流得更快一些》《比较水的多少》《空气占据空间吗》《空气有重量吗》《温度和温度计》《水珠从哪里来》《磁铁有磁性》《磁铁的两极》《磁极的相互作用》

四年级:《声音是怎样产生的》《声音的变化》《探索尺子的音高变化》《声音的传播》《生活中的静电现象》《电路出故障了》《导体与绝缘体》《不一样的电路连接》《食物中的营养》《生的食物和熟的食物》《认识几种常见的岩石》《面对几种不知名矿物》

五年级:《蚯蚓的选择》《滑动与滚动》《热起来了》《用水测量时间》《机械摆钟》

六年级:《杠杆的科学》《杠杆类工具的研究》《抵抗弯曲》《形状与抗弯曲能力》《找拱形》《电和磁》《电磁铁的磁力(一)》《电磁铁的磁力(二)》《放大镜》《怎样放得更大》《我们身边的物质》《米饭、淀粉和碘酒的变化》《我们来造"环形山"》《在星空中(一)》

(2) 实验探究法。实验探究法是指教师提出命题或创设若干条件,学生围绕教师的命题进行假设和实验证明;或者利用教师创设的条件,进行开放性实验,从中发现新问题,找到新规律。主要环节:创设情境——假设猜想——设计实验——验证交流——总结应用。

适合教学的内容有:

三年级:《哪种材料硬》《比较韧性》《它们吸水吗》《材料在水中的沉浮》《砖瓦和陶器、瓷器》《测量水的温度》《水结冰了》《冰融化了》《水和水蒸气》《磁力大小会变化吗》

四年级:《水能溶解一些物质》《物质在水中是怎样溶解的》《液体之间的溶解现象》《不同物质在水中的溶解能力》《溶解的快与慢》《100毫升水能溶解多少克食盐》《分离食盐与水的方法》《点亮小灯泡》《简单电路》

五年级:《光和影》《阳光下的影子》《光是怎样传播的》《光的反射》《光与热》《岩石会改变模样吗》《土壤中有什么》《我们的小缆车》《用皮筋作动力》《像火箭那样驱动小车》《测量力的大小》《运动与摩擦》《运动与设计》《物体在水中是沉还是浮》《沉浮与什么因素有关》《橡皮泥在水中的沉浮》《浮力》《下沉的物体会受到浮力吗》《马铃薯在液体中的沉浮》《探索马铃薯沉浮的原因》《给冷水加热》《液体的热胀冷缩》《空气的热胀冷缩》《金属热胀冷缩吗》《热是怎样传递的》《传热比赛》《摆的研究》《做一个钟摆》《谁先迎来黎明》《北极星"不动"的秘密》《地球在公转吗》《为什么一年有四季》《极昼和极夜的解释》

六年级:《轮轴的秘密》《动滑轮和定滑轮》《滑轮组》《斜面的作用》《拱形的力量》《建高塔》《电磁铁》《电能从哪里来》《物质发生了什么变化》《小苏打和白醋的变化》《铁生锈了》《化学变化伴随的现象》《控制铁生锈的速度》《月相变化》《日食和月食》

（3）小组讨论法。小组讨论法是以合作学习小组为单位,学生围绕教师提出的有关专题,在小组的群体中交流个人看法,相互学习,从中获得对该问题的深入认识或进一步了解的方法。主要环节:课前收集,信息整理——创设情境,提出问题——开展讨论,取长补短——交流整理,解决问题。

适合教学的内容有:

三年级:《植物有哪些相同特点》《动物有哪些相同特点》《给身边的材料分类》《水》《我们周围的空气》《蚕的生命周期》《其他动物的生命周期》《我们的生命周期》《水的三态变化》《我们知道的磁铁》

四年级:《总结我们的天气观察》《保护我们的听力》《相互协作的人体器官》《动物的繁殖活动》《一天的食物》《食物中的营养》《营养要均衡》《减慢食物变质的速度》《岩石矿物和我们》

五年级:《维护生态平衡》《探索土地被侵蚀的因素》《河流对土地的作用》《减少对土地的侵蚀》《时间在流逝》《昼夜交替现象》

六年级:《使用工具》《自行车上的简单机械》《电能和能量》《校园生物分布图》《多种多样的植物》《种类繁多的动物》《谁选择了它们》《生物多样性的意义》《微小世界和我们》《物质变化与我们》《一天的垃圾》《减少丢弃及重新使用》《分类和回收利用》《污水和污水处理》

（4）调查分析法。现状调查法是指在教师的指导下,学生对有关的种种社会问题或社会现象进行调查,从而明确现状,找出问题、原因及解决方法的一种活动方法。现状调查法的活动目的是通过各种调查活动,使学生从多渠道采集和占有信息,对信息进行分析并得出结论,培养学生了解现状、分析和把握现状的能力。主要环节:创设情境,确定调查内容——制定计划,确定调查方法——实施调查,写出调查报告——汇报交流,分析调查内容。

适合教学的内容有:

三年级:《我们周围的材料》《我们的大丰收》

六年级:《校园生物大搜索》《一天的生活用水》《考察家乡的自然水域》

（5）作品制作法。作品制作法是在教师的指导下,学生使用工具、设备,通过模仿或重新设计,加工制作作品,进行实践活动的方法。由于制作活动符合儿童喜欢动手、爱玩的天性,具有玩玩做做的特点,特别适合在小学中、低年级科学课中使用。主要环节:创设情境,提出任务——展开想象,设计方案——合理分工,作品制作——展示交流,相互评价。

适合教学的内容有:

三年级:《做一个指南针》

四年级:《降水量的测量》《做一个小开关》

五年级:《做一个生态瓶》《做个太阳能热水器》《评价我们的太阳能热水器》《设计制作小赛车》《造一艘小船》《设计制作一个保温杯》《我的水钟》《制作一个一分钟计时器》

六年级:《做框架》《用纸做一座"桥"》《在星空中(二)》

（6）信息收集法。信息搜集法是在教师的指导下,学生对某个专题的有关信息进行搜集、整理、比较、分析、综合,从而认识事物的活动方法。通过信息搜集,使学生初步了解信息搜集法的基本过程,从中培养学生的信息意识和搜集、处理、交流、应用、评价信息的能力。信息搜集法的运用不仅在于让学生通过信息搜集获得新知,更重要的是让学生参与搜集、整理、分析、交流信息的全过程,学到运用信息搜集开展研究的方法,提高他们的信息意识和信息能力。主要环节:创设情境,确定专题——讨论方法,制订方案——收集信息,分析整理——交流汇报,撰写报告——师生互补,归纳总结。

适合教学的内容有:

四年级:《我们关心天气》《云的观察》《食物包装上的信息》

五年级:《太阳钟》

六年级:《地球的卫星——月球》

(7) 观察比较法。主要环节:创设情境,确定主题——实地观察,详细记录——归纳比较,得出结论。

适合教学的内容有:

三年级:《我看到了什么》《校园的树木》《大树和小草》《水生植物》《植物的叶》《植物发生了什么变化》《寻访小动物》《蜗牛(一)》《蜗牛(二)》《蚯蚓》《蚂蚁》《金鱼》、水和食用油的比较》《植物新生命的开始》《种植我们的植物》《我们先看到了根》《种子变成了幼苗》《茎越长越高》《开花了,结果了》《蚕卵里孵出的新生命》《蚕的生长变化》《蚕变了新模样》《蛹变成了什么》

四年级:《天气日历》《温度与气温》《云的观察》《听听声音》《身体的结构》《骨骼、关节和肌肉》《运动起来会怎样(一)》《运动起来会怎样(二)》《食物在口腔里的变化》《油菜花开了》《各种各样的花》《花、果实和种子》《种子的萌发》《动物的卵》《面包发霉了》《各种各样的岩石》《岩石的组成》《观察描述矿物(一)》《观察描述矿物(二)》

五年级:《种子发芽实验(一)》《种子发芽实验(二)》《观察绿豆芽的生长》《改变生态瓶》《怎样得到更多的光和热》

六年级:《放大镜下的昆虫世界》《放大镜下的晶体》《用显微镜观察身边的生命世界(一)》《用显微镜观察身边的生命世界(二)》《用显微镜观察身边的生命世界(三)》

(8) 读书获取法。主要环节:创设情境,提出问题——明确要求,认真阅读——交流讨论,概括总结。

适合教学的内容有:

三年级:《指南针》

四年级:《风向和风速》《我们是怎样听到声音的》《食物在体内的旅行》《把种子散播到远处》

五年级:《食物链和食物网》《地球表面的地形》《地球内部运动引起的地形变化》《人类认识地球及其运动的历史》《证明地球在自转》

六年级:《桥的形状和结构》《神奇的小电动机》《能量与太阳》《相貌各异的我们》《原来是相互关联的》《太阳系》《探索宇宙》《垃圾的处理》《环境问题和我们的行动》

二、恰当使用现代化教学手段

在现代小学教育中,多媒体课件的开发和利用,是实现计算机辅助教学的一个重要因素。在科学课堂中恰当利用这种辅助手段,能促进课堂教学方法的多元化,教学内容的形象化,从

而极大地提高教学效果。要遵循以下原则:

1. 低成本、高效能

多媒体的作用只是"辅助"教学的手段之一,而不是唯一的手段,更不是最终的目的。制作一个多媒体课件并不是一蹴而就的,它将耗费设计者、制作者一定的时间和精力(至少就目前而言)。事实上,并不是所有的内容都必须制作成多媒体课件。许多一目了然的内容,或者通过其他媒体也能达到相同效果的内容,就没有必要费时费力地将其制作成多媒体课件。特别在科学课堂上,CAI不是万能的,它无法代替传统实验操作,嗅不出气味,摸不到实物,而实际操作却有这样的优势,小学科学教师千万不能忘记"实践出真知"这一真理。

2. 和其他媒体合理组合

课件在课堂中的运用不要过多,有些课一味讲究"时髦",从头到尾贯穿运用,过大的信息量,会造成媒体对学生长时间的刺激。学生在这种学习环境中,往往把注意力放在了不断变化的电脑屏幕上,忽视甚至来不及分析理解重要的知识点,造成消化不良,更强化了学生的被动性和"电脑加教师"的主动性。况且这也不符合学生的学习卫生常识,长时间的刺激很容易造成精神的疲劳。因此,要注意CAI课件和其他媒体合理组合,不同的媒体有不同的特色和优势,要使它们"各得其所,各司其能",更好地为教学服务。

3. 以学生为主

利用多媒体解决了教师、学生、教学内容与教学媒体的复杂关系,在更新教学思想、发挥学生的主体作用、培养学生的创造思维和创新能力方面,CAI课件的作用仅仅是辅助。CAI的结构设计上要强调操作界面的人性化、智能化,交互要灵活。它应满足学习者灵活选择学习方法和途径的要求,最好不用顺序式结构,演示型模式。利用CAI来提高学生的参与度,利于启发学生思考。如《太阳系》一课,可在画面上排列出八大行星,让学生随心所欲介绍任何一颗他所了解的行星的情况,然后再点击该行星,出现一系列的介绍。这样使教学可以做到进退自如。学生不光是被动地"听"和"看",更重要的是激发他们尽情地"想"和"说"。另外习题部分的设计,不要过于程式化,应多设计一些能发挥学生创造性思维,提高创新能力的习题。

【知识导航塔】

一、教学方法的分类

教学方法的分类就是把多种多样的教学方法,按照一定的规则或标准归属为一个有内在联系的体系。

1. 国外学者的教学方法分类模式

巴班斯基的教学方法分类——依据是对人的活动的认识,认为教学活动包括了这样的三种成分,即知识信息活动的组织、个人活动的调整、活动过程的随机检查。把教学划分为三大类:第一大类:"组织和自我组织学习认识活动的方法";第二大类:"激发学习和形成学习动机的方法";第三大类:"检查和自我检查教学效果的方法"。

拉斯卡的教学方法分类——分类的依据是新行为主义的学习理论,即刺激——反应联结理论(教学方法——学习刺激——预期的学习结果)。依据在实现预期学习结果中的作用,学习刺激可分为 A、B、C、D 四种,据此相应地归类为四种基本的或普通的教学方法。第一种方法:呈现方法。第二种方法:实践方法。第三种方法:发现方法。第四种方法:强化方法。

威斯顿和格兰顿的教学方法分类——依据教师与学生交流的媒介和手段,把教学方法分为四大类:教师中心的方法,主要包括讲授、提问、论证等方法;相互作用的方法,包括全班讨论、小组讨论、同伴教学、小组设计等方法;个体化的方法,如程序教学、单元教学、独立设计、计算机教学等;实践的方法,包括现场和临床教学、实验室学习、角色扮演、模拟和游戏、练习等方法。

2. 中国学者建构的教学方法分类模式

李秉德教授主编的《教学论》中的教学方法分类——按照教学方法的外部形态,以及相对应的这种形态下学生认识活动的特点,把中国的中小学教学活动中常用的教学方法分为五类。第一类方法:"以语言传递信息为主的方法",包括讲授法、谈话法、讨论法、读书指导法等。第二类方法:"以直接感知为主的方法",包括演示法、参观法等。第三类方法:"以实际训练为主的方法",包括练习法、实验法、实习作业法。第四类方法:"以欣赏活动为主的教学方法",例如陶冶法等。第五类方法:"以引导探究为主的方法",如发现法、探究法等。

黄甫全教授提出的层次构成分类模式——黄教授认为,从具体到抽象,教学方法是由三个层次构成的,这三个层次是:第一层次:原理性教学方法。解决教学规律、教学思想、新教学理论观念与学校教学实践直接的联系问题,是教学意识在教学实践中方法化的结果。如:启发式、发现式、设计教学法、注入式等。第二层次:技术性教学方法。向上可以接受原理性教学方法的指导,向下可以与不同学科的教学内容相结合构成操作性教学方法,在教学方法体系中发挥着中介性作用。例如:讲授法、谈话法、演示法、参观法、实验法、练习法、讨论法、读书指导法、实习作业法等。第三层次:操作性教学方法。指学校不同学科教学中具有特殊性的具体的方法。如语文课的分散识字法、外语课的听说法、美术课的写生法、音乐课的视唱法、劳动技术课的工序法等。

二、当前一些新的教学方法在小学科学课中的运用

1. 探究学习——什么是探究?

探究就是探索追究(现代汉语词典),探究就是有目的地进入某一个领域寻求发现(英汉词典)。探究是一种学习方式(科学课程标准)。它涉及探索自然或物质世界的过程,在寻求新的理解的过程中,它促使人们提出问题,获得发现并对这些发现进行严格的检验。什么是科学探究?科学探究是以自然及认识自然的科学方法作为特定对象的探究,是人们通过一定的过程和方法对客观事物和现象开展的探索、质疑和研究活动。科学探究是科学学习的中心环节。由此可以看到科学探究有两个方面的含义。科学探究一方面指的是科学家用来研究自然界,根据研究所获得的事实证据作出解释的各种方法。科学探究还有一方面指的是学生构建知识,形成科学概念,领悟科学研究方法的各种活动。

科学课中的探究是什么?是科学学习的目标。

(1) 知道科学探究涉及的主要活动,理解科学探究的基本特征。

(2) 能通过对身边自然事物的观察,发现和提出问题。

（3）能运用已有知识作出自己对问题的假想答案。

（4）能根据假想答案,制订简单的科学探究活动计划。

（5）能通过观察、实验、制作等活动进行探究。

（6）会查阅、整理从书刊及其他途径获得的科学资料。

（7）能在已有知识、经验和现有信息的基础上,通过简单的思维加工,作出自己的解释或结论,并知道这个结果是可以重复验证的。

（8）能用自己擅长的方式表达探究结果,进行交流,并参与评议。知道对别人研究的结论提出质疑也是科学探究的一部分。

探究学习是学习者通过一系列的探究活动,自己发现问题结论的学习方式。探究学习可以使学生体验科学探究过程,培养学生提出问题、解决问题的能力,对于担负着向学生进行科学教育任务的科学课程来说,具有特别重要的意义。

探究学习具有以下特点：

（1）教学活动是从"问题"开始的,没有问题便无从探究。在小学阶段,学生对周围世界有着强烈的好奇心和求知欲。教师要细心呵护儿童与生俱来的好奇心,培养他们对科学的兴趣。探究活动是以问题开始的,提出问题是科学课探究活动的起点。教师可以通过设计实验、观察、制作等活动,通过提供的文字、图片、影像等资料,通过讲述情景、故事、现象等方法,让学生思考从中提出问题。学生提出的问题,可能是他们完全陌生的或是用他们现有的知识经验无法解释的。

（2）教学过程应是由不知到知、由浅入深、逐步逼近正确结论的过程,如同科学家在探究过程中逐步逼近科学真理一样。

（3）教学过程要有一定的起伏和曲折,不能过于平直,只有这样才能体现"探究"的特点。

（4）可以通过观察、实验的方法进行探究,也可以通过查阅资料、分析资料的方法进行探究,还可以将以上两种方法结合起来进行探究。

2. 自主学习

自主学习是在民主的教学思想指导下,以承认和尊重学生的独立人格、注重学生的个性发展为宗旨,以相信学生具有一定的自主学习能力为前提,以更好地发挥学生的学习积极性和主动性,使学生真正成为学习的主人,明确学习目标,以学生根据自己的需要选择研究问题、根据自己对问题的分析和已有经验设计研究问题的方法、自主获取与问题有关的事实或资料、通过独立思考和研讨对问题作出个性化的分析和总结、自己对学习的过程和成果进行评价为特征的教学思想和教学方式。自然课教学倡导"指导学生自行探究、应用知识"中的"自行"就是自主的意思,探究学习的各个阶段都可以采用学生自主学习的方式,使学生的自主学习的意识和能力得到锻炼。通过实施自主学习,可以使自然课教学真正做到指导学生"自行"探究。

实施自主学习是实现素质教育目标的需要,自主学习的意识和能力是一个人的素质的重要组成部分,更是作为一个现代人不可缺少的素质,只有树立自主学习的意识,掌握自主学习的方法,才能根据时代的发展、周围环境的变化、生活和生产的需要,更好地选择学什么和怎样学,从而更有效地学习,更好地适应实践的需要。自主学习可以使学生的个性得到充分的体现,这对培养创新精神来说具有特别重要的意义。从这个意义上说，实施自主学习是培养学生创新精神的重要条件，甚至可以说，没有自主学习，学生的创新精神就不能得到很好的锻炼和发展。

3. 合作学习

合作学习是通过学生之间的相互合作，完成学习任务、达到学习目标的学习方式。合作学习与自主学习不是矛盾的，而是相互联系、相辅相成的。以小组为单位进行的自主学习，本身就包含着小组成员之间的合作，在小组自主学习基础上进行的全班交流、研讨也是一种合作。

合作学习有很重要的教育价值。首先，它可以使传统的师生之间的双边教学活动，变为师生之间、生生之间的多边教学活动，从而更好地发挥学生的积极性和主动性，提高教学效果；其次，它可以在一定程度上体验科学家的合作探究活动——在发挥每个人聪明才智的基础上，集思广益，完成研究任务。采用这种学习方法，既能提高教学效果，又能培养学生的集体主义和与人合作的科学态度。

科学课教学实施多年的小组学习是合作学习的重要形式，今后需要进一步改革和提高：学习小组的构成不应是一成不变的，而应该随着教学内容的需要、学生的研究兴趣而不断变化、自由组合；小组活动的内容应该更加广泛——从问题的确立到研究的全过程，同时要有更多的独立性和自主性；合作的方式要进一步探索，努力做到既能分工合作，又能充分发挥小组内每个成员的积极性和主动性，从而达到合作学习的目的。

4. 创造性学习

创造性学习是指在学习过程中不是死板地按照教师、教材教给的方法学习，或盲目地效仿其他同学的方法学习，而是充分发挥自己的主动性和创造性。例如，在面对某个事实提问题时，能深入、广泛地思考，提出新颖的、别人未曾提出过的问题；在设计解决问题的思路或观察、实验方法时，能动脑筋想出新颖、独特的方法；在描述某种事物的形态或变化时，能用自己的话进行描述；在面对某个问题提出假设、做出解释，或建立某个概念、概括某个规律、分析某种原因时，能独立思考，讲自己的观点，不重复别人的想法和说法，同时敢于对同学、老师、书本中的说法提出质疑；在应用已有的知识和能力解决实际问题时，能运用发散思维，尽可能多想办法，能够别出心裁、异想天开。

创造性学习是创新实践活动的一部分，是培养创新精神的重要措施。要培养学生的创新精神，必须提倡创造性学习，开展创造性学习活动，培养学生的创新意识和创造性学习的能力。

【任务接受所】

1. 在 2001 年正式启动的基础教育新课程中，科学探究被提到了理科课程核心的位置。科学实验作为一种探究活动，在被用于教学的过程中如果能突出或至少保持住其探究的本质特性，就是最能有效地落实科学探究教育目标的课程资源。然而，在一些人那里，探究成了多做实验、多动手、多活动的代名词。操作起来更是省事，将原来一个个实验项目名称前面的"验证"、"测定（量）"去掉，通通换成"探究"，就算完成了向新课程的转变。而实际上，科学探究真正要强调的是"动脑"。学生做了实验，手动起来了，但不等于脑也自动地跟着动了起来。即使探究的环节都有了,探究的程序也都走过了,而学生的学习仍有可能是机械的而不是有意义的,那样的探究又有什么真正的价值?

请你谈谈对"探究"的认识——科学探究是科学方法,还是科学过程?它们有差异吗?

2. 上网或者查阅期刊了解什么是研究性学习、发现式学习,它们与探究式学习有什么区别和联系?

【阅读资料】

STS 教育

一、STS 教育的产生和发展

20世纪科学的飞速发展与技术的不断进步,以从未有过的广度和深度,促进了社会的一系列变革。第二次世界大战的发生、发展与结束,向人们充分展示了科学技术与社会政治、经济相互作用的过程。当时的一些有识之士,逐渐认识到自然科学与社会科学之间联系的重要性,以及科学技术社会效果评估的必要性。尤其是与社会经济繁荣相伴生的环境污染、社会道德的变化,已成为困扰人类的严重问题,使人们开始对科学技术所带来的社会"阴影"感到关注和担忧。正是在这种社会条件下,产生了一个跨学科的新的研究领域:科学、技术与社会(简称STS)。

STS诞生以后,吸引了美国、英国、法国、苏联和中国等许多国家的学术机构对其进行研究。学者们最初是从多学科的角度对STS进行研究,后来逐渐进入了交叉学科研究阶段,即力求把各个学科的观点综合起来,探讨科学、技术与社会之间的复杂关系。学者们进行的STS研究有涉及未来发展方面的,如科技、经济、社会发展战略、政策;有涉及应用方面的,如能源、环境、人口等全球性问题;还有涉及基础理论方面的,如科学技术的结构、功能和性质,科学史和技术史,科学、技术与社会的相互关系,以及STS教育等。

可以看出,STS教育是作为STS研究中所涉及的一个方面而出现的,在20世纪六七十年代,所谓STS教育,尚只是一种笼统的教育思想,它提出应在教育领域使学生加深对科学、技术和社会关系的理解,以提高其科学技术素养。为此,当时美国许多著名的大学,如哈佛大学、康奈尔大学、斯坦福大学和麻省理工学院等,先后为大学生设立了STS单个课程。

从20世纪70年代中期开始,STS教育逐步向中学和小学扩展。1981年,联合国教科文组织召开了一次关于工业革命的社会含义的讨论会。会议强调指出,必须使公众了解技术变革的含义及后果。与新技术造成的环境问题一样,人和自然的相互关系本质上是社会过程。只有最广泛的民众都参与决策,参与对科技潜力的充分利用,才能使科技造福于民,有利于社会的发展。因而提出要把科学、技术和社会的相互关系作为科学教育中课程研究和师资培训的出发点。

可以说，到了20世纪80年代，STS教育已不再是一种笼统的教育思想，而具有深刻的实际内容了。从广义来看，联合国教科文组织把STS教育作为中小学科技教育的改革方向，作为一种模式提出。这一教育模式实际上是以对科学、技术、社会之间相互关系的理解为出发点，安排现代社会的科技教育。如果说，传统的科技教育是以培养科学家、科学精英为中心，那么，STS教育的一个重要思想，就是现代社会的科学技术已经渗透到每一个角落，每一个社会成员必须对科技及其效果有深刻的了解，科学技术已经是大众共同的事情了。

从狭义来看，现有的或正在改革的小学科技教育课程，都可以从课程的设置和内容的变化入手，开设STS选修课，或是在必修课及课外活动中延伸或渗透STS内容，这些都可以视为实施STS教育。当然，这里所说的STS课程或STS内容都是有其界定的。

二、STS教育的内容及方法

究竟STS教育的内容应涵括哪些？这是许多国家的教育专家和教育工作者们一直都在探索和研究的问题。

1. STS教育的内容

曾任菲律宾数学和科学教育研究所所长的赫兰德教授为STS教育的内容作过如下的概述：第一，突出科学和技术的社会环境。科学和技术虽然不同，但在社会和经济生活中却是紧密联系在一起的。第二，知识的使用，而不仅仅是传授具有历史意义的知识。第三，解决问题的技能。第四，逻辑推理和作出决策的能力。第五，伦理和价值观。第六，面向未来的教育。

1985年在印度班加罗尔召开的科学和技术教育以及人类需要的国际会议，提出的STS教育内容组合包括：健康、食物和农业、能源、土地使用、水和矿物资源、工业和技术、环境、信息技术和传递、伦理和社会责任感等。

美国的一个名为项目合成的STS课程列出了它涉及的如下关键领域：能量、人口、人类工程、环境质量、自然资源的利用、国防和空间、科学与社会、技术发展的影响。英国科学教育协会创始的"社会中的科学与技术（简称SATIS）"课程，要求学生参与一项决策游戏，在这种游戏里，模拟一个特别的情景（如委员会辩论建一座水坝的利弊），并要求学生扮演其中的不同角色，通过收集背景材料，利用所学科学知识进行分析、判断，从而培养他们的决策能力。澳大利亚昆士兰中学开设的"人、科学和社会"课程，要求学生理解人、科学、社会之间的相互关系和影响，同时也要求他们理解科学的方法论和技术发明的效果。

我国北京师大附中为学生开设了"人与环境"、"食品化学"等选修课程。山东烟台莱阳穴坊联中则结合当地农业生产的实际，把原有生物教材延伸，增加了农业技术教育和农村生活教育等STS内容。

如果把上述内容加以归纳，我们可以把STS教育的内容用"知识"、"技能"、"参与"三部分来概括。

知识 通过STS教育，要使学生理解或掌握适合其年龄特点的自然科学知识及相关的社会科学和思维科学知识，尤其要注意自然科学知识与社会科学知识的结合。

技能 要使学生掌握或初步掌握科学实验的技能,技术发明和应用的技能,收集和处理信息并依此进行分析、判断直至决策的技能,解决与科技相关的社会问题的技能等。

参与 要使学生参与解决与科技相关的生产或生活中问题的活动,并可用模拟的方法参与解决与科技有关的社会争议问题的行动,并由此形成正确的价值观和对社会的责任感。

2. STS 教育的方法

STS 教育的内容不单纯是知识,还包括技能与参与。因此,与其相关的教学方法也不能仅仅是讲授的方法。目前,各国在实施 STS 教学时,一般很少采用讲授式,而大量采用讨论、辩论、角色扮演、野外考察、实验、戏剧、个案研究、调查、数据分析、讲故事和公众运动等方法。这样的教育内容和教学方法,是一定会受到青少年欢迎的。

三、STS 教育的特点

与过去传统的科学教育不同,STS 教育视科学技术的再生产为其最终目标。它以促进学生对科学、技术、社会之间相互关系的理解作为出发点,力图选择人的发展的最佳方式,培养他们成为具有个人生存能力,并为现代社会所需要的具有良好科学文化素质的合格公民。教育是培养人的一种社会活动。从人的发展的角度出发,看一看 STS 教育所具有的特点。

1. STS 教育强调决策技能教育

科学技术的飞速发展,已使现代社会的人们更多地感受到其益处。但同时,人们也从科学技术应用于军事目的,从工业化进程造成的环境污染,看到了科学技术对社会的负效应。在科学、技术、社会的相互作用中,人们正在开始意识到个人都有自己应承担的责任。这种对大众有益的价值观,将使每个人在工业技术发展的过程中成为某一方面的赞成者或反对者。而 STS 教育,将有助于每个未来的社会公民学会作出正确的抉择——对社会发展有益的决策。

STS 教育要求学生综合性地把科学、技术、社会结合起来研究,从收集信息入手,然后进行归纳整理,直至分析、研究、判断,最后作出决策。在 STS 教育中,学生们通常采用模拟的方式,结合典型的科技所带来的社会争议问题,尝试如何面对错综复杂的各项因素作出明智的决策或制定出正确的社会政策。

2. STS 教育体现了素质教育

科学技术的进步与国家经济的发展,归根结底取决于人才的素质,而基础教育中的科技教育则是培养人才素质的重要阶段。STS 教育注重个人能力的培养。在探究科学技术的过程中,STS 教育强调要使学生掌握科学的方法论,以及技术发明和应用的方法,强调在能力形成的过程中强化技能的必要性。

同时,STS 教育重视理论联系实际,强调科学技术知识的学习要与社会生产和生活实际相结合。它注重培养学生的参与意识,要求在"参与"的过程中提高学生解决问题的能力。因此,STS 教育有利于促进学生普遍的科学文化素质的提高,从而促进整个民族素质的提高。

3. STS 教育贯穿着道德教育

科学技术的繁荣和发展,依赖于一定的社会环境,依赖于每一个社会成员的贡献和努力。从这个意义上讲,良好的个人道德品质也许比单纯智力的成就具有更为重要的意义。STS 教育强调个人与科学、技术、社会的兼容,要求培养学生正确的价值观和对社会的责任感,以使其成为公民时能作出有利于社会进步的抉择。

在 STS 教育中,通常使学生直接介入或是采用模拟的方法,让他们就与科技密切相关的社会争议问题展开争论,促使不同的信念、价值观交锋,帮助其逐步形成正确的信念和价值观。所以,STS 教育确实贯穿着道德教育。

4. STS 教育包含未来教育

当前世界科学技术飞速发展,社会状况错综复杂,面对繁多的信息,如何决策今天、规划未来,这是现代人才所应具备的素质。由于 STS 教育强调以科学、技术、社会三者的相互关系为出发点,注重综合思维,研究整体效应,因而有助于学生立足今天,增强未来意识,以求得明天更好的发展。

另外,STS 教育强调个人生存与社会需求的统一。要求培养学生的应变能力,以适应未来科学、技术、社会发展的需要。所以,从某种意义上可以说,STS 教育培养的是面向未来的人才。

参考信息资源

【1】C·J·威林格. 儿童概念与小学科学教育. [英]钱伯恩出版公司,1990.

【2】蔡铁权,姜旭英. 新编科学教学论. 上海:华东师范大学出版社,2008.

【3】黄济,王策三. 现代教育论. 北京:人民教育出版社,1996.

【4】韦钰,[加]P. Rowell. 探究式科学教育教学指导. 北京:教育科学出版社,2005.

【5】你了解教师教学技能吗. http://www.hengqian.com/html/2006/5-15/r23653705.shtml

【6】徐敬标. 有效教学——小学科学教学中的问题与对策. 长春:东北师范大学出版社,2007.

第四章　小学科学教学目标设计技能

教学目标是教师在教学之前制定的,通过教学后学生可以达到并且能够用现有条件或手段测评的教学效果。即"通过一个特定的教学过程(如一节课),学生的学习结果可以是某种知识、某种技能,也可以是某种观念、态度的形成或获得"(《全日制义务教育科学(3~6年级)课程标准解读》,湖北教育出版社)。简而言之,小学科学课堂教学目标,是教师对学生科学学习结果的预设要求,它既要让教师明确"为什么教",又要让学生明白"应学到什么"。它是教师进行教学设计的首要环节,具有指引教学方向、指导教学策略的选择和激励学生的学习等功能。

【观点演绎场】

△ 教学目标指教学中学生通过教学活动要达到的预期的学习结果与标准。教学目标是指教学活动实施的方向和预期达成的结果,是一切教学活动的出发点和最终归宿,它既与教育目的、培养目标相联系,又不同于教育目的和培养目标。小学科学课堂教学目标,是教师对学生科学学习结果的预设要求,它既要让教师明确"为什么教",又要让学生明白"应学到什么"。

△ 教育目的是通过许多具体的教学目标实现的。教学目标是一个多层次的教学目标体系,可以分成:课程教学目标、单元教学目标、课时教学目标等不同的层次。

△ 教学目标有指导控制教学过程的功能,合理制定教学目标能优化教学效果。达成目标后,还能增强学习者的成功感。教学活动应以教学目标达成为"度",可以避免教师的时间、教学设备、教学经费的浪费和学生学习负担过重,也可以防止教学投入过少,不能很好地完成教学计划,实现教学目标的问题。

△ 教学目标的功能也有一定的局限性,如有人提出事先明确具体的教学目标有悖于发现法教学,还有人认为以适度规范的形式编写的教学目标通常适用于较简单的低层次的学习,有些教学内容和许多心理过程是不能完全通过外显行为表现出来的。特别是一些较高层次的认知能力和情感因素。

△ 课堂教学目标不等同于课程目标。课程目标是预先确定的要求学生通过某门课程的学习所应达到的学习结果。课程目标指导的是整个课程的建设,它决定了教学内容的设置、编排,以及实施和评价的整个过程。就小学科学课程目标而言,它所关注的是通过科学课程的学习,小学生科学素养的变化情况。其行为主体应该是课程设计者、管理者、教材编写者,以及与之相关的学校师生等。而课堂教学目标针对的是一个具体的教学过程(如一个单元、

一节课、一个活动等。本文主要以一节课为例)。就小学科学课堂教学目标而言,它所关注的是学生在教学活动中的学习结果,包括科学知识的习得、探究技能的训练,以及科学观念、科学态度的形成的情况。其行为主体应该是执行教学任务的科学教师和接受科学教育的学生。

【教学案例园】

案例1:人教版《科学》四年级下册教材《动物的卵》一课的教学目标

1. 让学生经历一个饲养动物、观察孵化的过程。在观察基础上能对研究问题进行推测,并通过进一步的观察和查阅资料寻找证据;
2. 乐于探究动植物繁殖的奥秘;
3. 认识动物的一些繁殖活动及产卵动物的卵的特点,感受自然界生命的生生不息,动植物的多样性特点及动植物在繁殖上的相似性。

案例2:教科版小学《科学》六年级上册《杠杆的研究》一课的教学目标

科学知识目标:知道利用机械可以提高工作效率,了解一些简单机械——杠杆的使用;做杠杆尺实验,知道怎样让天平和杠杆保持平衡;动手制作简易小天平。

科学探究目标:培养学生观察、比较、描述和表达的能力;提出问题、猜测、设计实验和科学小制作;学习使用工具和解释使用工具的意义;能够从众多看似杂乱的数据中,通过分析整理,发现杠杆省力的秘密。

情感态度价值观目标:认识到科学是不断发展的;意识到科学技术会给人类与社会带来好处;尊重证据,愿意与他人合作学习和探究问题,分享他人的智慧。

案例3:《观察鱼》

过程和方法:通过观察鱼,掌握观察方法;初步了解科学探究的一般过程。

知识与技能:理解鱼的身体构造以及各部分的作用;建立鱼类的概念。

情感、态度与价值观:认识到保护小动物的重要性;培养学生间的交流合作,养成与人合作的好习惯。

【分析反思亭】

案例1:教师在制订教学目标时,由于没有很好地理解教学目的和教学目标的区别,缺少认知心理学知识,导致教学目标的制订出现诸多问题。

"让学生经历一个饲养动物、观察孵化的过程。在观察基础上能对研究问题进行推测,并通过进一步的观察和查阅资料寻找证据"。此段教学目标的描述至少存在两个问题:一是教学目标的行为主体错误,用教师的行为代替学生的行为;二是教师陈述的是行为过程,而不是行为结果。它看起来更像教师的教学过程,而不是让学生通过学习达到什么样的程度。"乐于探究动植物繁殖的奥秘"的描述太笼统,更像是"教学目的"而不是课堂教学目标。"认识动物的一些繁殖活动及产卵动物的卵的特点,感受自然界生命的生生不息,动植物的多样性特点及动植物在繁殖上的相似性"。此段教学目标,教师没有把教学目标进行分类陈述,把知识目标和情感目标混在了一起,而且运用"认识、感受"等心理活动的词语,不便于观察和检测教学结果,语言表述含糊不清。

案例2:设计冗长琐碎,缺乏概括性,似是面面俱到,表达完整,但却泛泛而谈,不能突出重点。

案例3:教学目标虽说不多,挺简单,但不够明确。如掌握观察方法,是掌握什么具体的方法呢?初步了解科学探究的一般过程,又能达到怎样的程度呢?认识到保护小动物的重要性,和观察鱼又有多少联系呢?培养学生间的交流合作,养成与人合作的好习惯,在一堂课中又能落实多少呢?所以,以上的目标,虽简单,但不够明确,不够简明。

一、设置合理可行的教学目标要考虑的问题

1.《课程标准》——学习科学课程标准,把握科学课程晶核

科学课程标准的目标部分明确了科学学科在知识与技能、过程与方法、情感态度与价值观三方面共同而又各具特点的课程总目标和分目标。其中,科学知识方面的目标是以内容为单位的可控目标,在教学中是可实施、可检查的。而情感态度与价值观的目标是伴随在知识传授过程中渗透性的长期目标,它的可控性比科学知识方面的目标要差。科学课的教学要以科学探究为核心,体现教学的开放性,同时既要满足社会可持续发展的需要,又要满足学生个体自我发展的需要。教师在教学目标与教学策略设计时需要有较强的把握能力。

不同地区(区域)的学生,要考虑把目标进行重组、拓展与延伸。中国地域广阔,各地区间在经济发展、生活习俗、文化传统、自然环境等方面存在着较大的差异。科学老师在设计课堂教学目标时要考虑不同区域学生的差异,制定切合本班学生的目标。老师可以对教参上的目标进行重组、拓展、延伸。比如《食物链和食物网》科学概念目标:"蔷薇花丛中动植物之间存在着食物能量交换关系。"这个目标主要是让学生知道"动植物之间存在着食物能量交换关系",但是,是否一定是蔷薇花丛呢?这不一定,有些地区或学校里根本就没有蔷薇花丛。

2. 教材分析——钻研教材,明确教学内容和要求

在把握好科学课程标准的理念后,就要去分析教材和钻研教材了。因为教材是课程标准的进一步丰富和具体化。教学目标的制定必须在立足于课程标准的基础上对教材认真分析。通过研讨课程标准,分析教材,做到能从整体上把握课程的基本结构,理清教材的知识体系。在此基础上,具体分析某单元的教学内容和课时教学内容,找出其中的基本概念、基本事实、基本方法和基本原理,构思教学流程,为制定教学目标奠定基础。

3. 学情分析——结合学生实际,确定合理目标

不同年龄的学生,其认知能力和原来的知识水平是不一样的。同一年龄不同班级的学生,其思维习惯、认知水平也是有差异的。因此,在制定科学课堂教学目标时,还要考虑学生已有的知识经验和他们的年龄特点,确定学生的最近发展区,使自己制定的教学目标,建立在

学生已有的知识经验的基础上,经过学生的努力,能够达到所设目标。在兼顾全班学生的同时,也考虑到学生的个体差异,使学生都能得到充分发展,这也就是所说的分层教学目标。

比如《拱形的力量》这课的局部目标,是否可以把它分成这样三个层次:

层次一:认识拱形结构和拱形结构承受压力比横梁要强的特点。不会边实验边思考边记录,逐步深入地研究一个问题;不会分析受力的状况。

层次二:认识拱形结构和拱形结构承受压力比横梁要强的特点。拱形受到压力时,能把向下压的力向下和向外传递给相邻的部分,拱脚会向两边伸。在老师的指导下能够边实验边思考边记录,逐步深入地研究一个问题。并能根据拱形结构的形变,分析受力的状况。

层次三:拱形受到压力时,能把向下压的力向下和向外传递给相邻的部分。拱形各部分受到压力时会产生外推力,如果能抵住拱形的外推力,拱形就能承受巨大的压力。学生能够独立进行实验,并能够边实验边思考边记录,逐步深入地研究一个问题。并能根据拱形结构的形变,分析受力的状况。

这样将统一的教学目标按不同层次学生的实际情况重新设计,或提高难度,或降低要求,充分发挥学生的自主作用,既让学生吃饱,更让学生吃好。希望老师们能够正视学生的差异,利用好学生的差异,慢慢地消除学生的差异。只有这样,科学老师才会少一些浮躁,多一些理智。

4. 三维目标——进行教学目标分类,增强目标可行性

在以往的教学目标设计时,教师通常的做法是分成知识、能力和情感三类教学目标,每种目标都用一些抽象、笼统的话语表达。而小学科学课程的教学目标,要求教师从知识与技能、过程与方法、情感态度与价值观三方面进行分类表述。

在科学探究方面:(1)知道科学探究涉及的主要活动,理解科学探究的基本特征。(2)能通过对身边自然事物的观察,发现和提出问题。(3)能运用已有知识作出自己对问题的假想答案。(4)能根据假想答案,制定简单的科学探究活动计划。(5)能通过观察、实验、制作等活动进行探究。(6)会查阅、整理从书刊及其他途径获得的科学资料。(7)能在已有知识、经验和现有信息的基础上,通过简单的思维加工,作出自己的解释或结论,并知道这个结果应该是可以重复验证的。(8)能用自己擅长的方式表达探究结果,进行交流,并参与评议,知道对别人研究的结论提出质疑也是科学探究的一部分。

在情感态度与价值观方面:(1)保持与发展想要了解世界、喜欢尝试新的经验、乐于探究与发现周围事物奥秘的欲望。(2)珍爱并善待周围环境中的自然事物,初步形成人与自然和谐相处的意识。(3)知道科学已经能解释世界上的许多奥秘,但还有许多领域等待我们去探索,科学不迷信权威。(4)形成用科学提高生活质量的意识,愿意参与和科学有关的社会问题的讨论与活动。(5)在科学学习中能注重事实,克服困难,善始善终,尊重他人意见,敢于提出不同见解,乐于合作与交流。(6)意识到科学技术对人类与社会的发展既有促进作用,也有消极影响。

在科学知识方面:(1)学习生命世界、物质世界、地球与宇宙三大领域中浅显的、与日常生活密切相关的知识与研究方法,并能尝试用于解决身边的实际问题。(2)通过对物质世界有关知识的学习,了解物质的常见性质、用途和变化,对物体的运动、力和简单机械,以及能量的不同表现形式具有感性认识。(3)通过对生命科学有关知识的学习,了解生命世界的轮廓,形成一些对生命活动和生命现象的基本认识,对人体和健康形成初步的认识。(4)通过对地球与宇宙有关知识的学习,了解地球、太阳系的概况及运动变化的一般规律,认识人类与地球环境的相互作用,懂得地球是人类唯一家园的道理。

当然,科学知识、科学探究、情感态度与价值观三维目标相互依存,互为因果,是一个统一的整合体。其相互关系可以这样理解:科学知识是探究学习的基础和载体,科学方法、情感、态度等都依附和融合在科学知识的自主建构的过程之中,通过经历获得科学知识的探究过程,掌握必要的科学方法,并促进科学习惯和科学意识的形成;与此同时,科学方法和能力的提高、科学情感和态度的提升,又可以反过来促进科学知识的学习过程,夯实和完善知识结构,训练和提高应用科学知识的能力。因此,在确定教学目标的范围时,必须全面考虑三个领域的目标,不可有所偏废。但是,这并不等于在所有的教学活动中,都必须面面俱到,同时或同等程度地达成所有各维目标。在具体的教学活动中,教学目标可能有不同的侧重点。不同的课,有的可能侧重于科学知识的学习,有的可能侧重于科学方法的习得和技能的训练,有的可能侧重于情感态度的培养。因此,某一单元、某一节课或某一个活动,可侧重其中某一个或两个分目标,而另一些单元、另一节课或另一个活动,可侧重其他一个或两个分目标。当然,也有些单元、课或活动,能同时兼顾或达成多个分目标。

二、小学科学课堂教学目标设计要求

教学目标是教学活动的灵魂,是统领教与学全过程的纲领。它规定学习的具体内容,明确学习的具体任务,决定教学策略的选择,是对具体的学习内容、学习过程、学习结果的抽象概括。因此,课堂教学目标既要注意科学性,又要便于教学的实际操作。其语言表述是对学生学习预设结果达到程度的表述,力求明确、具体,可以观察和测量,既具有概括性,又具有明确的指向性和可操作性。

1. 概括性

课堂教学目标要对教材内容和教学行为过程进行概括。先概括中心目标,再概括与中心目标相联系的其他主要学习目标,但切忌繁复琐碎。要分清楚课堂教学目标与课程目标(目的),课程目标是指各学科的教育目标,是预先确定的要求学生通过某门课程的学习所应达到的学习结果,这种结果表现为学生在与课程相关的素质或特征方面的变化。是指导课程设置、编排、实施和评价的整个过程的准则,也是课程自身性质和理念的体现。教学目标是教师教与学生学习的目标,是每个单元、每节课甚至每个教学环节、教学活动应达到的具体目标,具有较强的灵活性。二者之间又有联系。课程是学校教育的核心,课程目标对课程的日常教学工作和管理工作起导向作用。教师在每节课甚至每个教学活动环节的教学目标,要注意落实课程目标,体现课程宗旨。教学目标最具实践性和实效性,课程目标要通过教学目标来体现,它是教学活动的起点和终点,也是教学评价的重要依据。教学是实施课程的主要途径,教学目标是对课程目标的细化。

2. 指向性

课堂教学目标表述最忌指向性不明确。在一节课的教学中,要做什么、怎么做、做出怎样的结果等等,都应该表达清楚。当然,教学要求不等同于课堂教学目标,教学要求主要是指对教师教学行为的要求,或对教师执行某一教学过程的具体要求,其服务于课堂教学目标。在表述时,往往通过"引导学生……"、"指导学生……"、"帮助学生……"、"组织学生……"、"促进学生……"等句式进行表达。例如,"指导学生学习混合与分离物质的几种操作方法"(《混合与分离》);"组织学生进行凤仙花的种植活动,指导学生通过种植活动,认识植物的根、茎、叶、花、果实及种子等器官"(《植物的一生》)等。课堂教学目标是指教师对学生学习结果的预设要求,多通过可理解、可测量、可观察、可评价的行为化动词进行表达。例如,"尝试混合与分离物质的几种方法,独立完成混合与分离物质的操作"(《混合与分离》);"根据教师的指导,完成凤仙花的种植活动;并通过观察,辨认植物的根、茎、叶、花、果实及种子等器官"(《植物的一生》)等。

3. 可操作性

课堂教学目标是课堂教学的行动指南,它明示了教学活动的内容、过程和结果。因此,要将学生的学习结果以一种特定的行为方式进行陈述,选择恰当的外显性行为动词来表达,使其具有良好的可操作性和行为性。最重要的,是所使用的行为动词词义清晰而明确,没有多义性。

根据上述要求,对《动物的卵》一课的课堂教学目标试作以下陈述,仅供参考。(1)经过观察鸡蛋、青蛙卵等动物的卵,能够说出动物卵的基本构造;通过讨论、比较动植物的繁殖方法能够归纳出动植物繁殖的相同点;(2)经过对鸡蛋的观察、孵化,能够推测鸡蛋的孵化过程,并能够主动查阅资料验证推测;(3)经过观察动物卵,观看卵的孵化录像,在生活中关注动物的繁殖现象,初步形成喜爱小动物,关注生命现象的情感。

对《杠杆的研究》一课的课堂教学目标试作以下陈述:(1)进行杠杆尺的探究,描述杠杆的工作原理;(2)通过对实验数据的分析和整理,发现杠杆省力的规律;(3)意识到尊重证据是科学探究的正确态度。

【知识导航塔】

一、怎样认识新教材所体现的教学目标?

教学目标是教学活动的出发点和归宿,它支配、控制、调节着整个教学过程,任何教学活动都是围绕着某种教学目标展开的。传统的课堂教学过分强调认知性目标,知识与技能成为课堂教学关注的中心,知识的价值是本位的、首位的,智力、能力、情感、态度等其他方面的价值都是附属的,可有可无的。这种教学在强化知识的同时从根本上失去了对人的生命存在及其发展的整体关怀,从而使学生成为被"肢解"的人,甚至是被"窒息"的人。这次课程改革产生的新教材在教学目标上改变了以前只注重知识和技能培养的单一性,使获得知识和技能的过程成为学会学习和形成正确价值观的过程,力求培养出具有创新、进取、开拓精神的人才。每门具体学科的目标一般包括三个方面的内容:知识与技能,即每门学科的基础知识和基本技能。过程与方法,即了解科学探究的过程和方法,学会发现问题、思考问题、解决问题的方法,学会学习,形成创新精神和实践能力等。情感、态度和价值观,形成积极的学习态度,健康向上的人生态度,具有科学精神和正确的世界观、人生观、价值观,成为有责任感和使命感的社会公民等。这样对教学目标的规定改变了过去的单一性（即强调基础知识、基本技能）、模糊性和笼统性，更具有层次性和针对性，针对不同学科、学段水平提出不同目标。

但是对教学目标的认识，不能够走入另一个极端，即认为基础知识的掌握已经不是那么重要，重要的是如何获得知识的方法，要由知识中心向能力中心转移。就知识与方法的关系来说，一方面知识从类型上说不仅包含了"事实性的知识"，而且也包括了"程序性的知识"，后者就是我们说的"方法"。因此，方法范畴包含在知识范畴之中，是一种特殊类型的知识。另一方面，任何知识的获得都是以一定的程序性知识的掌握为条件的，离开了程序性知识，也就没有任何的事实性知识，对事实性知识的掌握和理解也必然地包含了对作为其条件的程序性知识的掌握和了解。对于知识与能力的关系而言，知识是能力的基础。所谓能力，无非是解决某一种理论和实践问题的熟练程度，这种熟练程度的高低从根本上取决于问题解决者对问题的熟练程度，对解决问题的各种方法的熟练程度，对采用常规或非常规的方法解决问题可能性大小的理解程度。而所有这些，又都依赖问题解决者所拥有的有关知识的丰富性程度和结构合理性程度。那些在某一问题上知识贫乏或结构不合理的人，必然缺乏解决那一问题的能力。所以，能力问题最终可以转化为知识问题；因此，在当前基础教育课程改革中，强调方法和能力的目标的重要性的同时，不应该忽视和弱化知识目标，否则就会影响到方法和能力目标的实现。

二、教学目标的阐明与陈述

1. 教学目标的阐明

不同的教育心理专家对教学目标的分类是有所不同的。广泛被人们接受的有：美国布卢姆的教学目标分类理论、加涅的学习结果分类理论以及奥苏贝尔的有意义学习理论等。

布卢姆的教育目标分类理论——将教育目标分成三个领域：认知（知道、领会、运用、分析、综合、评价）、情感（接受和注意、反应、评价、组织、价值与价值体系的性格化）和动作技能（知觉、准备、有指导的反应、机械动作、复杂的外显反应、适应、创新）领域。布卢姆的教学目标分类理论在我国应用较为广泛。我们的教学大纲就是在参考这个体系的基础上编制的。新的教学大纲的课程教学目标中包括"知识方面"、"能力方面"和"情感态度与价值观方面"，"知识方面"相当于"认知领域"，不仅规定了知识内容的范围与达到的要求，还对知识在生产生活中的应用、对个人健康的促进、科学对社会的影响等知识的应用等提出了要求；在"能力方面"规定了与生物学有关的动作技能、智慧技能与学生通过生物学学习应发展的能力；大纲的"情感态度与价值观方面"就相当于"情感领域"。

加涅的学习目标分类理论——与布卢姆的分类体系相比，加涅的分类方法显得更依赖于教育心理学基础，因此也给学习者一种"难以理解"的印象，也正是这点使得加涅的理论看起来更像是科学而非经验的概括。将学习目标归纳为五个类别：智慧技能、认知策略、言语信息、动作技能、态度。与布卢姆的学习目标分类理论相比，加涅将"认知领域"分解成了智慧技能、认知策略、言语信息三个部分（你认为这种划分合理吗？）。对每一类学习目标来说，都能导致人类的某些特定行为，这些行为可能包括在学习过程中，也可能在学习后表现出来。下面就以列表的形式对不同的学习类别分别进行叙述，见表 4-1。

表 4-1　学习类别

学习类别	定义	行为样例
智慧技能	智慧技能使个体应用符号或者概念与环境相互作用。学习智慧技能意味着学习"如何完成"某种智慧行为,而不是"如何描述"某种事物	运用生态学的原理,判断某一物种被引入新的区域后可能发生的后果
认知策略	认知策略是支配个体自身的学习、记忆和思维行为的性能,是学习者解决问题的"模式"	通过分类的学习,掌握归纳的技巧
言语信息	言语信息是一种我们能够陈述的知识,它是"知道什么"或"陈述性知识"。比如地名,或者是科学事实	陈述细胞的基本结构,用语言说明光合作用的过程
动作技能	动作技能涉及骨骼和肌肉的使用、发展和协调。作为能力,动作技能使得动作表现成为可能	操作显微镜,制作徒手切片,制作标本
态　度	态度的作用是帮助人们对某些人、事物或情况做出积极或者消极的反应,是改变个体行为选择的一种持续状态	热爱生物,对破坏自然的环境表现出反对的态度

2. 目标的陈述

完成教学目标分类后,教师可以设计比较笼统的综合性目标,以此指导教学策略与教学流程的设计,然后再根据教学流程来陈述具体行为目标。这些具体的行为目标应该是可以直接观察和测评的,能够解释学生达到目标的程度。符合"明确、具体、全面、适当"八字方针。

要使陈述的教学目标清晰、操作性强,做到"明确、具体、全面、适当",关键要抓住陈述的中心——学生学习后的行为,并选择不同的行为动词进行表述。目前国内大多采用行为目标陈述法、内部与外显行为结合目标陈述法和表现性目标陈述法。

行为目标陈述法是布卢姆、马杰推动形成的教学目标陈述方法,它是用预期学生学习之后将产生的行为变化来表述的目标,是教师比较常用的目标陈述法。因为行为目标陈述法认为,一个规范、明确的行为目标叙写应该包括四个要素:行为主体、行为内容、行为条件、行为标准,故它又称为四要素法。例如"学生(主体)能够运用温度表(条件)测量(行为)一杯水的温度,准确率达100%(标准)",可以简写为"能够测量一杯水的温度"。

行为主体,即学生。行为目标描述的是学生的行为而不是教师的行为。如"(学生)能够说出鸡蛋孵化的过程",而不应该是"(教师)让学生说出鸡蛋孵化的过程"。撰写教学目标时,行为主体通常省略。

行为内容,由行为动词和结果构成,要说明通过学习后,学生能做什么。例如"会说出鸡蛋的构造"。行为动词应使用可观察、可检测的术语。在教学设计时,目标领域使用的行为动词例举如下:

(1) 知识

了解水平——说出、辨认、列举、描述、列出、举例、选择、识别、指认等。

理解水平——解释、说明、比较、概述、认识、区别、推断、对比、归纳等。

应用水平——设计、得出、撰写、分析、解决、检验、拟定、评价、综合等。

（2）技能

模仿水平——模仿、尝试等。

独立操作水平——运用、使用、示范、测量、查阅等。

（3）体验性目标

经历(感受)水平——参与、体验、交流、分享等。

反映(认同)水平——关注、认同、拒绝等。

领悟(内化)水平——形成、具有、确立、树立、热爱、养成等。

行为条件，是指影响学生学习结果的特定限制或范围，主要说明学生在何种情境下表现行为，如"使用放大镜后"、"经过观察讨论"等等。在设计教学目标时对行为条件的表述，实质上指明了何种情况下对教学活动进行评定。

行为标准，即合格标准，也称表现程度。指的是学生对目标所达到的最低表现水平，用以衡量学习表现或学习结果所达到的程度。行为标准通常是规定行为在熟练性、精确性、准确性、完整性、时间限制等方面的标准，如"准确率100%"、"能够说出蜗牛的三个外形特点"等。

【任务接受所】

1. 针对下面《有趣的食物链》教学目标，说说对教学目标的认识。

（1）过程与方法：

能结合食物链和食物网描述生物间的食物关系。

能把食物链中的生物划分为生产者、消费者以及分解者。

能够分析生物间的食物关系。

能够分析缺少分解者的后果。

能够寻找、分析表达食物关系的成语。

（2）知识与技能：

知道什么是食物链、什么是食物网。

知道食物链的组成。

知道食物链的营养来自于绿色植物。

认识食物链上的生产者、消费者和分解者的作用。

（3）情感、态度与价值观：

意识到食物链中每一种生物的重要性。

体会到自然界中的生物都是相互联系的。

2. 下面是一位教师制定的《测量摆的快慢》一课的教学目标。针对提示，请重新设计一个较为合理的教学目标。

（1）知识与技能：能够自己动手做一个摆。知道影响摆快慢的因素(分析：哪些因素，不够具体)。

(2) 过程与方法:进一步认识科学探究的过程与方法(分析:过程与方法——经历怎样的过程和掌握什么方法不够具体)。对问题能够提出自己的假设,并能够搜集数据来验证自己的假设(不够具体,无可测性)。

(3) 情感、态度与价值观:进一步意识到搜集证据、验证假设的重要性。体验到对待科学研究要持严谨的态度。

3. 请分别选择一个实验教学、概念教学、规律教学和习题教学课题,写出其课堂教学目标。

【阅读资料】

几种典型的小学科学教育目标

一、英国小学科学教育目标

20世纪80年代中期以来,英国政府开始制定统一的国家课程标准。其科学课程中主要关注的是科学方法、科学意识、科学与社会的联系教育。与此相适合,科学教育的目标规定为:(1)在掌握自然科学基础知识的同时,认识科学、技术、社会三者的联系及科学的本质。(2)培养集体精神与合作能力。(3)使学生掌握基本科学技能,培养学生的科学思维能力与创造性地运用科学知识的能力。(4)引导学生运用他们的知识和技能去解决实际问题。(5)能用科学的语言进行口头和书面交流。(6)提高学生的实验与调查能力,鼓励学生在科学活动中勇于识别异常结果,并在可能时予以讨论。(7)培养使用与科学有关的实用技术的能力。

二、国际文凭组织(The International Baccalaureate Organization)科学教育目标

(1) 一个世界——能创造性地运用科学知识;分析科学知识的应用对个人、社会和环境的影响;讨论科学应用所引起的伦理和道德问题以及科学学习与实践活动如何受文化的影响;理解科学各学科间、科学与其他学科间的相关性,将学科学看作是一种相互合作的活动。(2)交流——能准确地运用科学语言交流思想和阐明观点,并能运用图示、图表、表格甚至软件(如:文字处理系统、数据库及模拟程序等)等解释观察和实验结果。(3)科学知识和观念——掌握科学的本质和科学方法;掌握科学事实、定义、法则、原理、模型和观念;掌握科学语言和语言符号及度量的国际单位(SI);理解科学法则、定理、模型和观念随时间的推移而改变。(4)科学探究——能提出问题,建立假说,在变量可控条件下验证假说;能设计恰当的实验,根据现象得出结论;分析合理的误差,在大量数据基础上评价结论的有效性,实验结束后评价整个设计和程序。(5)处理数据——能以各种形式整理、描述和评价数据;能将数据从一种表达形式转换成另一种表达形式,包括数学计算结果、坐标和图表;能预测数据变化的趋势和方式;能根据数据做出推测进而得出结论。(6)实验中的行为——能领会书面和口头的各种指令;依据实验目的选择和使用适宜的仪器、材料和测量工具;能

运用适宜的工具和设备,通过有序地观察现象、记录获取数据;能与人合作,安全、有效地完成任务。

三、日本的科学教育目标

为了培养21世纪社会所需人才,日本自1996年开始对小学教育进行了全面改革,其中义务教育理科改革的基本方针是:(1)贴近自然。(2)有目的、有意识地观察和实验。(3)培养科学的探究能力和态度。(4)培养科学的见解和思维方法。依据新的改革基本方针,日本文部省于1998年12月公布了小学新的理科课程目标,具体内容见表4-2。

表4-2 日本的科学教育目标

目标结构	内　　容
能　力	培养解决实际问题的能力
态度方法	培养热爱自然,热爱生活的情感;通过发现问题,培养探索自然的好奇心和学习科学的兴趣;培养科学的思维方法
知识能力	通过观察与实验,认识自然事物和自然现象;认识事物的变化过程,形成动态表象

四、总体概况

联合国教科文组织综合了53个发展中国家的500余名教育工作者的观点,将科学教育的重要目标归纳为16项:(1)发展学生智力,以适应迅速变化的世界。(2)发展学生逻辑思维能力。(3)把学生培养成为对本国的建设有贡献的合格公民。(4)培养集体精神。(5)培养学生努力工作的态度。(6)培养学生的公民意识。(7)使学生受到的教育能适合农村社会的要求。(8)培养学生的科学态度(如:好探究、重试验)。(9)使学生具有爱社会、爱集体而非自私自利的思想作风。(10)增进对社会不同阶层文化的了解。(11)提高社会保健和卫生水平。(12)为社会发展一种能随新知识、新问题的出现而作相应改革的教育。(13)帮助每一个学生获得解决实际问题的能力。(14)学会学习,养成不间断地探索和掌握知识的能力和态度。(15)使学生成为足智多谋的人。(16)培养学生积极的、规范的工作习惯。

不难发现,当今世界范围内对科学教育目标的提法,已从单一学术意境转变为科学为大众的走向。在注重智育性和认知性目标的同时,十分强调非认知性的目标,把学生的活动作为重要内容纳入课程,并注重知识的应用,以使学生得到全面发展;强调科学教育的社会目的,把教育作为实现民族抱负和满足国家需要的重要工具。

综上所述,世界各国对科学教育的改革倾注了大量的热情与心血,都想在科技方面有所突破,领先于世界。而在小学科学教学方法上,特别是科学课课堂教学方法上,强调以探究为核心的主动学习。不管是法国的"hands on"方案,还是美国的"探究研讨法",都把学生的主动探索、亲身经历作为重点抓手。

参考信息资源

【1】张屹.小学科学案例研究——科学课程典型教学案例及其理论解读.北京:高等教育出版社,2008.

【2】陈华彬,梁玲.小学科学教育概论.北京:高等教育出版社,2003.

【3】郝京华.科学课程教学策略.北京:高等教育出版社,2003.

【4】[美]大卫·杰纳·马丁.科学课教学研究.薛伟江译.长春:长春出版社,2008.

【5】科学学科网.http://kexue.luohuedu.net/kexue/list.aspx?nclassid = 11&aclassid = 45&annclassid = #

第五章 小学科学教案编写技能

编写教案是一个复杂的过程,是教师的一种辛勤劳动,每份教案都凝集着教师的心血。编制教案的过程也是教师不断学习,不断提高的过程。

【观点演绎场】

△ 课时计划是教师和学生在上课时所从事的教学活动,所用的教学方法和所希望达到的教学目的的详细计划。通常称课时计划为教案。编写具体的课时计划是教师备课工作的最后一个阶段,是教学前重要的准备工作。课时计划是教师上课的依据,是教师辛勤备课之后写成的,而备课充分与否和讲课的效果有直接的关系。因此,认真制订课时计划是上好每堂课的前提,课时计划是教师上课的重要工具。

△ 教案可以使教师明确课堂教学的目的与任务,明确教学内容、方法与步骤,是教师经验的总结,多年积累的教案,就是教师长期教学实践的记录,成为教学研究的重要资料。故编写教案是教师最经常的劳动,也是一项重要的教学技能和基本功。

△ 教案的作用。(1)可以使每次教学有明确的目的,因而不会出现无的放矢、浪费时间的现象。(2)可以使教师预先把所用的教材进行充分的准备,加以适当的选择、组织和补充。(3)可以使教师选用最适当的教学方法和教学过程来实现教学目的。(4)可以使教师充分准备好教具、例证、问题、练习题等,使教学活动生动有趣。(5)可以使教学时间支配得当,不至于造成前松后紧或前紧后松的现象。(6)可以使教师做好充分的心理准备,增强教师的自信心,不致临场慌张。(7)教案可以提高教学水平,积累经验,可以使教师容易检查出教学中的优缺点,以便改进教学。(8)便于领导检查和开展教学经验的交流。

△ 教案是具体讲课方案,是实施教学的主要依据,是授课教师教学思想、教学组织能力、教学方法的重要体现,是教师教学经验的结晶。它反映了教师的自身素质、教学水平、教学思路和教学经验,反映了教师掌握教学大纲、熟悉教材、充实知识的程度,反映了教师了解学生、准确把握教学方式方法的程度。教案的内容,一般包括教学目的、教材分析、教学重点和难点、教具、教学方法、板书提纲、教学过程(其中包含复习旧知识、导言、新课教学内容、复习巩固新知识和作业等)的时间分配。

△ 在完成一系列教学设计工作的基础上,就要编制小学科学教学设计方案。教学设计方案既是教学设计的总结和书面记录,又是课堂教学的主要依据。这是教学设计过程中的一个重要步骤,必须认真地把教学设计过程的每一阶段所做的工作,在方案中具体地反映出来。根据教学设计的过程,小学科学教学设计方案应该包括以下内容:(1)课题。(2)教学内容与

学情分析。在此基础上,确定本课时的教学重点、难点和关键。(3)教学目标。(4)教学模式。(5)教学过程。根据教学设计的结果具体地写出教学过程,包括以下几方面:①教学步骤。按照教学过程,结合教学内容呈现的先后次序,写出教学的步骤,即"先做什么,后做什么"。②教师活动。对每一个教学步骤写出教师活动的内容和方式,即"教师做什么,怎样做"。③学生活动。对每一个教学步骤写出学生活动的内容和方式,即"学生做什么,怎样做"。④教学媒体。说明在哪些教学步骤需要使用教学媒体(除了教科书、语言、板书),板书媒体的种类、使用要求,即"使用什么教学媒体,怎样使用"。

【教学案例园】

案例:教科版小学《科学》三年级上册第3单元"我们自己"中的第二课《我的手》教案

一、教学目标

1. 在观察与实验中,知道手的一些基本构造,认识手的灵巧与关节、褶皱、大拇指等构造密不可分,认识手具有感觉功能。

2. 用各种方式获取有关手的知识,设计简单的实验来验证自己的猜想,学会合作学习,注重与同学的交流以及分享成果。

3. 关注体验活动后的感受,激发学生对自身的探索。

二、教学重点和难点

重点:通过观察认识手的基本知识,了解手的灵巧和手的构造有关。

难点:小组的合作学习,自选实验方式验证自己的猜想。

三、教学准备

创可贴、吸管、胶带、空管、信封、橡皮筋、记录卡等。

四、教学过程

(一) 游戏导入,激发兴趣

1. 教师:同学们,我们先来做一个"剪刀、石头、布"的游戏。你们会玩吗?说明规则。

2. 学生活动:学生以小组为单位,做游戏。

(二) 探究手的用途

1. 教师:我们刚才做游戏时用到了身体的哪一部分?(手)
   平时,我们用手还可以做哪些事情?

2. 学生汇报交流(写字、打乒乓球、制作模型……)。

3. 教师:我们的手真灵巧啊!

4. 谁能用灵巧的手模仿几只小动物的样子?(利用投影仪)

5. 你们对自己这双灵巧的手能不能提几个问题(手为什么这么灵巧)?

6. 出示课题:今天我们就来观察手,研究我们的手为什么这样灵巧。

(三) 观察猜想

1. 既然要观察"手为什么这样灵巧",是不是我们先要仔细观察认识自己的手有什么特点?

2. 谁能告诉大家我们应该观察手的什么？出示友情提示：手上有什么？手是什么样的？五个手指是怎样长的？动动你的手，想想手为什么会这样灵巧？……

3. 分组活动：下面我们就带着（手为什么这么灵巧）这个问题和刚才大家说的方法以小组为单位观察自己的一只手，然后小组合作把观察到的特点简要地记录下来。

4. 教师巡视，在巡视过程中有意识地抓住资源并共享。

5. 学生汇报交流观察结果。

6.（1）小结，激励。

（2）既然我们的手这么灵巧，你们觉得灵巧的手可能跟什么因素有关呢？（学生根据刚才观察的内容进行猜测）

（四）体验验证手指的关节、褶皱及大拇指的作用

1. 我们怎样能证明刚才的设想是正确的呢？

2. 小组讨论确定研究内容。

3. 老师准备了几种材料，看看是不是对大家有帮助。出示材料简介。

4. 出示友情提示：如果五个手指都是长在一边的，有那么灵巧吗？如果每个手指都是由一根骨头组成的，拿东西有那么方便吗？如果没有大拇指，拿东西有那么方便吗？……

5. 学生选择材料验证设想，教师巡视，及时指导实验操作有困难的学生。

6. 汇报表演，说说感受。

7. 没有了大拇指，的确很不方便。但是有的残疾人失去的不仅仅是大拇指，我们应该怎样去对待他们？

8. 体验活动小结：

我们已经做了好几个游戏，老师觉得大家有点累了，现在休息一下，并把桌上的材料整理好，顺便想一想"手为什么这么灵巧"。其实，手的灵巧除了与关节、褶皱、大拇指和食指间的距离等有关，还与脑、神经、血管、肌肉也有密切的关系。请同学们课外以小组为单位去收集资料，比一比，哪些小组收集得好。

（五）体验手的感觉功能

手不仅灵巧，它还有其他的本领你想不想知道？想知道的人请坐好。

1. 老师袋子里有些好东西，谁能不用眼睛看就能知道里面是什么东西？

2. 学生先把材料袋放到指定地点，再上台尝试。你感觉它像什么？为什么？把物品送给学生以作奖励。

3. 手能感觉物体的什么？

4. 现在我们就来看看手的本领。每个人从组长那里拿出一个信封，闭上眼睛摸摸，猜猜里面装的是什么。开始。

5. 请打开信封看一看，猜对的请举手。

（六）小结

课外延伸：出示小制作，老师希望同学们回去后用灵巧的手也做个小制作，好不好？

【分析反思亭】

  教案,又称课时计划。它是教师按照教学目的、计划,经过充分准备和缜密的考虑所写出来的关于课堂教学的一切具体措施的方案。编写教案是教师上课前的最后一个步骤,它可以使教师在备课中所考虑的多种教学活动设想,经过进一步的推敲而条理化、科学化,明确地体现在教案文字之中,使教师的备课更加系统、准确和深刻,并为课堂教学实践活动提供备忘材料。优秀的教案是设计者教学思想、教学经验、教学智慧、教学个性、教学艺术的综合体现。有的老师不够重视教案的编写,认为写教案是浪费时间。有的为了应付学校检查,要么随便写几行字,要么抄参考书,要么互联网上下载,这种认识与做法是不对的。

  教案的形式和繁简程度虽然不同,但一般应包括以下内容:课题,教学目标,课的类型,教学用具(包括挂图、模型、观察实验材料、仪器设备、视听用具等),教学方法,教学重点和难点,教学过程,板书提纲,课堂练习,课后分析等。其中,教学过程是教案的主要组成部分,一般它包括以下几个教学环节:组织教学,复习旧知识(导入新课或引言),传授新知识(或在教师指导下,学生学习新知识),巩固新知识(或课堂练习),布置作业(包括动手做的小实验)等。随着教学改革的深入进行,又有了不少创新,不局限以上这几个环节,但是对小学科学教师来说,这几个环节仍是教学过程中最基本的环节,在编写教案时是不应缺少的。

  上面案例基本上符合教案编写的要求。作为教科版小学《科学》三年级上册第3单元"我们自己"中的第二课《我的手》,本课分为"观察手"和"奇妙的指纹"两个课时。本单元是在学生观察了生机勃勃的大树、多姿多彩的叶子,寻访了蜗牛、蝗虫等小动物后,再接着来观察自己的身体。旨在通过本单元的学习活动,能引起学生对自己身体的兴趣,知道珍惜健康,珍爱生命。并且比以往更理解充分运用及综合运用自己的感官在认识事物方面的意义。"观察手"主要通过组织学生对手进行多角度的观察,使学生了解手的基本构造和形态,并能够尝试用科学探究的方法证明手的灵巧与手的结构有关,能用语言或图画较准确地描述自己的观察结果,激发学生对探究自己身体秘密的兴趣,感受到人体构造的精巧与和谐之美。在本节课的教学中,教师不仅为学生提供了大量的实验器材,还为他们的探究提供了充分的时间和空间,使学生能充分利用器材来"真刀真枪地搞科学",满足他们与生俱来的好奇心,在求知的过程中,培养对科学的兴趣,品尝探究的乐趣。遵循了科学性与思想性相统一;理论联系实际,突出实践应用能力培养;注重启发性和实用性;因材施教,循序渐进等教案编写原则。

一、小学科学教案编写的程序

1. 学习内容分析

  为实现教学目标,要求学生系统学习的知识、技能和行为经验的总和就是学习内容。学习内容分析是根据教学目标,去规定学习内容的范围和深度——解决"学什么",并揭示出学习内容中各个组成部分之间的联系,把已经确定的学习内容按照学生能够理解和接受的顺序排列起来——解决学生"怎样学",经过学习内容分析,教师就会明白应该如何教了。

2. 学生特征分析

学习需要分析的结果为教师确立了总的教学目标。为了实现这一目标,已经通过学习内容分析选择和安排了学习内容。但是能否实现目标的关键在于学生,因为学生是学习活动的主体,学习过程是学生主动的认识过程。只有当学习内容完全针对学生的特征,学生又完成了这些学习任务时,总的教学目标才能够真正实现。学生的学习必须通过自己的内部加工才能完成,同时又在很大程度上依赖于学生个体与环境的相互作用。所以教师要分析学生的特征,并在此基础上组织学习内容,阐明学习目标,确定教学策略,选择教学媒体,为学生创造出一个适合其内部条件的外部学习环境,使有效学习发生在每个学生的身上。

3. 选择教(学)法

教师要在分析教材和学生情况的基础上,精心设计教学方法,设计教法时,既要考虑全课以哪种教学方法为主,又要考虑各部分教学内容适宜采用的方法。针对一段教材内容,既要考虑师生活动的方式(谈话法、讲授法、讨论法、自学法、练习法等),又要考虑学生的学习方法(观察、综合、分析、归纳、演绎、比较等),同时还要考虑选择什么教学手段和教具,以便协调各教学要素之间的关系,顺利而高效地进行课堂教学活动。

4. 编写教案

教师将上述各项工作的成果,按照教案的基本内容和形式,用书面的方式总结概括表述出来,就形成了课堂的教学计划。

二、教案设计要考虑的因素

1. 钻研大纲、教材,确定教学目的、重点难点

教材是教学的基础,大纲是教学的依据,因此教师应通篇熟读教材,掌握教材中的概念或原理并配合大纲掌握教材在深度、广度方面的要求,从而正确把握教材的基本思想,确定本节课的教学目的。一般要包括知识方面、智能方面和思想教育方面。课时教学目的要订得具体、明确,便于执行和检查。教学过程是一个完整的系统,制定教学目的要根据教学大纲的要求,以教材内容、学生素质、教学手段等实际情况为出发点,考虑其可能性。

2. 组织教学

这一环节要根据学生的具体情况来进行,主要考虑学生是否已做好了上课的准备,学习用具是否备齐,注意力是否集中等。这对低年级学生来说尤为重要。当然,组织教学应贯穿全课的始终,在演示实验,指导学生进行分组观察实验时都要注意组织教学。

3. 复习旧知识

复习旧知识要根据新课内容的重点和难点来确定,或者依据学生对上一节课重点内容的掌握程度来确定复习的内容。方法上可以通过提问,或通过课堂小测验,或操作和分析一些小实验等。这也可以作为导入新课的一种形式。

4. 传授新知识

传授新知识是整个教学过程的中心环节。在这一环节中,教师要充分发挥其主导作用,

创造条件,增加观察实验的内容,提供一些新材料供学生分析讨论,以激发学生的学习兴趣,引导他们动脑、动手,达到"学"与"思"并用,培养他们的观察能力、思维能力,使他们学习科学的一般研究方法。这样,传授新知识已不是教师的单一讲述了,而是把知识、技能、能力、科学方法训练、思想教育结合在一起了。

5. 巩固新知识

这一环节的主要任务是通过复习与检查,了解学生对新知识的理解和掌握情况。巩固新知识并不是把讲授的新知识简单地重复再现,而是抓住教材内容中最重要、最关键的内容,通过提问,或者结合直观教具,或提出一些富于思考又联系实际生活或生产实践的问题让学生分析、讨论,以帮助他们掌握理论知识,并加以扩展和运用。例如,在学习了根对水分吸收这一知识后,可以提出"盐碱地不经改良为什么不宜种庄稼"、"一次追肥过浓对作物生长有什么危害"等问题加以巩固。当然也可以通过课堂反馈练习、填写实验报告册、阅读课文等不同形式来进行。

6. 布置作业

适当留些课外作业,有利于知识的巩固,对学生来说,可以留些书面作业,或看点参考资料,分析设计一些简单的实验,作些调查等。小学生以多留些动动手、动动脑的小观察、小实验为宜。例如,采集一些叶片,观察一些小动物的生活环境,测测心率、脉搏、血压等。总之要有利于小学生科学素质的提高,而不是加重学习负担。

7. 教学后记

教师在讲授完本次课之后填写。本栏填写教师对本次课教学过程、教学方法、时间分配、重难点及教具使用等综合教学效果的小结,总结出成功的经验,找出不足并提出改进措施。

三、小学科学教案格式

表5-1　教案示例

授课时间	第_____周　周_____		课次	
授课方式 (请打√)	理论课□　讨论课□　实验课□　习题课□　其他□		课时安排	
授课题目(教学章、节或主题):				
教学目的、要求(分掌握、熟悉、了解三个层次。可不必分别罗列三维目标,直接写①②③等):				
教学重点及难点(把握要到位):				

教学准备(可以是教具和学具的准备):	
教学基本内容	教学手段及时间设计
(过程设计:其中的五个二级栏目可根据实际情况重新命名。每一个步骤一定要有设计说明) 复习旧课: 引入新课: 新课内容: 内容小结: 板书提纲: (可增加页)	
作业、讨论题、思考题:	
课后小结(要写出在教学过程中碰到问题时的一些解决对策,可以是预想方案,也可以是教后反思):	
相关链接("参考文献"、"相关知识"、"相关网站",可根据实际情况进行取舍):	

【知识导航塔】

一、几种常见小学科学课型教案

1. 新授课

（1）抓好教学各环节的过渡、衔接

① 设计好复习引课的内容。抓准新旧知识间的联系,或挖掘学生日常生活中与本节课

内容有关的物理现象,以旧知识或生活实际为基础,设计并提出适宜的问题,使学生意识到学习新知识的重要性和必要性,唤起他们学习的兴趣,从而使学生有准备地、自然地过渡到新课的学习。因此在教案中对于引入新课时提出什么问题、学生回答时可能出现的各种情况及针对各种不同情况追问什么问题,或用什么样的关键语言加以引导、如何巧妙顺利地过渡到新授课的内容等问题,都应具体明确地反映出来,以利于教学实施。

② 写明新授内容的逻辑层次。新概念的引出、新规律的获得,都应遵从循序渐进的原则,层次清晰地引导学生一级级地跨上科学的台阶。所以,对于引出新概念所必须的前概念及其引出的思维程序应简明地写在教案上。新科学规律的获得方法(如是通过实验总结还是通过演绎推理),及其思路也应在教案上明确写出,以便实际教学中思路顺畅。另外,对于新概念规律的内涵、外延需强调的要点及其在应用中需注意的问题等,在教案中也要有所反映,以为新知识的运用及巩固小结铺路架桥。

③ 巩固小结过程应设计好适当的方法和问题,带领学生作最后的"冲刺",冲上知识的"顶点",便于学生居高临下地把握知识的来龙去脉,系统地理解科学知识。因此小结中设问的问题,为使学生将所学新知识与旧知识挂上钩或为后续学习设下伏笔所需点拨的关键词语等,都应在教案中有所体现。

(2) 写明有效措施,便于突破难点

教学难点形成的原因虽是多方面的,但只要查明原因,及时对症下药,都是可以突破的。在教案中对于本课的难点是什么及其消除的措施和方法应明确写出,如针对概念抽象,学生又缺乏感性认识的知识,需列举哪些实例、何时做什么演示实验、提示学生注意观察什么;针对学生生活经验与科学知识发生矛盾的内容,需要借用哪些问题的具体分析、如何引导学生从不同侧面认识科学规律、分析科学过程实质等等,都应有书面提纲。

2. 复习课

(1) 明确目标,提出问题

复习课应使学生在知识上、方法上、能力上形成完整的结构,实现理性的飞跃。因此教案上除了应写清楚所复习内容的知识层次,还应写明在全面概括教材基础上提出的新问题,写清在这段学习中学生常出现的错误和技能技巧等方面的不足,以便上课时能准确地针对学生学习中的欠缺进行复习提高。

(2) 对症下药,实施补救

针对学生学习中存在的问题,采取相应的补救措施。如对理论性较强,新概念、新名词较多的内容,应写明复习提纲,以帮助学生理顺知识系统;对相似概念、规律易混淆的,应在教案上设计好具体的对照比较表格,以利于学生对比记忆。

3. 实验课

(1) 写明要求

在教案中必须写明并布置课前准备的问题,如实验目的、原理、方法、步骤及使用仪器的注意事项等,使学生对这些问题有所了解。另外,有些实验还需写清实验数据的处理及实验结果的分析等方面的要求。

(2) 写清在实验中易出现的问题及处理方法

对实验中可能出现的问题,如学生操作仪器时可能出现的问题、各种非系统因素(温度、湿度、电磁干扰等)对本实验可能产生的影响及其相应的处理办法等,都应在教案中清楚写明,便于学生实验时出现问题及时处理,以确保实验成功。

二、教与学活动的一般过程

学习是一种内部的心理变化过程。教师的重要任务之一就是要为学生创造一个理想的外部条件,促使学生向教学目标规定的方向产生持久的心理和行为变化。学校的教学活动对于学生的学习来说是外部条件,外因是通过内因起作用的,因此,当教学活动的设计符合学生学习的内在规律时,才能有效地促进学习。教学活动的安排必须讲究科学性,必须符合学生的学习规律。学生学习的内部过程分别是接受、期望、工作记忆检索、选择性知觉、语义编码、反应、强化、检索与强化、检索与归纳。与学习的内部过程相对应,可以参考加涅提出的九个教学活动的环节,即学习的外部条件。(1)接受引起注意(唤起学生注意,保证学生接受刺激和学习的发生)。(2)期望告诉学生目标(教学开始时,应让学生具体了解完成教学目标以后,他们将会做什么,从而激起学生对学习的期望)。(3)工作记忆检索刺激对先前学习的回忆(在学习新内容前,指出学习新的技能所需具备的先决知识和技能,以此刺激学生回忆已学过的有关知识和技能;同时,还应让学生看到自己掌握的知识和技能与教学目标的关系)。(4)选择性知觉呈示刺激材料(当学生作好准备时,向学生呈示教学材料,呈示的刺激材料应具有鲜明的特征,以促进选择性知觉的内部过程。涉及两个方面:一是顺序的安排;二是每次呈示的教学材料的分量。应考虑三个因素:学生的年龄;学生的准备知识;学习的类型)。(5)语义编码提供学习指导(旨在促进语义编码的内部过程。语义编码是为信息的长期贮存作准备的加工过程)。(6)反应诱引行为(促使学生做出反应的活动)。(7)强化提供反馈让学生知道学习结果。(8)检索与强化评定行为促进回忆并巩固学习结果,即促进检索与强化的内部过程。(9)检索与归纳增强记忆与促进迁移(旨在促进检索与归纳的内部过程,使学生牢固掌握所学内容,培养应用所学知识与技能解决新问题的能力。就言语信息的学习而言,要提供有意义的结构,使结构在检索过程中发挥线索作用,供学生回忆知识时使用;就智力技能的学习而言,应安排各种练习机会)。

教师在具体应用时仍需注意以下几点:首先,这九个教学活动反映了学生学习的外部条件的共性,如果完全照搬应用,那么我们就只能采取替代教学策略,而对产生式教学策略就会忽视。在实际的教学过程中,哪些活动由教师来安排,哪些活动的主动权交给学生自己,应当根据具体情况灵活地加以选择应用。其次,应根据教学目标来设计相应的教学活动。对不同类型的学习应采用不同的方法。例如,"告诉学生目标"的活动,在发现法教学过程中是不必要的,在接受式教学中,往往可以进行。在态度学习过程中,我们也应采取学习之后再告诉学生目标的方法。最后,对一节课的教学活动的设计应灵活,突出重点,不必要在每一节课里都包含所有九个教学活动。例如,我国学校中将课分为单一课和综合课两种类型。单一课是完成一种教学任务,涉及少数教学活动,或重复进行一项活动,如复习课、练习课等。综合课是同时完成几种教学任务,一般包括多项教学活动。

【任务接受所】

根据下面教案形式,尝试编写苏教版小学《科学》五年级下册教案《声音是怎样产生的》的教案。

《声音是怎样产生的》教案

【教学目标】

科学概念:感受到声音是由物体振动产生的。

过程与方法:能观察、比较、描述物体发声和不发声时的不同现象;能够就观察到的现象进行积极思考,探究声音产生的原因;可以借助其他物体来观察不容易观察到的现象。

情感、态度与价值观:体会探究声音的乐趣,培养科学探究中的事实意识。

【教学重难点】

教学重点:经历探究声音产生原因的过程,在观察、比较、讨论、交流中理解"声音是由振动产生的"。

教学难点:观察比较发声物体与不发声物体的区别,发现声音产生的原因。

【教学准备】

教师材料:锣、鼓、尺子、橡皮筋装置、音叉、乒乓球、铁架台、演示台、哨子、课件、记录单、彩色粉笔头等。

学生材料:尺子、橡皮筋装置等。

【教学过程】

一、制造声音

1. 请各位同学利用身边的东西制造声音,建议大家在制造声音的时候适当控制音量,好吗?

2. 想一想,刚才你是怎样制造声音的?这些声音是怎样产生的?

3. 今天这节课我们就专门来研究:声音是怎样产生的?

4. 老师这里有两件东西,你能使它们发出声音吗?

5. 同学们想不想试一试!应该注意哪些问题呢?

6. 我们不比谁制造的声音响,我们要比的是谁制造声音的方法多。清楚了吗?

7. 下面请各组材料员上台领取材料,领到材料后马上可以开始了。

8. 交流使尺子和皮筋产生声音的方法。

二、观察发声的物体——声音是由振动产生的

1. 为什么拉伸皮筋或弯曲钢尺不能使物体发出声音,而拨动皮筋和钢尺却能发出声音?

2. 请学生用对比的方法来进行研究。

3. 清楚了吗?下面可以开始研究了!

4. 在刚才的活动中你有什么发现吗?

5. 皮筋/尺子是怎样运动的?你能用手势来比画一下吗?(请学生上台演示)

6. 科学上把这种物体在力的作用下,不断重复的往返运动叫振动。

7. 通过研究,我们发现发声的物体在振动,那么现在你认为声音是怎样产生的?你们同意吗?

8. 现在很多同学都认为,声音是由振动产生的,是吗?

三、加深感知振动

1. 我这里有个鼓,我请一位同学来敲一下,大家仔细观察它有没有振动?(请一位学生上台敲鼓)

2. 看清楚鼓面振动了吗?

3. 有办法证明鼓面在振动吗?

4. 这是一个音叉,我敲一下,哎,发出声音了,但看到它振动了吗?怎么办啊?

5. 看来,这些物体发出声音的时候都在振动,有些物体的振动很明显,有些不是十分明显。

6. 那么,如果我们把正在发出声音的物体突然间停止振动,那会怎么样?

7. 我这里有面锣,你能用什么方法使它停止振动?

8. 同学们手中有皮筋和尺子是不是也会这样呢?请大家试一试。

9. 看来声音是由物体振动产生的,物体停止振动,声音也就停止了。

四、感受我们身体上的振动

1. 在我们的身体上也有一个可以感受振动的地方,你能找出来吗?

2. 小结延伸:我们身边到处都有物体振动发出的声音,先前同学们利用身边的物体制造声音的时候这些物体也在振动,请你利用课外的时间去观察、去感受,甚至可以用其他一些方法来证明它们的振动,好吗?

【记录纸设计】

实 验 记 录 单

物体发声与不发声的对比观察　　　　　　　　　　　　　　第___组

不发声的方法	你看到了什么	发声的方法	你看到了什么
弯曲尺子		拨动尺子	
拉伸皮筋		拨动皮筋	
我们的发现			

【阅读资料】

科学和科学素养

一、科学的本质

1. 科学的本质

对科学的本质界定,有不少不同的理解,不过一致认同的有这样三点:第一,科学是一种实证的系统。既然科学是实证的,它就可以通过证实的、证伪的方法来得出结果,而且可以重复多次,是可检验的。第二,科学的结论是符合逻辑的,我们可以通过推理的方法得出结论。第三,科学的结论是有局限性的,随着时间的发展,其结论也是可改变的。科学作为一种文化现象,其特质着重反映在科学家的身上,比如说求实的精神;理性的精神,对客观世界的尊重;以及在此基础上形成的民主意识;探索的精神等等。我们小学科学课在以下三个方面体现了这些特点:一个是培养孩子的实证意识(即科学是讲求证据的,科学的结论可以经得起证实,也经得起证伪),这种实证意识可以用多种方式培养;第二个是他们的思考符合逻辑(即科学都是符合逻辑的,科学的结论既经得起实证的检验,也经得起逻辑的检验);第三是培养学生的质疑精神(即科学是没有尽头的,在不断的质疑过程中向前发展)。

2. 在教学中提高学生对科学本质的理解

下面是一位老师在教学过程中所采取的策略,具体到一节课、一个环节怎样处理,怎样体现科学的意味,怎样由意识的渗透到对科学本质的理解,课堂教学中有许多生动的例子,也有许多有效的策略。

《各种各样的叶》中关于是不是同一种叶的讨论:

老师拿出两片叶子,并要求学生找出这两片叶子的相同之处。有的学生小组找到七个相同点,有的小组找到九个相同点,因而得出结论:它们是相同的叶子。接着老师又拿出两片树叶,让学生比较它们是不是同一种叶子并要求说出理由。结果一个小组找出了八个不同点,说明这两片叶子不是同一种树的叶子。

随后,老师又拿出两片叶子,看似差不多,却又不一样,问:"大家说是不是同一种树叶?"学生有的说是有的说不是,都有自己的说法,也都有支持自己的证据,谁也说服不了谁。怎么办?最后老师拿出了整个树枝,可以看出上面的树叶是有变化的,学生明白了,原来是同一种树叶!

找相同点和不同点,其实就是找证据,证据意识是实证意识的重要方面,这是在操作的过程中渗透了证据意识。让学生在找相同点和不同点的过程中,对证据增加认识。在课堂教学中,教师先让学生找出叶子的相同点和不同点,最后拿出整条树枝,使学生明白:整条树枝意味着什么?树枝是最有力的证据,最重要的证据!整堂课也就是告诉学生,证据有重要和次要之分,有最有力的证据,也有一般的证据。这无疑进一步加强了学生的证据意识。

把证据意识作为训练学生实证意识的重要方面来展开,这是这节课所表现出来的操作策略。在我们的社会里,许多情况下,不讲证据,只讲权威,这不是科学教育。从现在开始,对学生不断进行实证意识的训练,那么学生的科学素养将会不断得到加强,对个人的发展和社会的发展产生极大的影响。

能体现逻辑思维的科学课,最明显的是教科版《马铃薯在水中是沉还是浮》这一课。在作者所听过的十多节课中,都反映出同样的问题。

桌子上放着两盆液体,老师出示两个马铃薯,分别放到盆子里。马铃薯在一盆液体里沉,另一盆液体里浮。交换马铃薯,再分别放入盆中,在刚才沉的盆子里,马铃薯还是沉,刚才浮的盆子里,马铃薯还是浮。把两个马铃薯放入其中一个盆中,都浮起来了,放入另外一个盆中,马铃薯都沉下去了。这时候学生说:"噫,这个水是怎么回事?"有的就说:"老师,浮的一盆水是盐水!"听一个学生这样说,好多学生都会跟着认为是盐水。这时大多数老师都会说:"好!真聪明!告诉大家,老师在课前确实放了盐。"

接下来老师又问:"这是盐水吗?怎么来验证呢?"学生会说:"烧一烧就烧出盐来了。"接着学生动手实验,按照教材的方法烧盐水,结果真的烧出了白色的粉末,学生都认为这就是盐!证明了使马铃薯浮起来的液体就是盐水。

老师又问:还有什么方法证明这盆水是盐水?学生思考之后说:做一杯盐水试试看。于是,分小组做盐水使马铃薯浮起来的实验,最后实验成功了,学生十分开心。

像这样的过程充满探索性,孩子们很有兴趣,学习积极性很高,一堂课上下来也很顺。我们很多老师差不多就是这样操作,效果很好,得到大家认可。那么,有没有更好的教法呢?

在另外的课堂上,有一位老师也上了这一课。当学生说盆里的水是盐水时,老师举着手里的一杯水问:"你能确定老师的一杯水肯定是盐水吗?"这个提问引起了学生的思考,有一些学生就说不敢确定。老师说,如果不能确定这杯水是不是盐水,那么我们怎么办?有的学生说:我们来把水烧干,有的学生说做一杯盐水试试看。

同样是烧液体,同样也是做盐水使马铃薯浮起来的实验,这次的实验是探索性的实验,前面是验证性的实验。对学生来说是验证和探索的区别,也是不同思维的结果。

把调羹里的盐水烧干后,出现了白色的粉末,好像是盐,可学生不敢确定是不是盐。做了盐水使马铃薯浮起来的实验之后,学生说那肯定是盐水!老师说:你们怎么肯定呀?老师提供糖、味精,把它们溶解在水中,放入马铃薯。学生做了,溶解了糖的水也能使马铃薯浮起来,溶了味精的溶液也能使它浮起来。这时候老师问:刚才老师的这杯水到底是什么水?学生说:可能是糖水,可能是盐水,可能是味精水,还有些小组说可能是三种水混合在一起!还有的学生说,现在反而不知道了!

这个过程,是个推理的过程、证实的过程、质疑的过程。在这个过程中科学的本质都隐含在这个"是不是盐水"的活动当中。"不能确定"才是真正的科学结论!学生说的"可能是盐水可能是糖水"这个结论,是一个真正属于他们研究之后的结论,真正符合逻辑推理之后得到的结论。这样的课就体现了我们科学课对科学本质的追求,也体现了科学课和自然课的区别。

还有一位老师是这样处理的,课快结束了,老师问:既然你们认为这杯水不能确定是盐水,那么让马铃薯沉的那杯水又是什么水呢?学生一愣,过了一会儿说:也确定不了,因为使马铃薯沉下去的这杯水有可能是清水,也有可能是淡盐水,也有可能是其他淡淡的水,浓度不够浮不起来。下课了,几个学生追着老师问:老师,这究竟是什么水呀?

　　老师的提问相当有深意,对科学的认识过程和科学的本质把握得非常到位。促使学生进一步思考,发展了学生的逻辑思维能力和思考方式,这是好课给我们的启示。学生有强烈的求知欲,他们会打破沙锅问到底,想了解最初的一盆水究竟是什么水,那么老师能不能把盐水的秘密告诉学生呢?不告诉学生,使孩子的印象十分深刻,搞了半天,找了那么多证据居然还是确定不了!告诉他们,满足了学生的好奇心和求知欲,下一次孩子还会更加积极地投入到你的课当中来。如果要告诉学生其中的秘密,那么首先得让他们承认自己在做了这么多实验后还是确定不了,才能告诉他们。所以说,自然课(常识课)怎样向科学课发展?里边有好多文章可以做,这个文章做在哪里?就做在我们的课堂里,做在实际的操作层面上。它不仅仅是换了标准,不是把我们的原来的指导纲要换成了标准了,也不仅仅是换了课本。今天我用常识课本教学,明天用科学课本教学,就一定是科学课了吗?不一定!恐怕只换一下课本是不够的。关键是教师在认识上向前迈进一步,教师对科学、对教育、对学生有一个新的认识,这样我们才能真正跨出这一步。

　　质疑精神的培养,渗透在教育的任何时候。其实,只要教师留心,课堂的细小地方,都可以引发学生天生的求知欲和质疑精神,如果我们的教师没有这样的意识,就很难培养起学生的质疑精神了。

　　上《奇妙的指纹》一课的时候。学生在研究了指纹以后,最多的汇报往往是:"老师!我们的研究结果认为每个人的指纹都不一样!"大多数的老师都这样说:"研究得很好!"没错!指纹确实不一样——指纹可以作为识别系统,指纹可以破案,利用指纹可以做好多好多事,因为每个人的指纹都不一样。这是已有的结论,这是科学家们研究的结果,可小孩子们直接把它拿过来并作为今天研究的结果,这样的表述是否合适呢?有个老师就问:"真的吗?是你们刚才观察到的吗?"

　　这个问题问得好,提醒学生关注真实的观察研究,不能把已有的知识经验混同于真实的观察研究,这是尊重事实的表现,是实事求是精神的体现。

　　有一次听课时,有个学生这样汇报:"我们研究的结果是每个人的指纹都不一样。"老师问学生:"你们有不同意见吗?"有一个学生问:"双胞胎的指纹有没有相同的呢?"(他们班刚好有一对双胞胎)这时汇报的小组就回答不出来了!但他们的对话提醒了其他的学生:"你的指纹可能跟你的爸爸妈妈一样,可能跟你的亲戚朋友一样。你有没有比过呀?"那个汇报的小组就说不出来了!只好说:我们回去研究之后再下结论。

　　这一环节老师处理得很好,他有意给学生思考、质疑的机会,然后紧紧抓住学生证伪的方法,引导学生深入思考,发展了学生认识事物的思维。这体现了科学课的特征。

二、科学素养

1. 科学素养的涵义

科学素养包括必要的科学知识与技能、科学的思维方式、对科学的理解、科学的态度与价值观,以及运用科学知识、方法解决问题的意识和能力等方面。

在科学素养的要素中,科学知识与技能、对科学的理解起着基础性的作用,是培养和形成其他要素的载体;科学的思维方式,运用科学知识、方法解决问题的意识和能力是核心;科学的态度与价值观是科学的品质。

2. 学生科学素养的培养

课标中指出:科学素养的形成是长期的,早期的科学教育将对一个人科学素养的形成具有决定性的作用。

(1) 承担科学启蒙任务的这门课程,应注意呵护儿童与生俱来的好奇心;

(2) 不追求知识的完整性和系统性,强调要为后续的科学学习打好扎实的基础;

(3) 要让儿童了解科学探究涉及的基本过程和方法,并使他们能运用这些过程和方法探究一些力所能及的科学问题,从中体验到科学探究的乐趣和挑战性,进而热爱科学。

参考信息资源

【1】 杨九民,范官军. 教学系统设计原理. 武汉:湖北科学技术出版社,2005.

【2】 郝京华. 科学课程教学策略. 北京:高等教育出版社,2003.

【3】 张红霞. 小学科学课程与教学. 北京:高等教育出版社,2004.

【4】 新课程课堂教学技能. http://www.fjedu.gov.cn/html/2009/07/532_51366.html

【5】 伍邦才. 从新的视角看教师应具备的课堂教学技能. http://blog.eduol.cn/user1/23356/archives/2007/177535.html

第二篇　小学科学教学实施技能

小学科学新课程的教学实施是指将课程设计方案付诸教学实践的过程，即教学活动的具体运作过程。现代课程论研究表明，课程专家和教师设计的"理想课程"与"实际课程"之间可能出现一个"落差"，即使十分精巧的设计，在实施时也不可能完全符合设计者的预期，特别是课堂上随时都可能发生难以事先预料的情况。一项定量研究发现，教学方案实施的结果仅能达到16%的预期。一种好的教育教学效果，绝非仅仅来自优秀的设计方案，即使不太理想的设计方案，由高水平的实施者去实施，也可以获得比较理想的教学效果。研究显示，学习结果的差异里，有35%可归因于教学实施过程的差异。这说明，即使运作了同一方案的同一水平的不同学校、教师或学生，因为实施过程的差异，其成绩的差异也可能达到35%。由此可见，小学科学课程的教学实施是关系到小学科学课程改革成败的关键环节。如果没有良好的课程实施，就难以达到理想的教育教学效果。特别是新的课程改革涉及到许多新思想、新理念、新方法、新的学习方式和新的课程组织形式，这些都需要实施者深入细致地研究和思考、理解，明确新课程的目标、要求，掌握新课程的内容体系、特点，积极地运作实践，认真地体会，不断地探索，不断地总结提高，才能顺利地实现教学目标，取得满意的教学效果，因此，可以说教学设计是一种创造性劳动，教学实施也是一种创造性劳动。在教学实施这一创造性活动中，影响因素有教师、学生、教学管理人员、教学环境等，其中教师的作用至关重要，因为教学活动是在教师的组织下进行的，课程实施的必要前提是教师愿意并保证按照新课程的理念和要求实施教学，可以毫不夸张地说，成也教师，败也教师。

第六章 小学科学课堂导入技能

导入是教师引导学生做好学习新课知识的心理准备、认知准备,并让学生明确教学内容、学习目的、学习方式以及产生学习期待、参与需要的一种教学行为。简言之,导入是教师在一个新的教学内容和教学活动开始时,引导学生进入学习状态的行为方式。它要求教师能迅速创造一种融洽的教学情调和课堂氛围,把学生带进一个与教学任务和教学内容相适应的理想境界。导入新课是课堂教学过程的第一个环节,导入技能是完成新课教学的首要技能。

【观点演绎场】

△ 一堂科学课的开头开得好,就能先声夺人,使学生形成渴望、追求的心理状态,把学生的注意力吸引到特定的教学氛围之中。成功的导入除了能引起注意、激发动机,还具有启迪思维、承上启下的作用。

△ 导入技能是教师在课堂教学中通过多种途径吸引学生注意、唤起学习兴趣、明确学习方向和建立知识联系的教学行为。这一行为,被广泛实施于上课伊始。精心设计的小学科学的导入,能使学生产生强烈的问题欲望和求知欲望,为他们顺利进入科学探究奠定良好的基础。

△ 课堂教学导入是一门科学,也是一门艺术。导入不能千篇一律,可通过学生的情绪变化发生改变,目的是激起学生的求知欲和兴趣性。它可以是教师才进课堂时学生的一句话、一种表情、一个行为……可以是历史上的今天,可以是昨天发生的事件,甚至是老师的穿着、天气的变化……总之,一开始学生的情绪调动是非常重要的。

△ 导入技能是教师在课堂教学中采用各种教学媒体和教学方式,吸引学生注意、唤起学习动机、明确学习方向和建立知识联系的一类教学行为方式。这一意图性行为广泛地运用于上课之始,或运用于开设新学科、进入新单元和新段落的教学过程。课堂教学的导入,犹如乐曲的"引子"、戏剧的"序幕",有酝酿情绪、集中学生注意力、渗透主题和带入情境的任务。精心设计的导入,能触动学生心弦,立疑激趣,使学生产生"欲罢不能"的求知渴望,情绪高涨、精神振奋地投入学习,可以获得良好的学习效果。导入的主要方式要有启发性、指导性,符合学生的认知规律,使知识具有系统性和科学性。特别是新旧知识的串联,中外知识的联系,提供知识间的纽带。导入要精辟,导入要联系紧密,导入要合理。

△ 小学科学课堂教学是一个整体,新课开始时的导入,是整节课堂教学的"序曲"。新课的引入在每节课中虽仅占几分钟,或许只有几句话,然而这几分钟或这几句话所起的作用很重要。它负有酝酿情绪、带入情境、设疑激思、渗透主题的重任。教师无论以什么形式引入新

课,只要能迅速创造一种融洽的教学氛围,把学生带进一个与教学任务和教学内容相适应的理想境界,就都是好的导入方法。

【教学案例园】

案例1:《不用种子也能繁殖吗》(第一课)

师:俗话说"种瓜得瓜,种豆得豆",你对这句话是怎么理解的?
生:种下瓜就得到瓜,种下的是豆以后就长出豆来。
师:种的是什么?得到的又是什么?
生:种的是瓜和豆的种子,得到的是它们的后代。
师:那么瓜和豆是用什么繁殖后代的呢?
生:它们用的是种子。
师:又有这样一个说法,叫"无心插柳柳成荫"你对这句话又是怎么理解的呢?
生:把柳树的枝条插在土里,以后就会长成高大的柳树。
师:那柳树又是用什么繁殖后代的呢?
生:通过枝条。
师:再看这里还有个词语"雨后春笋",笋子是谁的后代,它又是从哪里冒出来的,又是通过什么繁殖的?
生:笋子是通过地下茎繁殖的。
师:再看,"落叶生根",落叶生根既是一种植物的名字也说明了它的繁殖方式,它是用什么繁殖的呢?
生:我通过它的名字就能知道它是用叶子繁殖后代的。
师:通过这些俗语和词语,你体会到什么?
学生讨论得出:植物有的是用种子繁殖,有的不是用种子繁殖。

案例2:冀教版小学三年级《指南针》

出示指南针的图片。另外还同时出示勘探家、航海家在使用指南针的图片。
讲述:指南针是我国古代的四大发明之一。它虽然是个小小的东西,用处却大得很。比如航海、航空、勘察、探险等,都离不开指南针。
问题1:你知道他们利用指南针干什么吗?问题2:那么指南针又是用什么制成的呢?问题3:指南针为什么又有这么大的本领呢?今天,就让我们做个小小科学家,去探索指南针的秘密。(板书课题)

案例3:《动与静》

师:同学们,你们都坐过汽车吗?
生:坐过。

师：请同学们回忆一下，我们坐在行驶的汽车里观察车外的景物，发现过什么现象呢？

生：我发现道路两旁的树都在往后退。

生：老师，我不仅发现树往后退，我还发现公路边的房子也在往后退。

生：我发现地面上原来不动的物体都在往后走。

师：是啊！老师也发现过你们所说的这种现象，可这是为什么呢？

生：我问过我爸爸，爸爸说是因为我坐在行驶的车上，我随着车动，所以会感觉到路边的树、房子也在动。

生：我想是因为车在地面上行驶的缘故吧？

师：假如我们站在路旁观察树和房子，它们又是怎样的呢？

生：站在路旁观察树和房子，它们是静止不动的。

生：它们还在原地。

师：为什么同样是路边的树和房子，我们坐在行驶的汽车上看它们，它们是运动的，而站在路旁看它们，它们又是静止的？大家根据自己的生活经验，开动脑筋想一想；然后小组讨论，大胆猜想。

案例4：《马铃薯在水中是沉还是浮》

在《马铃薯在水中是沉还是浮》一课，老师将一大一小的两个马铃薯分别放入装有清水和盐水的槽中，学生发现小的马铃薯在清水中是沉下去的，大的马铃薯反而在盐水中是浮起来的，学生起先并不知道水槽中的水不同，于是问题就爆发了很多，他们带着这个悬念，就产生了：

"大的马铃薯是不是空心的？"

"放入大马铃薯的水槽里的水里是不是放了盐？"

"放入大马铃薯的水槽里的水是什么水呢？"

"老师在小马铃薯里放了铁块吧？"

……

学生带着这些问题去进行探究，在学生探究出水槽内放入盐使马铃薯浮起来后，学生又产生了马铃薯在糖水里、在食用油里会不会也浮起来等问题，将探究的氛围一直延伸到课后。

【分析反思亭】

案例1：好的引入为课堂的有效教学提供了前提保障。引入的形式很多，但最重要的是引入要具有实效，能激发学生的思考。本课的引入设计简单但却很新颖效果也很好。通过几个俗语和词语，结合学生已有的经验进行导入，让学生通过比较产生疑问：为什么同是植物，繁殖方式却各有不同呢？简单的几个词语却将学生的思绪牢牢地锁定在"繁殖"一词上，为后续的研究酝酿着"情绪"，同时常用俗语的使用也让学生感觉到：原来生活中处处有科学啊。

案例2：该情境引入存在的问题是：一、情境引入离学生的生活实际太远；二、引出的问题过多,其中的有些问题并不是情境中自然产生的,这样就造成问题与情境之间的不完全匹配。对于指南针的使用,学生在实际生活中就有体验,可以结合学生的生活实际来引入教学。另外,在情境引入中给出的那些问题实际上是分阶段产生的。这三个问题之间是有一定的逻辑层次的。在第一个问题产生以后,紧接着进入到第二个问题,然后才进入到第三个问题的学习中。学生不太可能一下子就想到这么多的问题,在很大层面上说有些问题还是教师"给予"的。其实情境引入也可以只是教学活动中的一个"小导火索",开始的情境产生的可能只是一个小问题,而待这个小问题解决以后,可以引出一连串的新问题。

案例3:从学生身边熟悉的事物入手,先肯定学生的发现,再引出问题,激发学习兴趣。家长的解释和学生的猜测使学生产生了朦胧的认识,但此时教师并没有给予解答而是又引出新的问题,以此来激起学生强烈的求知欲望。

案例4:从学生的心理出发,抓住他们对陌生世界的好奇心,从而激发起对知识的渴求,这在教学中往往能收到很好的效果。当一种很常见的现象被颠覆的时候,学生表现出来的诧异是进入教学的最佳时期。这时开展教学,学生的探究欲望是最强的。而且,这样的方式,也很有可能影响今后他们对科学课的喜爱程度。当然,情景的设计也是需要教师精心布置的。一个符合学生心理和接受能力的情景设计是很重要的,太简单和太难都会让学生失去兴趣的。

一、小学科学课堂导入的原则

在小学科学教学过程中,教师可根据教材内容、教学方法等实际情况采用不同的适合学生的教学导入方式。导入新课,设计导语,应遵循以下原则:

1. 符合教学的目的性和必要性

课堂教学导入,一定要根据既定的教学目标来精心设计导语,与教学目标无关的不要硬加上去,不要使导语游离于教学内容之外。教学伊始的导语,一定是完成教学任务的一个必要而有机的部分。如:小学科学《磁铁的性质》新课导入设计:

(1) 提问:小朋友,想不想来看一场表演呢?出示图片,引起注意。

(2) 思考:鱼缸里有食人鱼,要用手将鱼缸里的图钉捞出,却又担心被食人鱼咬,这可怎么办呢?

(3) 表演谈话:来来来,看老师的表演:只要将手沿着鱼缸外壁往上移动,图钉就会乖乖的跟着往上跑了。

(4) 咦!这是怎么回事呢?让老师来告诉你吧:其实,只要将磁铁用透明胶带粘在手掌心,再贴着鱼缸外壁往上移动就可以了。

(5) 这说明什么呢?(学生思考片刻)对,说明磁铁有吸铁的性质,其实,磁铁还有许多的性质,今天,我们就来学习:磁铁的性质(板书课题)

2. 符合教学内容本身的科学性

新课导入的设计要从教学内容出发,有的是教学内容的重要组成部分,有的是教学内容的必要补充,还有的虽然从内容上看关系不大,但它能激发学生的兴趣,吸引学生的注意力,对于教学内容的讲授和学习也是一个有机组成部分。这一切,都应从教学内容的科学性出发,违背科学性的导入,尽管非常生动、非常精彩,也不足取。

3. 从学生的实际出发

学生是教学的主体,教学内容的好坏,要通过学生的学习来体现。因而新课导入的设计要从学生的实际出发,要照顾到学生的年龄、性格特征。

4. 从课型的需要入手

新课导入的设计要因课型的不同而不同。新授课要注意温故知新、架桥铺路;讲授课要注意前后照应,承上启下;复习课要注意分析比较,归纳总结。不能用新授课的导语去讲复习课,也不能用复习课的导语去应付新授课,否则就起不到导语应起的作用。

5. 导入要短小精悍

新课导入的设计要短小精悍,一般两三分钟就要转入正题,时间过长就会喧宾夺主。

6. 形式要多种多样

导入的方式很多,设计导语时要注意配合,交叉运用。不能每一堂课都用一种模式的导语,否则就起不到激发学生兴趣、引人入胜的作用。

综上,不论采用什么方法,都应注意以下几点:①短。即教师在导入时的语言要做到简短、明白、易懂,以生动有力、简洁明快的语言激发学生的学习兴趣和求知欲望。②新。即导入的语言要有新意,形式新颖,避免平铺直叙,千篇一律。③精。即语言精练、讲解精彩,能抓住关键。切忌拖泥带水、词不达意、吞吞吐吐。④平。即教师在导入时的知识坡度不宜太大,由已知到未知的知识点(联系点)要讲准,最好都在"最近发展区"范围内。这样易让学生实现由已知到未知的转移。⑤熟。即运用的导入方式,语言、动作的衔接、配合要舒展自如、运用熟练。⑥准。即新旧知识衔接点要找准,语言要用准,不能随心所欲、漫无边际。⑦快。即课堂教学要向时间要质量、要效益。因此导入的时间不能太长,一般以3分钟为宜,尽量不要超过5分钟,以便有充足的时间解疑。⑧活。课堂教学是师生的共同活动,导入的运用应充分调动学生学习的积极性、主动性,让师生的情感在上课之始就得到交融。

二、适应小学科学课的导入形式[①]

1. 开宗明义导入

这种导入就是在学生真正进入学习状态前,开门见山地明确学习任务、途径、方法的教师行为。例如,在进行《寻找动物和植物》一课时,教师可以直接向学生交代:"同学们,你们想了解更多的动物和植物吗?(想!)那好,这节课我们就一起到校园的植物区(或校外的×××)去寻找!只是我们怎样观察、带什么观察、小组成员怎样分工才能深入了解尽可能多的动物和植物,需要我们先来确定一下,小组同学讨论一下吧!"在教师简短的交代后,学生很快就进入了"角色"。

2. 实验导入

小学生普遍具有好奇的心理,他们一般都爱观察,特别是对一些比较新奇的事情,如一些鲜明、生动的实验。在观察实验过程中,他们的心理活动是好奇,急于想了解实验中出现的多

---

① 案例选自冀教版《科学》和人教版《自然》教材。

种现象变化的原因,要求解惑的心情特别迫切。根据学生学习的心理活动,教师可设计一些富有启发性、趣味性的实验,通过大量的声、光、电、味等实验现象使学生在学习之始便在器官上承受大量刺激,获得大量感性信息,同时提出若干思考题,在一系列的"是什么"、"为什么"、"怎么样"的启发下,促使学生有条理地思索问题。起到"激其情,引其疑"的作用。如在进行《空气的成分》一课的教学时,可以首先问学生:"你们说,蜡烛在水中能燃烧吗?"(不能!)"老师有办法让蜡烛在水下燃烧",教师边说边演示:将一根粘在玻璃片上的蜡烛点燃,然后在上面罩上一个玻璃杯并把这个"装置"迅速放入水中。蜡烛在水中燃烧的现象马上会和他们已有的"蜡烛不能在水中燃烧"的生活体验产生剧烈的碰撞,脑海中肯定会产生"蜡烛为什么会在水中燃烧"、"这种现象说明什么"一类的问题,在不知不觉中学生的探究就开始了。

3. **资料展示导入**

小学生是以形象、直观的记忆为主,通过对实物、模型的观看、触摸更能激起学生心中探索的欲望,从而提高教学效果。

(1)模型展示导入法。通过学生在课前搜集到的模型,老师在课堂上加以展示,让学生通过观看来引起学生的兴趣,理解教材中的内容。如在教学《太阳钟》时,可拿出一个日晷的模型,让同学先来猜测一下这是什么,做什么用,然后再问:"你们想不想知道以前的人是怎么使用的?"自然把学生带入要学的内容。

(2)图片欣赏导入法。在讲述地理、自然、城市等单元知识时,可以发动学生课前搜集有关的照片、图片、明信片等图文并茂的资料,以便在课内交流。在教学《地球表面的地形》,可先让同学传看各自带来的图片、明信片,然后问他们:"你看到了什么地形?"又问他们:"为什么地球表面会有这么多的形态,你们想知道其中的原因吗?你还知道哪些?"通过一串问题激发学生的向往之情,从而自然地进入学习课文的氛围。

(3)自制实物导入法。学生自己制作实物并在适当时机加以展示,更能激发起学生的好胜心理。在教学《水钟》这课时,可把以前同学做好的水钟带来放在讲台上,向同学们介绍这只水钟的来历。这样就比较自然地引入本节课我们要学的知识了。

4. **故事导入**

听故事对于绝大多数学生来说是一大乐趣。一个抽象的科学概念有的学生背诵十遍还不一定能记牢,而一个有趣的故事,只要听一遍就能较完整地复述给别人听。所以通过讲故事能激发学生的学习兴趣,从而启发他们进一步思考问题。如:在上《运动》时,可以讲一则这样的故事:第一次世界大战期间,一名法国飞行员在 2000 米高空飞行的时候,发现脸旁有一小东西,飞行员以为是小昆虫,敏捷地把它一把抓了过来,令他吃惊的是抓到的竟是一颗德国子弹。这时可以问学生,这名飞行员为什么有这么大的本领呢?什么情况下我们也能顺利地抓住一颗飞行的子弹?又如,上《安全用电》时,可以先讲一则实际的故事:时间是 1977 年 8 月的一天下午,地点是××镇××村里,天空乌云翻滚,电闪雷鸣,狂风大作,突然有一根电线杆被风吹倒,架在电线杆上的电线也随着掉在地面上,村里有个 7 岁的小男孩可能是由于好奇而捡起电线,结果站定在地面上,小孩的祖母看见了,立即跑去,想把孙子拉回屋里,没想到,反而被小孙子拉在一起了。小孩的父亲为了避雨而从田里跑回家,看到母亲和儿子都被电线拉住,想上去帮他们摆脱电线,结果也被拉在一起了。三代人就这样惨死在一根电线之下。这是一个多么惨痛的教训啊！但是这样的悲剧只要懂得安全用电的常识是不会发生的。本节课我们就专门探讨安全用电常识。

5. 游戏导入法

爱玩是小学生的天性，游戏导入法最容易让他们接受，在玩中进入科学探究不仅不会增加他们的负担，反而会使他们情趣盎然。例如某教师在进行《玩小车》一课的教学时是这样导入的：(演示)用一条线两端分别系在小车和一个重物上，车放在有坡度的板子上，重物在桌子边上垂下，带动小车运动。

师：好玩吗？

生：好玩。

师：小车是靠什么力运动起来的？

生：靠小车前边重物的拉力。

师：假如让你也按这个方法，一条线两端分别系在小车和一个重物上，玩小车，你想改变哪些条件，怎样玩。

生：改变重物的重量。木板上放一个布。改变小车的重量。改变木板的坡度加或减垫板。改变绳子的长短。改变木板的上下坡。在跑道面上放沙子。在跑道面上放不同的布、改变跑道面的粗糙度。改变车轮的大小。选用不同的车模。（每种玩法都要具体化）

师：真不错，一会儿就想出了这么多种玩法，这么多种玩法你们想试试吗？

生：想试。

师：老师这里给大家准备了一些材料，可以根据你的某些想法玩一玩。

话音刚落，孩子们便根据本组的想法尽情地玩起来。很显然，这种在教师有意识地引领下的玩，对孩子们掌握影响小车快慢的因素是非常有利的。

6. 竞赛导入

根据孩子们与生俱来的争强好胜的心理特征，我们还可以用组织竞赛的方式导入，竞赛后再适时组织对竞赛结果及原因的判断、分析。这样往往会使学生产生非常强烈的求知欲望和探究热情。例如某教师在组织《杠杆》一课的教学时，就是采用了组织学生竞赛的方法：教师首先将两个同样的铁钉钉在同一块木板上，并且没入木板的深度相同，然后，请两个力量悬殊的同学进行"起铁钉"比赛，比赛中，教师指定力量小的同学可以使用教师提前准备的工具（条状"起子"和一个可用做"支点"的铁块）；另一个力量大的同学只能用手。比赛结果可想而知。这样的结果不仅使"大力士"愤愤不平，也使大部分同学感到惊讶。很自然的，学生在惊讶和由惊讶带来的问题及对竞赛结果的判断分析中，开始了"寻根究底"的探究活动。

7. 再现式导入

大家都知道，学生的探究活动必须凭借他们已有的生活体验、生活经验的参与。因此，在有些探究活动开始前，利用"引领学生回忆、模拟、展示等方法再现生活原型"就显得尤为重要。例如，某教师在组织《水与生命》一课的教学时，就是以首先让学生汇报（或展示）自己平时感受到（或收集到）的水与生命（人、动物、植物）紧密相连的例证（或图片、资料）导入的。通过这样的导入，学生们在相互交流中，对水与生命的紧密联系更加清晰，对节约和保护水资源的意识更加浓厚。

8. 讲评式导入

一般是通过对学生练习、作业、试卷中出现的问题或教师有意设计的某种错误,进行分析、讲解,借端生议,导入新课,或者是对学生对某一问题的具有创见性的处理方法或看法,进行讲评导入新课。

9. 利用电教手段导入

对于学生从未见过或不常见事物的现象,学生很难一下子进入探究过程。这时候,运用电教手段导入就最恰当不过了。如在教学"日食"时,教师可以边说边播放关于日食的影像资料。看着太阳由圆到缺又由缺到圆的现象,学生关于"日食究竟是怎样形成的"问题便油然而生;是太阳本身在一段时间内变黑了还是太阳的光辉被某种天体挡住了的猜想也必定会同时在脑海闪现——学生的探究开始了!

导入的方法很多,除了上述几种,还有练习导入、幽默导入、布障导入等许多方法,只要教师勤于思考、善于钻研,新颖的导入方法是不难设计的;但必须强调,任何形式的导入毕竟都只是个"引子",或者说是学生探究活动的"前奏",所以,教师在设计导入时一定要注意导入的时效性,切不可挤占本应属于学生的探究时间。

【知识导航塔】

一、导入技能的国内外研究的相关观点

导入技能的理论依据是启发式教学思想。中外许多伟大的教育学家都十分强调"启发"教育,从孔子的"不愤不启,不悱不发",苏格拉底的"产婆术",到杜威的"思维五步教学法"以及马赫穆托夫的"问题教学法"等均蕴涵着启发式教学思想。

近年来,国内的学者和教育家们对此话题很感兴趣,并从多个方面撰文研究。胡淑珍(1996)提出导入也叫开讲,她认为导入作为课堂教学重要的一环,它可以是一堂课的开始,有时也贯穿于课堂教学之中,对导入的功能、类型及基本要求作了一些阐述。阎承利(1999)研究了课堂教学最优化的导入艺术,提出了新课导入、设计导语应遵循的一些原则,并介绍了某些学科课堂教学最优化的一些导入方法。李如密(2000)首先把课堂教学的导课环节作为教学艺术中的导课艺术,认为导课艺术讲求的是"第一锤就敲在学生的心上",像磁石一样把学生吸住。并认为不同特点的导课也会产生不同的教学功能。王宝大(2001)等编著的《导入技能结束技能》一书中指出导入是指在讲解新知或教学活动开始之时,教师有意识、有目的地引导学生进入新的学习时的一种方式,是课堂教学的启导环节、领起环节。它的目的在于:导入新课,新旧衔接,启发学生,激发兴趣,说明目的,暗透动机,创造氛围,营造情境,等等。同时介绍了语文课导入的类型与设计。傅建明(2005)在《教育原理与教学技术》一书中指出巧妙设计导课环节,可以吸引学生的注意力,激发学生的学习动机,调动学生的学习兴趣,营造适宜的教学氛围,以至于影响整堂课的教学质量和教学效率。并介绍了一些常用的导课方法和导课设计的原则。以上这些研究具有一个共性,即都强调了导入的重要性。所以,"在课堂教学中要培养、激发学生的兴趣,首先应抓住导入新课这一环节,一开始就把学生牢牢地吸引住"。

二、小学科学课堂教学导入技能的构成

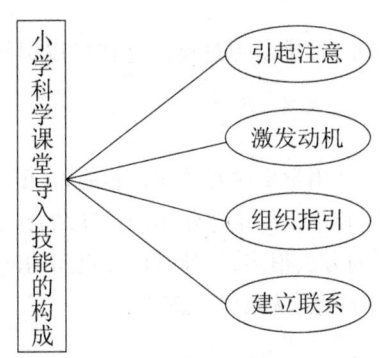

图6-1 小学科学课堂导入技能的构成

1. 引起注意

导入的构思与实施,要千方百计地把学生的心理活动保持在教学行为上;与教学活动无关的甚至有碍的活动能迅速得到抑制。当学生"专心"于导入活动,才能从教学之始,就得到鲜明而清晰的反应。注意学习,获得良好的学习效果。已经引起注意的标志是:同学们举目凝视,或侧耳细听,或思考,或顿时寂静,或紧张屏息,或议论纷纷……善导的教师,采用多种方法引起学生的无意注意,并引向有意注意。导入活动的强度、差异、变化和新奇,都会立刻引起学生的无意注意。例如:

（1）用幻灯机打出一张精致的彩色图片、物质燃烧的强光、爆炸的巨响、色彩绚丽的物品。

（2）鲜明的对比实验,演示实物模型在形状、大小、颜色、持续时间上的显著差异;在和谐宁静的课堂里,教师采用轻微的低声教学,在讲至关键之处时,声音由小变大。

（3）教师生动的语言,抑扬顿挫的语调,并配以适当的手势、颈部表情和走动。

（4）导入内容的新颖,导入方式的多样化。上述这些,很容易成为注意对象。而刻板平淡的、千篇一律的内容和方式,就很难引起无意注意。

在导入活动中引起和保持有意注意的途径有:

（1）加深对学习目标的理解,合理组织教与学的活动。对学习目标理解得越清楚、越深刻,后继学习的自觉性、主动性越强,完成学习任务的愿望越强烈。

（2）设问导入,有利于加强有意注意,为了思考和回答问题,学生必须注意有关事物。

（3）在导入过程中把智力活动与实践活动结合起来,在课一开始,就让学生动起来。这样比让学生被动地听老师的开场白,容易集中注意。有时可让学生朗读,有时可让学生观察、做实验……

2. 激起动机

学习动机中最现实、最活跃的成分是认识兴趣,即求知欲。青少年对周围世界有些了解,但知之不多。因此创设引人入胜的情境（例如:演示镁带燃烧等魔术般的实验、展示从未见过的生物标本等）,能激发他们产生学习的兴趣。自觉性是学习动机中的重要成分,一方面可提出严格的要求,另一方面要说明学习这部分知识和技能的意义,只有学生清晰地意识到自己

的学习的社会意义,才能产生学习的自觉性,迸发出学习的极大热情,表现出听课学习的坚毅精神。学科知识与生活、生产实际相联系,也是创设良好学习情境的方法。

3. 组织指引

导入要给学生指明学习任务,安排学习进度。这样可以引导学生走向思维,使学生有目的、有意义地开展学习。

4. 建立联系

导入的设计,要充分了解并利用学生原有的知识和能力,要以其所知,喻其不知。从学生实际出发,通过教师的主导作用和学生的主体作用的最佳结合,就能以较少的精力和时间,有效地达到教学目标。温故知新的方法很多,教师可设计提问的问题,学生逐步解答,随着答题的深入,旧知识同新知识发生了联系,从而引入新课。

【任务接受所】

随着新课程改革的不断深入,已有不少将课改的精神成功引入到科学课堂的经验,但同时也发现科学课上似乎有一种模式化的倾向在蔓延,一些僵化、呆板的定式会降低课堂教学效率和效果,针对这种常见的教学导入,请谈谈自己的思考。

在科学课上,常出现这样的课堂导入:

师:关于×××你已了解了哪些知识?

生:……

师:关于×××你还想研究它的什么问题?

生:……

师:这么多的问题,我们就来研究其中的×××问题,好不好?

生(齐说):好!

(1) 这样的导入能实现提高课堂教学的效率吗?

(2) 这对教学目标的达成有帮助吗?

(3) 学生的主体性真的得到体现了吗?

【阅读资料】

教师如何进行教学的开场

1. "大胆地往前走",不要紧张。天不怕、地不怕,就怕当众来说话。紧张是一种常见现象,特别是初登讲台,或到一个陌生的地方去讲课,或者校长、老教师来听课,以及课堂上出现了意料之外的情况,都很容易令教师出现胆怯、害怕、慌张心理,有时甚至于失去行为上的控制。

一方面,不要紧张,要"大胆地往前走",走进教室之前,要审视一下自己的仪表,纽扣是否扣错,衣服和头发是否凌乱。走进教室,走上讲台时,不要转一个大弯再走上讲台,也不要大踏步,上台步子也不要太慢像军事操练那样,要自然,不紧不慢。另一方面,可以掌握几种远眺、深呼吸等控制紧张情绪的方法。应该什么时候进入教室,国外有人讲,随着上课铃声进入课堂最好。我认为也不尽然,提前进教室做好讲课准备也可以。如擦拭黑板,准备教具,与学生攀谈几句,了解一下作业情况等等。

2. 上台的一刹那,要镇静自然。上台后,一开始不要慌忙地立即开口,应该在深深地呼吸一下之后,巡视全场(课堂),环视一周,与学生先无声地"交流"一番,表现一下你一定能讲好的信心;同时,也无声地告诉学生,我要讲课了,请注意听。这是组织课堂教学的技艺之一,也是一种礼仪,表示了对学生的尊重,再者,又是教师调整情绪的良机。如果这时有嘈杂不静的情况发生,那就稍等片刻,用眼睛说话,告诉他们安静下来,该上课了。

3. 说好开场白,奠定授课成功的基础。就开场白的形式而言,可以说是千变万化,千姿百态,并无固定不变的格式,但一般说来,开场白要注意以下几个问题:

(1) 不要过谦。谦虚是一种美德,但过分的谦虚则是虚伪,或是骄傲,也可能是没有真本领的一种表现。据说,有一位给外国留学生上课的教师,在开场白中大谈"自己水平不高,诚惶诚恐,向你们学习,恐怕讲不好"之类,洋洋大篇开场白讲了4—5分钟,按说,也不算什么大的过错,但外国留学生不干了,到校方反映,说怎么派了一个对自己都没信心的人给他们上课呢,尽管这个教师后来课确实上得不错,但始终未能挽回过谦造成的影响。所以,开场白也要分清场合,切勿谦虚过度。

(2) 不要自吹。有的人上讲台后,毫不掩饰地自我吹嘘,大谈自己如何如何厉害。或者明谦虚暗吹嘘:"同学们,我给大家讲课甚感荣幸。我对这方面的知识虽然不敢说有多深的造诣和建树,但总还是研究了多年……"如此,把学生当傻瓜。

(3) 不要废话。有人上台开场白:我没有什么可说的了,我想说的刚才王某某和张某某已经替我说了,既然要我讲,只好再随便谈几点,我也没有准备,谈得不好,请大家多多包涵……既然没有什么可说的,那又何必再说呢,既然别人把你想说的都说了,又何必再重复?既然事先没有准备,肯定是胡说八道,最好还是不要开口,谈何原谅?浪费时间,就是浪费生命。如果是一名教师,没有准备,没有备好课,是绝对不允许上讲台的。

参考信息资源

【1】 教学技能缺失:一个不容回避的话题. http://news.beelink.com.cn/20041022/1706921.shtml

【2】 新课程课堂教学技能. http://www.fjedu.gov.cn/html/2009/07/532_51366.html

【3】 陈华彬,梁玲. 小学科学教育概论. 北京:高等教育出版社,2003.

【4】 徐敬标. 有效教学——小学科学教学中的问题与对策. 长春:东北师范大学出版社,2007.

【5】 http://www.dxjy.com/(大夏教育网)

【6】 微格教学论——有关导入技能的研究及理论. http://www.szjy.edu.cn/Show.asp?ArticleID=99

第七章 小学科学课堂讲解技能

讲解通常又称讲授,它是用语言传授知识的一种教学方式。它是通过语言对知识的剖析和揭示,剖析其组织要素和过程程序,揭示其内在联系,从而使学生把握其实质和规律。

【观点演绎场】

△ 讲解特别受到教师的偏爱,因为简单方便,经济实用。只要教师的教学语言技能掌握得好,就能灵活方便地运用讲解技能。操作简便,不需要其他教具。语言技能是讲解的一个条件,但不是讲解,讲解技能在于组织结构和表达程序。讲解有两个特点:其一,在主客体信息传输(知识传输)中,语言是唯一的媒体;其二,信息传输具有单向性(主体指向客体)。

△ 讲解为教师提供了主动权、控制权,但讲解不是唯一的方式,它不能替代其他方式,它只能在它能发挥作用的范围内发挥其作用,与其他技能合理配合才能取得好的教学效果。通过讲解,教师最容易把自己的思考过程和结果展示在学生面前,最易把学生的思维引导着沿教师的教学意图进行,从而最易实现对教学进程的控制,把握教学进度。

△ 教师讲解的过程,既是知识外化的过程,又是学生接受和理解知识的过程。学生对事物本质的认识程度、理解水平在很大程度上取决于教师对课堂教学讲解技能的运用。讲解具有系统性强的特点。教师可以把知识分成几部分,分析各部分之间的关系,把概念、原理等系统地传授给学生,使学生得到完整的理论。重点突出,抗干扰性强。对于重点和难点部分,教师可以反复强调、大量举例,帮助学生理解,从而避免枝节问题的干扰。

△ 讲解技能的缺点,在讲解时,学生处于单纯地接受信息的被动地位,不利于调动学生的主动性,特别是长时间的讲解易使学生不能抽出更多的时间主动地进行科学思维。第二是单纯的讲解信息通道单一,不利于调动学生的多种感官,共同参与教学活动,因此信息的保持率不高,记忆时间不长。第三是单纯的讲解不利于因材施教。因为在班级授课制中,教师在讲解时只能照顾大多数。对于尖子生和差等生照顾不够。第四是不能使学生形成技能。技能的获得只有通过练习,而在讲解过程中,学生只"听"不练,讲是无法形成技能的。特别对于科学认知结构的建立来说,学生没有独立的科学思维活动的经验,是难以建立正确的、良好的科学认知结构的。第五是教学反馈不易掌握,反馈信息把握得不全面、不准确。尽管教师力图从学生的眼神、表情、动作来判断学生的学习情况,收集反馈信息,但所获得的信息毕竟是不全面、不准确的。显然,单纯的讲解不利于学生学习科学。长时间单纯地运用讲解技能会使课堂教学走入满堂灌的歧途。

【教学案例园】

案例1：小学《科学》教案苏教版四年级下册《骨骼》（第2课时）

讲解骨骼：在希腊文中，"骨骼"的原意是"一个死亡了的身体"。其实，骨骼中的骨都是由活细胞构成的，骨是有生命的。

讲解骨头的结构组成：骨密质内有一些细小的导管，将骨表面的血管和神经与骨中的活细胞连接起来。骨头中间有一种软组织叫骨髓，它能制造血细胞。

讲解软骨：在人的成长过程中，软骨会发生变化。婴儿的骨骼大部分都是软骨，随着人体的生长发育，大部分的软骨会被硬骨所代替。当人停止发育后，大部分的软骨被骨组织完全代替。当然，还存在少部分软骨，除了鼻尖的软骨外，在我们的膝盖处还有软骨。

案例2：苏教版小学六年级《科学》教案《水滴里的生物》

讲解显微镜的基本构造和使用方法：先来了解显微镜的基本构造。

目镜（对着眼睛）

物镜（对着标本）

载物台（放置标本）

反光镜（反射光线、照亮标本）

调节螺旋（调节焦距、看清标本）　镜臂　通光孔　镜座

强调：

① 反光镜不能直接对着太阳，否则会伤害眼睛；

② 使用时要小心，镜头不要碰着玻片；

③ 不能用手触摸目镜和物镜；

④ 轻拿轻放。

结束讲解：在一滴水中，生活着许许多多个体微小、结构简单、大多是一个细胞构成的生物，它们非常小，用肉眼根本看不到，只有借助显微镜才能看到，所以叫微生物。刚才我们看到的那些不动的微生物中，最常见的是水藻，有蓝藻、团藻、金藻等。运动的微生物中有钟形虫、草履虫等。此外，水中还有既不属于动物也不属于植物的微生物——细菌，细菌一般也是不动的，有球状、杆状、螺旋状的。

案例3：苏教版小学《科学》三年级上册第六单元"观察与测量"第2课《用工具测量》

教材从常见的一个视错觉现象引发学生进行思考：我们的感觉器官可靠吗？以此让学生知道用工具测量的必要性，随后为学生安排和设计了一系列的用工具进行测量训练的活动。这些活动包括测量树叶的大小（长度）、测量杯子能装多少水（容积）、称一粒绿豆的质量（质量）、测量水温（温度）、测跑50米需要多少时间（时间）。教材通过对学生进行集中的方法和技能的训练，有助于让学生对科学探究过程和方法形成比较清晰而系统的认识。

教材中的各个活动部分之间相对独立,内容也比较单一,教学难度不大。

1. 用量筒、量杯等专用工具测量杯中水的数量

讲解:为了使测量结果都能够统一起来,人们特意发明了世界上通用的测量工具。介绍量筒和量杯(教师尤其要讲清楚它们的使用方法及要注意的地方,条件允许的话可以用多媒体课件的形式进行教学)。

2. 用小天平测量水果的质量

讲解:小天平的使用方法(安装、调整平衡、轻轻放上物体、摆上砝码、计算总数)。

3. 用水温表测量水温

介绍:水温表的使用方法。

4. 用秒表精确测量时间

介绍机械秒表的使用方法。

【分析反思亭】

讲解技能是在实施教学过程中产生的,也是在教学实践中不断丰富和完善的。教师应在自己的教学实践中,通过学习、总结、创新,不断提高自己的讲解技能,以增强课堂教学的有效性。讲解技能中的一类教学行为,在行为方式上的特点是"以语言讲述为主"的方式;在教学功能上的特点是"传授知识和方法、启发思维、表达思想感情"。"以语言讲述为主"指的是教学活动方式主要是教师讲学生听,学生学习的方式是接受式学习。这里并不完全排除教师的提问,但与提问技能中的提问不同,这里的提问主要是引起学生思考,知识结论主要不是以学生的回答得出,而是教师依据学生的回答,通过讲述得出。所以区别讲解技能与提问技能的教学活动方式不是严格限制是否有提问,而是学生学习的方式是接受学习还是在教师指导下的发现学习。

一、理清小学科学讲解技能的教学目的

讲解技能的教学目的指的是讲解技能的教学功能。从宏观上讲,讲解技能的目的与教学大纲的目标体系是一致的;从微观上讲,每节课的讲解目的与教学目标也是一致的。因此,讲解技能的教学目的大致有以下几个方面:

1. 传授知识、解难释疑

讲解技能运用的首要目的是传授知识。通过教师的讲解,把知识准确、清晰地呈现在学生面前,引导学生在原有的知识结构的基础上,了解、理解并进一步掌握新知识。讲解的生命就在于使学生理解新知识。教师课堂的每一段讲解都是针对学生学习中的疑点和难点以及新知识传授的要点设计的,这些讲解都是以让学生充分理解掌握知识为准则,经过认真筛选、科学组合和加工而成的,或是描述情境、解释说明,或是阐说道理、推导结论。

2. 引导学生、启发思维

通过讲解,引导学生进行深入思考。讲解区别于灌输就在于充分重视讲解引导思维、发

展思维、开发智力目标的实现。当然要实现上述目标,教师在设计讲解时要深钻教材,把握知识,同时要分析学生的学习现状和课堂心态,努力使讲解内容句句扣击学生的心扉、抓住学生的思维,以使教师的课堂讲解达到内容与学生求知渴望合拍、思维与学生的探寻心理沟通,在已知和未知之间为学生架通思维的桥梁。

3. 传道育人、培养品质

德育目标与讲解内容是水乳交融的,给学生的影响是潜移默化的、润物无声的。成功的讲解可以用积极向上的思想情感影响学生,使学生受到良好道德品质和行为规范的教育;讲解以健康的审美情感熏陶学生,促进学生形成正确的审美观;讲解以正确的思维方法训练学生,培养学生良好个性品质和学习习惯。

二、小学科学教师在应用讲解技能时,应遵循的基本要求

1. 有明确的讲解结构

教师应在认真确定教学目标,分析教学内容的重点,明确新旧知识之间相互联系的基础上,顺知识结构之序,学生思维发展之序,提出系列化的关键问题,形成清晰的讲解框架,以使讲解条理清楚,引起学生的思考。

2. 语言流畅、准确、明白

语言流畅就是紧凑、连贯。准备充分和自信是语言流畅的前提。语言准确、明白,就是要求正确运用术语,用学生能理解的词,不用未经定义的术语;句子完整,措词和发音准确;语言和语速适应讲解内容与情感的需要。

3. 具有启发性

教师应把直观、具体的现象、事件,通过分析、综合、抽象和概括,将其升华为理性的概念和规律。讲解时应给学生留有一定的思考余地,应把握讲解的时机。凡对重要内容作本质论述时,应尽量创设"愤悱"的教学情境。

4. 善于使用例证

例证是进行学习迁移的重要手段,是把熟悉的经验与新的知识、概念联系起来的桥梁。使用的例证,重要的不在于数量,而在于所举的例子与新概念之间是否具有实质性的非人为的逻辑联系,以及教师对比联系所作的透彻的分析。因此,教师在选择讲解的例证时,应十分关注例证同所要讲解的概念、原理间的实质的逻辑联系,并正确选用讲解技能,以便揭示这种逻辑联系的内涵。

5. 注意形成连接

清楚、连贯的讲解是由新旧知识之间、例证与原理之间、问题和问题之间恰当的连接构成的。在讲解中,教师应仔细选择起连接作用的词或短语,说明上述关系,使讲解形成完整的系统。

6. 会进行强调

强调是使讲解清楚、成功的重要技术之一。教师在讲解中,对教学的重点或关键内容,对新旧知识的联系和新知识结构的分析,既可以运用讲话声音的变化、身体动作的变化、做出强调标记或直接用语言提示进行强调;也可以运用概括、重复或学生的回答进行强调。

7. 要重视获取反馈和及时调控

在讲解中,教师要善于通过观察学生的表情、行为和操作,留意学生的非正式发言,向学生提出问题或给学生提出问题的机会,收集讲解效果的反馈信息,弄清学生的理解程度,并及时调整讲解的程序和方式,以达到教学目标。

三、清楚小学科学讲解适用的范围及其变式

(1)运用于事实性的知识比认知性知识效果好,用在形成性概念不会取得好的效果。教学中,知识综合、概括和总结阶段,讲解是必要和有效的。应用知识时,通过讲解引导、定向也是有利的。因此,讲解要与其他教学技能相配合。例如:实验观察前的提示和说明,之后的分析总结;观看电影、录像、课件的解释和提示;组织实践活动的意义分析,问题说明和总结;解题的提示与指导;讨论和自学的分析总结;讲解与板书配合等,配合得当都会取得很好的效果。这样才能避免单纯讲解的不足。内向性学生比较喜欢教师讲解;小班级讲解效果会好些。讲解包括读、背和自然式(即席式)讲述。一般说来,读和背只能穿插运用。自然的、即席的讲述,易生动活泼,效果会好些,学生也欢迎。

(2)在小学科学课教学中,讲解教学常结合实验的演示、实物和标本的展示、组织学生课堂讨论等活动进行。因此,小学科学课的讲解教学实际上已成为讲授为主,中间穿插实验演示、直观教具展示、向学生提出问题和组织学生讨论等灵活多样的课堂教学模式。因此,小学科学课的讲解教学就出现了以讲授为主的各种变化多样的教学模式。这些灵活多样的教学模式就称为讲解教学的"变式",即讲解教学的各种变化形式。常见的讲解教学的各种变化形式有以下几种:

① "讲解—实验演示—讲解"式教学。这种教学模式是在讲解教学过程中加入必要的实验演示,帮助学生理解基本现象、概念和原理的教学模式。例如,在讲解"摩擦起电"一课时,教师在讲解过程中要向学生演示"摩擦起电"的各种实验,用以帮助学生了解摩擦起电的自然现象。

② "标本展示—讲解"式教学。这种教学模式是在讲解教学中,借助标本或模型的直观展示,边展示边讲解的一种教学模式。例如,在讲授《人体骨骼》一课时,教师就要借助人体骨骼标本或模型,向学生边展示边讲解,让学生借助标本或模型理解和掌握人体骨骼的概念和结构。

③ "提问—讨论—实验验证"式教学。这种教学模式是在讲解知识之前,首先向学生提出问题,然后让学生进行分组讨论,最后让学生通过实验得出结论、回答问题的教学模式。例如,在讲解《浮力》一课时,教师可首先向学生提出问题:"物体在水中沉浮的条件是什么?"然后让学生结合生活经验进行讨论,最后通过实验验证各种假设,得出问题的答案。

【知识导航塔】

一、讲解教学的理论基础

1. 认知心理学的同化论

讲解教学的理论基础是美国著名教育心理学家奥苏伯尔的有意义言语学习理论。根据

这个理论,学生的大部分知识是通过有意义的接受学习而获得的,即教师用讲解的方式向学生系统地传授有关的新知识,学生则将教师用语言文字所描述的新知识与自己认知结构中有关的旧知识和旧经验建立起实质性的联系,从而同化新知识、形成新的认知结构的过程。同化论概括了新旧知识联系的各种同化模式。

（1）下位学习(类属学习)。认知结构中原有的有关观念在包摄和概括的水平上高于新学习的知识,因而新旧知识所构成的这种类属关系称为下位关系。下位学习分两种情况:新的学习材料可以直接从原有的概念和命题中推衍出来,称为派生类属学习,新的材料是原有概念的特例;另一种是新材料类属于原有的具有较高概括性的观念中,新知识使原有观念得到扩展、精确化、限制或修饰,这种条件下产生相关类属学习。

（2）上位学习(总括学习)。当认知结构中已经形成了几个观念,现在要在这几个原有观念的基础上学习一个包摄程度更高的命题时,便产生上位学习。

（3）并列学习。当新的命题与认知结构中原有的特殊观念既不能产生从属关系,又不能产生总括关系时,它们在有意义学习中可能产生联合意义,这种学习称为并列学习。

奥苏伯尔提出的几种同化模式体现了外因是变化的条件,内因是变化的依据的辩证思想。了解新旧知识之间的同化模式,有利于学员掌握分析教材的一般方法,在进行讲解结构的设计时,按照新知识本身的逻辑意义,追溯到新知识在原有认知结构中的植根点,形成符合有意义学习标准的、有针对性的讲解结构。在这样的系统分析下,才有可能抓住讲解的重点,有目的地强调各种关系,对有实质性联系的原有知识经验进行有目的的诊断,对学生对各种关键联系的理解进行有针对性的反馈,了解其掌握情况。在理论的指导下,各项技能要素的应用不仅仅是简单的形式模仿,而是有明确教学目的的灵活运用。

2. 迁移理论是在讲解中进行启发的理论基础

在接受学习中能否贯彻启发式的教学原则?答案是肯定的。接受学习的理论认为,知识的传授不同于物的传递,它是主动的、能动的过程。有意义学习的理论强调要使学习能够用已有的知识经验去理解新知识,由于这一过程是通过学生的内因起作用的,引起了学生的积极思维,所以有意义的接受学习就是启发式的。一般来说,学生还不能自动地用原有知识去理解新知识,还需要外界的帮助指引。讲解中利用迁移的心理学规律帮助学生用原有的知识经验去理解新知识是讲解成为启发式的基本途径。

学习的迁移一般指一种学习中习得的经验对其他学习的影响。学习的迁移并不是自动发生的,它要受某些条件的限制,其中最主要的影响因素有学习对象的共同因素、原有经验的概括水平、迁移的认知技能水平。了解这些因素,有利于学生掌握迁移的一般规律。

（1）学习对象的共同因素。迁移都要通过新旧学习中的经验进行分析、抽象,概括出其共同的经验成分才能实现。因此,在进行迁移时,学习对象在客观上要有共同因素。

（2）原有经验的概括水平。这里的迁移不是相同经验的迁移,而是概念原理的迁移,尤其是指下位学习的迁移。心理学的研究和实验表明,经验的概括水平越高,迁移的可能性就越大,效果也就越好。布鲁纳认为,"领会基本的原理和观念,看来是通向适当的训练迁移的大道"。

（3）迁移的认知技能水平。迁移过程是通过复杂的认知活动实现的,因此认知技能,即合法则的认知活动方式是否掌握,就要影响迁移的实现。有时学习对象有共同因素,或已有知识经验的概括程度也比较高,可是学习者对新的学习内容却仍然不能实现迁移,原因是学习者虽然掌握了有关的知识,但没有掌握解决迁移中问题的认知技能。在教学中,有时新旧知识的性质完全不同,也没有一般与特殊之间的原理关系,但分析问题的认知方法有相同之处,这种情况也能实现有效的迁移,这里迁移的是认知技能。

在讲解教学中,教师直接将知识间的种种关系告诉学生,并不能保证学生理解新知识的意义。要使学生对新知识获得心理意义,则必须启发学生用原有的经验、自己的逻辑去解释新问题,这就是所谓的新旧知识的相互作用。机械式的讲解就是不通过学生的内部心理活动,只将各种关系直接告诉学生,所以是否有效地运用迁移是启发式讲解与填鸭式讲解的重要区别。

二、小学科学教学讲解的功能与要求

讲解的教学功能,一是引导学生在原有认知结构的基础上,感知、理解、巩固和应用新知识、新概念和新原理;二是帮助学生明了得出结论的思维过程和探讨方法,推动学生的认识能力,如观察力、思维力、设计能力等;三是培养学生的学习兴趣,激发学习动机,并结合教学内容的思想性和美感,影响学生的思想和审美情趣。教师在实施讲解的过程中,应充分运用讲解技能,不断提高讲解的教学功能。小学科学教学讲解要求见表7-1。

表7-1 小学科学教学讲解要求

形式维度	内容维度	讲解中的常见问题
发音准确	准确性	学科术语的正确运用,讲述要顾及学生的知识基础
语流连贯、流畅	组织性	过短的时间呈现过多的内容,讲述时间过长,超出学生的有意注意时间,没有不必要的重复,没有口头语和多余的语气助词
语速适中	逻辑性	讲述内容缺乏组织性、逻辑性
态度和蔼、富于情感	形象、通俗	感情充沛而不做作,讲述有激发出学生有意义地理解知识的心理倾向

三、小学科学课堂教学中常见的讲解技能的类型

1. 描述式(又称叙述式或记叙式)

即是通过对人、事、物的结构、要素、属性与发展变化的描述,使学生对所描述的人、事、物有比较形象的、具体的感知或有一定深度的认识。根据描述的不同方式,描述式讲解技能类型又分为:(1)概要性描述,即对人、事、物的特征、要素作概述。(2)例证式描述,即举出有代表性的、人们比较熟悉的、有说服力的例证来具体描述事物。(3)程序性描述,即按事物发展的过程、步骤一步步地描述。

2. 说明式(又称解释式或翻译式)

即通过讲述,将已知与未知联系起来。根据说明的内容的不同,说明式又分为:(1)意义解释,即通过分析性说明,使学生理解其概念的意义。(2)翻译性解释,即通过翻译,使学生明了有关原理、概念、字词的含义。(3)结构说明,例如,天平的构造;实验室制取二氧化碳的装

置等。(4)比较说明,即是运用人们可见的、具体的、熟悉的事物,同要讲解的那些微观的、抽象的、生疏的事物作比较,使学生认知所要讲解的内容。

3. 原理中心式

即以概念、规律、原理、理论为中心内容的讲解,这是教学中最重要、最基本的技能。按照讲解的逻辑方法,又可以分为归纳中心式和演绎中心式两种。

4. 行为动作中心式

即以训练动作技能为中心的讲解,主要有动作原理的阐述;结合示范的讲解;指导学生学习的讲解等。

5. 问题中心式

"问题"即未知,"解答"即由未知到已知的认知过程。认知的关键是方法,选择方法和具体解决问题,都离不开知识和思维能力。问题可能是一个练习题、作文题,也可能是带有实际意义的课题。问题中心式的讲解,常带有一定的探究性。其讲解的一般程序是:引出问题(引入、导论)——明确要求(问题标准)——选择方法——解决问题——得出结论(总结、结论)。

在把握上述常见的讲解技能的基础上,应根据讲解的具体内容与学生的实际,科学选择不同的讲解技能类型或是它们的组合,以提高课堂教学的质量。

【任务接受所】

请根据苏教版小学《科学》四年级上册《冷热与温度》教学片段,谈谈你对讲解技能的认识。

1. 大家知道,一杯热水放在这里,它会渐渐变凉,也就是温度在下降。那么它的温度是怎样下降的呢?是先快后慢,先慢后快,还是均匀下降呢……
2. 意见不一致,怎么办?
3. 提出实验要求。
4. 对照数据,你发现了什么规律?
5. 科学家用画曲线图的方式可以更直观地发现事物的规律,我们也画曲线图研究。
6. 看曲线图,发现规律。
7. 为什么是这样的规律呢?
8. 总结归纳:这节课我们学习了用温度计测量水温,研究了热水从热到凉的温度变化。先猜测,再实验,最后得出结论。希望同学们以后遇到问题的时候也能这样去研究。

【阅读资料】

中美小学科学教育比较

一些学者的研究表明,我国学生的科学习惯和科学素养与美国学生有较大差异。丁邦平认为,教与学方面,美国中小学科学课堂以学生为中心,倾向于使用归纳推理方法,注重演示、实验及动手操作活动,突出学生的主动学习;我国中小学则多以教师为中心,采用演绎推理方法,注重理论和书本知识的学习,学生处于被动学习地位。教育部小学科学课程标准研制组于2001年在全国12个省市自治区范围内展开了一次全面的调查工作,中央教育科学研究所也在2003年作了关于我国小学科学教育现状的调查,调查的对象覆盖了全国各类地区的小学。由这两个调查报告,可以基本了解我国小学科学教育现状。

一、小学科学课程开设及重视程度的比较

我国小学普遍开设了科学课,但是课程名称不统一,多数称"科学课",也有称"自然课"、"现代科技课"等;课时计划不统一,每周2节课或3节课。许多学校加大了科学教育的力度,但个别学校由于受应试教育的影响,认为科学课不是主课,在考试阶段甚至在平时都存在挤课现象。总体看来,科学课属于第二平台课程,没有引起全社会范围内的足够重视。

20世纪80年代以来,美国出台了一系列有关科学教育的文件,其中最有影响力的是,美国科学促进会的《普及科学——美国2061计划》,并在2005年底完成了《国家科学教育标准》。在相关文件的指导下,美国小学的科学教育形成了自己的特色。一般来讲,美国小学都开设了科学课,科学课是美国小学课程中最基本、最重要的学科之一,它与英语、数学并列为三大核心课程。小学科学课的名称不统一,学时各州也有所不同,每周从5学时到9学时不等。由于国家政策的影响,美国小学普遍重视科学教育,科学教师的高素质也让学生对这门课充满了兴趣,小学科学课程是学生最喜欢的一门课。

二、小学科学课教师情况的比较

在我国大多数小学科学教师中,专职教师多于兼职教师。科学教师中拥有大专学历的较多,其次是拥有中师学历的,本科学历的较少,还有少数是高中学历的教师。只有少部分科学教师是理科出身,而大多数的科学教师均没有科学专业的文凭,且部分科学教师从未接受任何专业培训。一些小学科学教师原有的专业知识不能满足教学的需要,对教材缺乏整体性的把握。

美国小学教师均由设在大学的教育学院(系)培养,至少应取得学士学位,除了学历达标外,教师还要具有学识丰富、诚实正直、身体健康等素质。教师在大学期间都接受了理科相关学科的学习,在职期间也经常有各种各样的专业培训课程,经常有接受各种专业培训的机会。因此,小学科学教师的总体情况是:学历层次高,知识非常丰富,驾驭教学的能力特别强。

三、小学科学课教学情况的比较

1. 教材类型和教学内容

国内现行的科学课教材主要有:教育科学出版社的《科学》、江苏教育出版社的《科学》、青岛版的《科学》、河北版的《科学》、牛津版《自然》和科学出版社的实验教材《现代科技》等,教学内容主要包括生命科学、物质科学和空间科学等,与美国相比,尽管课程编排顺序存在差异,侧重点稍有不同,但教学内容基本相同。

美国科学教材类型多样化,美国传统的小学科学教育教材按照其科学教育哲学中科学

知识的领域分类(即生命科学、物质科学、空间科学)进行编写,并以教育哲学提出的三大科学概念为核心。《标准》出台之后,出现了多种旨在培养科学探究能力的小学科学教材。美国国家科学资源中心组织编写的STC(Science and Technology for Children)就是其中比较流行的一套,它共由24个有关科学主题的单元组成(平均每个年级4个单元),主要向所有的学生提供生命、地球、自然科学和技术方面丰富的体验和培养其批判性思维与解决问题的能力。

2. 教学组织形式和教学方法

国内教学组织形式以班级授课制为主,小学科学教学中采用的方法主要有:讲授法、演示法、实验法、观察法、活动法(采集标本、实地参观)等。由于条件所限,大多数地区的小学科学课仍旧多采用讲授法,或者辅以演示实验等。我国的小学科学教学注重基本理论多于实践,尽管当前提倡"做中学"的探究式教学方法,但现阶段还未能在全部小学有效开展。科学课程被作为知识体系传授给学生,在课堂教学中多表现为粉笔加黑板进行教学。科学活动的探索性被严重忽视,教学缺少真实有效的科学实践和问题探究。

美国小学在教学组织形式上主要实行灵活的班级授课制,学生可以跳班,以活动化的教学形式发挥学生的自主性、积极性和独立性。在教学组织形式上个别化教学获得了迅速发展,充分考虑儿童个体多方面的差异,使教学能面向每个儿童,并使之获得良好的培养。小队教学、游戏教学、多组教学等类型在科学课程实施中占有很大比重。在教学上有两个显著特点:注重实践,教学内容以动态的问题探究为主;重视儿童的体验,并将其与科学教学内容有机结合。小学科学课教学以杜威、皮亚杰、布鲁纳和苏联维果茨基的理论为基础,形成了自己独特的教学模式——探究式教学模式。

3. 教学资源比较

我国大多数城市小学有供科学课教学专用的实验室,配以实验器材、模型、挂图、标本等;少数学校有多媒体课件、乡土教材,还有互联网可供学生使用。有些学校能积极利用校外资源如科技馆、博物馆等。部分农村学校没有专用的实验室,但是有少量实验仪器、教学录像、模型、挂图等。尽管我国的科学课教学资源状况有了明显改善,但与美国相比还有很大差距。

在美国的小学,教室里有许多不同类型的书架,一个20名左右学生的班级足有500多册书,随时可以翻阅。教室里多媒体计算机、打印机、电视机、录像机、录音机、投影仪等现代化设备一应俱全,还有和书本配套或适合课外阅读的大量教学软件随时可用,课堂有限的空间得到延伸,学生获得的信息是多元化的、开放的。公共教学资源也给小学科学教育提供了大力支持。美国对图书馆、博物馆以及网络等公共教育资源的积累非常重视,到处都有公共图书馆和各种名目的博物馆,与科学有关的有航空航天博物馆、自然历史博物馆等,这些博物馆都是免费的。因此,形成了颇具规模的教育的社会支持系统。

节选自《教学与管理·理论版》(2008第5期)

参考信息资源

【1】喻伯军.小学科学教学案例专题研究.杭州:浙江大学出版社,2005.

【2】卫建国,张海珠.课堂教学技能理论与实践.北京:北京师范大学出版社,2006.

【3】新课程课堂教学技能. http://www.fjedu.gov.cn/html/2009/07/532_51366.html

【4】纪国和.新课程视野下教师教学技能的新取向. http://cs.gzedu.com/jiaoshijixu/czswkcbz/means/12.htm

【5】元认知、元认知策略、元认知学习策略三者是什么关系？http://blog.sina.com.cn/s/blog_5f35d24a0100ebmo.html

第八章 小学科学课堂提问技能

陶行知先生曾经说过:"发明千千万,起点是一问。禽兽不如人,过在不会问。智者问得巧,愚者问得笨。人力胜天工,只在每事问。"课堂提问既是一门科学,又是一门艺术,特别是在当前如何实施好素质教育,如何充分发挥课堂提问的功能,如何使课堂提问在促进学生全面发展的过程中起到应有的作用,这都需要教师掌握好课堂提问的策略。

【观点演绎场】

△ 提问技能是教师运用提出问题,以及对学生回答的反应的方式,以促使学生参与学习,了解他们的学习状态,启发思维,使学生理解和掌握知识,发展能力的一类教学行为。

△ 课堂提问是小学教学课堂中常用的一种教学手段,是教师向学生输出信息的主要途径之一,也是沟通教师、教材、学生之间联系的主渠道和"铺路石"。通过师生问答,教师可以了解学生学习的情绪、心态和知识技能的具体程度,以不断调整自己的教学,做到有的放矢、因材施教;学生可以了解教师的意图,领会教师的点拨指引,并能检查自己学习的情况。因此,提问技能可以使师生双方协调教学步骤,克服教学的盲目性,发挥双方的积极性。提问技能在激发学生思考,引起认知需要,促进学生思维发展方面有重要的作用。

△ 课堂提问是指教师根据学生已有的知识经验提出问题,引导学生经过思考得出问题答案,从而巩固旧知,获取新知,掌握技能,发展能力。提出问题,标志着已到了知识的大门,解决问题,就是获得了知识。问题和认识过程不可分割地联系着。课堂上除了鼓励和启发学生去发现问题外,教师的提问是不可忽视的,有时是起决定作用的。

△ 把学生引入"问题情境",使他们的兴趣和注意力集中到某一特殊的专题或概念上,产生解决问题的自觉意向。为学生的反应提供机会,激励他们不断地提出问题,积极参与学习活动,认真思考。同时促进师生之间、学生之间的交流。

△ 课堂提问是教学中一个不可缺少的环节,是联系师生思维活动的重要纽带和开启学生智慧之门的金钥匙,是教学进程得以顺利进行的关键。课堂提问最重要的是把握好"度",要善于在"度"的多层次中选择最佳切入点,注意课堂提问的实际性、启发性、探究性和趣味性。

△ 课堂教学提问,被看作是师生交互作用、设疑、释疑的动态发展过程。提问不是教师的专利。课堂是师生互动的地方。提问应是教师引导学生自己进行知识的回忆与建构,并与学生共同完成对知识的探索的过程。

【教学案例园】

案例1：三年级上册动物单元《蜗牛》的第2课片断

有位教师是这样提出问题的：对蜗牛，你想研究些什么？

生1：我想研究蜗牛的身体是怎样的。

生2：我想研究蜗牛是什么颜色的。

生3：蜗牛爬过的地方为什么会留下痕迹？……

就这样，你一个问题，他一个问题，足足提了二三十个问题，提出问题的活动就用去了将近16分钟的教学时间。

案例2：《一杯水的观察》教学片断

教学开始，教师在让学生举出生活离不开水的例子后，接着问了一个问题："既然水这么重要，你们想不想研究它呢？"学生小声地回答"想"，教师又提高声调问了一遍："想不想？""想！"声音确实响了许多。

案例3：《物体在水中是沉还是浮》一课中的探究活动

教师提供小石块、泡沫塑料块、回形针、蜡烛、萝卜、带盖的空瓶、橡皮等材料，用排列法研究大小和轻重对沉浮的影响，但看不出大小、轻重与物体沉浮的关系。

师：物体的沉浮真的跟大小、轻重都没有关系吗？问题出在哪里呢？真的没有关系吗？我们接下来该怎样办呢？

课堂出奇的安静，学生低头思考，面有难色。

案例4：《我的手》教学片断

《我的手》课堂教学，有一个教学环节是研究手的灵巧与什么有关。

师：我们平常都用手做些什么？

学生列举了手的很多用处，如写字画画、洗衣烧饭、做手影等。

师：用手摸摸试试，活动活动，你有什么新发现？

生：手里面有骨头。

生：手会活动的地方是关节。

生：大拇指和食指张开得大，其他指头张开得小。

生：手里面有血管。

师：问法一"我们的手那么灵巧，你能猜猜手的灵巧和什么有关系吗？"

问法二"你们观察到的这些现象，哪些和手的灵巧有关？"

【分析反思亭】

案例1：教师让学生说说你想研究什么，进而自己提出问题的出发点是好的，但由于没有在提问时明确学生观察的侧重点，从而导致学生的科学探究能力不能得到较好的培养和发展，甚至有的学生提出了蜗牛是什么颜色的这样缺少可研究性的问题。学生提问没有指向性，原因是他们既没有足够的实践经验，又难以进行理性的思考。教师不要轻易否定学生的提问，要引导学生去研究、比较各个问题的研究价值和实施的可能性，让学生逐步形成对问题进行判断、比较的习惯和能力。教学生用"怎么样"来提出问题更容易激起探究欲。如"怎样才能测出蚂蚁的爬行速度？""怎样证明固体物质能传播声音？""怎样知道茎的共同特征？"等等都是有探究价值的问题。

在当前新课标、新教材推广的浪潮中，"你知道些什么？""你想研究什么？""你有什么感想？"这样范围非常广泛、指向非常模糊的提问，在"学生是科学学习的主体"论据的支撑下，越来越流行，这其中有利也有弊。"你发现了什么"这样的回答可以五花八门。

案例2：在这个教学过程中，教师问这个问题的目的就是为了想让学生研究水，而学生也很清楚教师的意图，所以无需考虑就做出回答。再说教师都问了两遍了，学生能不"想"吗？在我们平时的课中，这样的无效问题很多，它们不需要学生思考，而只要根据老师的意图来做就行了。这样是极其有害的，长此以往，学生不是找证据积极思索，而是揣摩教师的想法，得到与老师预期一致的那个答案，即使与心里真实的想法不符，他们也不会表现出来。所以如果我们能少提无效问题，省出这些时间给学生用于开展观察探究活动，那该多好啊！

案例3：问题转换过快，缺少思考，学生跟不上教师的节奏。在实验前，学生根据基本的生活经验，认为物体的沉浮与大小和轻重有关，是"清楚"的，可初步实验后又看不出关系来，原来"清楚"的认识又模糊了，怎么回事？老师的问题一个接着一个，学生来得及思考吗？再从研究方法来看，用排列法来研究也不尽合理。对于小学生来说，同时从两个维度关注同一个物体，是有很大困难的。当学生的思维迷失了方向，用"我们接下来该怎样办呢"这样的问题来引导后续探究活动，显然不是上策。教师可以用以下有结构的材料引导学生转化前概念：出示轻重相同、大小不同的五个正方体，实验演示后提问学生：现在大小与沉浮有关吗？出示大小相同、轻重不同的五个球，实验演示后提问学生：现在轻重与沉浮有关吗？将以上材料混合，实验演示后提出问题：为什么现在物体的沉浮与大小、轻重又有关系了呢？这样材料出示的顺序体现出教师精心的设计和对材料的深刻认识，使学生对物体的沉浮认识不断向"既关注大小，又关注轻重"的方向发展，这实质上已指向物体的"密度"了。

案例4：这两种问法，可以把学生的思维引导到不同的方向上去。前者可以让学生展开想象，如手与大脑神经、血液、关节、手指的张开程度等的关系；后者要求学生针对不同的回答整理材料。因此提什么问题，怎么问，应该是根据教学目标和学生当时的情况决定的，这就是引导。

一、小学科学课堂提问中的问题认识

问题是教学的心脏，教师利用问题来诱导学生主动参与，让学生在参与活动中产生的问题与老师在引导中抛出的问题交相辉映，构成了科学课堂教学的一般过程。问题可以由学生提出也可以由教师提出，在《科学(3~6年级)课程标准解读》中提到"在课堂上，一个有难度但又让人能尝到果实、足以引发探究的问题，能激发学生的求知欲望，并能引出另一些问题"。但许多教师往往忽略了这一点。

思考一：把不是问题的作为问题

一位教师在执教《淀粉的踪迹》中，出示了一根滴管问"这个我们以前有没有见过?"学生回答说没有。这样的问题根本没有必要问。如果真的要问也应该问"这是什么"，如果学生知道就会说出来，不知道的话教师再告诉这是滴管，但这位教师接着再问"你能给它取个名字吗?"学生花了2分钟左右的时间，取了十来个名字，最后教师说"我们在科学课上叫它滴管"。在我们的课堂中经常有这样的多此一问，大家不妨仔细想想，你的课堂提问有多少是有意义有价值的?

思考二：把简单的问题复杂化

这种情况也是我们科学课中比较普遍的现象，我们本来可以用非常简单的话语把学生引导到科学的探究活动中，可是就是因为教师的提问，把简单的东西复杂化了。比如在磁铁的性质中，老师有这样一问，刚才大家用磁铁吸引周围的物体的时候，为什么都拿两头去吸引呢，它们的成效都一样吗？大家想想，手拿磁铁的时候，一般我们会怎样拿？当然是拿在中间或者一头，那么再用这磁铁去吸引其他物体的时候，当然用两头或者另外一头方便。其实，教师可以直接问，刚才我们知道磁铁有磁性，那么它各个部分的磁性都一样大吗？如果不一样，你认为哪里的磁性比较大。

思考三：问题没有明确的指向性

有些老师认为新课程就是多给学生一些开放性问题，让学生能有足够的空间去想象，但是科学等于文学吗？结果是很明确的。例："气球为什么会被吹大"、"气球的大小与气球的硬度有什么关系"。这两个问题中，前者是开放性问题，它的变量包括气球的材料、空气的含量、空气的可压缩性、吹气人的力气等。因此孩子们往往非常迷惑，难以把握。善于思考的孩子听到这样的问题的第一反应，很可能是不知所措；听惯了这样问题的孩子可能摸出了答案的规律，或者揣测老师的标准答案，不假思索反而答得对。而后者是封闭的问题，往往指向确定的答案。这样的问题有利于活动的设计、学具的选择，有利于教学目标的明确，有利于孩子们能够沿着活动所指引的、而不是教师规定的目标，顺利地达到认知的彼岸。

思考四：问题与教学内容的关系

科学教育的终极目标——"科学素养"由三部分组成：知识、方法和态度（价值观）。在美国《国家科学教育标准》中提出的统一的科学概念和过程体系，主要包括"四大概念体系"：形式与功能，变化与守恒，演变与平衡，系统、结构与秩序。一般来讲，概念体系难度逐步加深，对于小学阶段的孩子来讲，一般情况下一节课只能围绕着一个概念体系进行。然而，在实际教学中这两点往往难以把握。如教学《被压缩的空气》一课中：

师：(出示篮球，扔在地上)这个篮球为什么会弹起来？

生：因为你扔下去所以会弹起来。

生：你在里面打了气。

生：因为这个球是皮做的。

……

这里就把科学问题和教学内容的关系倒过来了，换句话说，人类是先认识空气的压缩性，后去制造篮球。因此，简单地讲，我们的孩子先应该学习空气的压缩性，然后才能学习篮球的制造原理。因为后者涉及到橡胶的性质、气嘴的构造等等。但我们老师很多时候却从引入生动、贴近生活考虑把最重要的科学问题和教学内容关系搞乱了。

总而言之，我们首先要明确什么是科学问题，分清科学问题与实际问题的区别；认识到科学问题是为了寻找一种解释，而不是最终解决问题的方案；明确活动的教学目标设计是以发现科学问题、回答科学问题、形成科学概念为目的的，并且注意在整个活动过程中让孩子始终围绕着所关心的科学问题或目标进行。做到这一点，科学问题要具体、尺度要小且贴近孩子们的经验。实际上这也培养了孩子们对待问题的分析态度，而不是所谓的"综合"的、不求甚解的、"宏观"的态度。

二、把握小学科学课堂提问技能实施的要点

1. 优化提问质量，提问要有序、有数

问题的设计要按照课程的逻辑顺序，要考虑学生的认知顺序，步步深入，达到温故目的。前后颠倒、信口开河的提问只会扰乱学生的思维顺序。教师要充分了解学生的知识基础和认知规律，对学生已经掌握的内容，应不问或少问，以控制提问数量；对学生没有掌握的内容，则应优化提问质量，以培养学生思维的多样性和灵活性。因为提问次数过多，不但烦琐费时，而且会减少学生实践探究的时间。像上述《蜗牛》教例中，教师单"对蜗牛，你想研究什么"这一问题就花了半节课的时间，从而导致随后的探究过程草草收场，既费时又偏离了本堂课的教学目标。在控制提问数量的基础上，我们需根据本课目标，结合考虑时间、效率等因素，优化提问质量，将学生的思维尽快集中到要解决的主要问题上来。如《马铃薯在水中是沉还是浮》一课教学，大部分教师教学时在学生认为使马铃薯浮的那杯液体是盐水时，往往会这样说："好！那怎么来验证这是一杯盐水呢？"于是，就思考验证性的实验了。但如果我们能这样通过提问来组织教学：你能确定老师这杯水是盐水吗？在学生实验后再提供糖、味精让学生继续探索，然后追问："那么我原先的这杯使马铃薯浮起来的水到底是什么水？""既然你们不能确定是盐水，那么使马铃薯沉的那杯水又是什么水呢？"效果可能就不同了。因为在这个过程中，教师通过不断地提出富有价值和挑战性的问题，引发学生质疑，从而使学生达到像科学家那样真刀真枪搞探究的境界。

2. 提问的内容要深浅适度

提问内容太浅显，引不起学生思考的兴趣；超前的深奥提问又使学生不知所云。只有适度的提问，才能引发学生的认知冲突。当然，这个度要根据学生的整体素质而定。学生之间的差异是客观存在的。因此，在教学中，让哪些学生回答问题，值得深究。如果让一些学习困难的学生回答问题，往往会出现答非所问的尴尬局面。但如果只让少数尖子学生回答问题，那其他多数学生就成了陪衬，所以教师的课堂提问既不能太容易，影响学生思维能力的发展；

也不能太难,使学生无处下手。教师应根据班级学生的实际情况,来设计适合不同学生回答的基础性、提升性、拓展性问题。如《比较水的多少》一课中认识量杯的教学,若让学生观察量杯,说一说量杯的特点以及使用方法,则许多学生觉得难以回答,但如果改变一下提问的方式,效果就明显不同了:仔细观察量杯,想一想量杯与我们平常用的杯子有什么不同?为什么量杯的设计有这些不同呢?上台演示,说说你为什么这么使用?你们觉得他这样用法好不好?为什么?通过这样三个不同层次的问题,使全班学生都经历了一个科学探究的过程,比教师直接传授来得更有趣,更有效果。所以教师要根据学生的不同心理特点和知识掌握程度,做到提问难易适度,具有层次性。

3. 提问语言要有启发性

教师提问的语言要表述准确、精练,根据问题的深浅度适当加入启发性词句。同时要给学生思考的时间,提出问题适当的停顿便于学生思考;学生答完后再稍停数秒,往往可引发该生或其他学生的补充,这前后几秒钟的等待可体现学生的主体地位,不可忽视,也就是要掌握提问的技巧。如进一步追问,在教学《马铃薯在水中是沉还是浮》一课,当学生说出马铃薯会浮是因为放在盐水中的缘故时,教师不要急于表态,可以连续追问几个问题:"你是怎么知道的?说话要有依据,请说说你的理由。"这样可使学生深入思考问题。在《混合身边的物质》一课,可要求学生猜测80mL的水和20mL的盐混合成盐水是多少毫升后,进一步做出解释:你为什么这样想?迫使他去思考,进而认识到猜测不是毫无根据的胡猜瞎蒙,而要建立在一定的事实、逻辑基础上。或者给教学留个"小尾巴",在教学《热胀冷缩》结束,可让学生再次思考:学完这一课,你还有什么不明白的问题吗?促使学生继续提出新的问题:"空气受热,体积会变大,那有没有物体受热后体积会变小呢?""瘪了的乒乓球受热后会重新鼓起来,那鼓起来的乒乓球会不会又瘪下去呢?"……让学生回去继续研究,从而激发探究的兴趣。

4. 留有足够的时间

提问的等待时间有两种,一种是教师在提问后等待学生回答的这段时间,另一种是学生回答问题后教师作出反应前这段时间。研究表明,不管是哪一段时间,增加等待时间常常会收到意想不到的"事半功倍"的效果。若把等待时间增加三倍(3至5秒钟),学生回答内容会增加4至8倍,作出正确回答的学生人数也大为增加。同时学生的自信心增强,会更积极,课堂纪律也改善了。尤其是能吸引更多的成绩较差的学生参加。这样举手之劳的努力却能收到如此好的教学效果,我们何乐而不为呢?同时教师也要更耐心地听取学生的回答,要留给学生一定的时间去思考、组织、调整自己的想法。教育心理学表明,学生在回答问题这段时间往往是他们心理活动最活跃的时间,也是锻炼他们思维能力的大好时机,而我们如果不愿意等上几秒钟就不耐烦地打断他们的思路而急于转向另一个学生,这实在很可惜,更不用说对这些学生自信心和自尊心的损伤了。从建构主义理论来看,教师不是判定学生"对"与"错"的法官,而是应该更像一个学生学习的引导者,用各种方法耐心细致地去启发他们的积极思维活动。

5. 反应要及时

对学生的回答教师要作明确的反应,或肯定、或否定、或点拨、或追问。恰当的反应可强化提问的效果,同时要重视学生的反应,鼓励他们质疑问题作深层次思考,调动学生积极思维。虽然教学中大多数的小学科学老师对学生的回答能给予判断和鼓励,但总的说还是缺少针对性,"很好"、"棒极了"这些模糊性语言成了课堂评价的流行语。教师对学生回答的反应缺乏追问、扩展延伸。如《比较水的多少》一课教学,教师通过学生的汇报,发现各组学生比较水的多少方法都只有一种,没有达到自己的预期效果,这时就须发挥教学评价功能,组织学生对不同的方法进行评价:哪个组的设计最严密?哪个组的器材最简单?哪个组的实验步骤最少?并在此基础上激励学生继续寻找新的方法。而不要总是用"大家的想法都很好"之类的语言去评价学生的表现。另外,对学生的回答做到即时评价,并纠正只选择几个学习成绩好的学生来回答问题的做法,以激发其他学生的自信心和学习积极性。

三、掌握小学科学课堂提问技能的原则

1. 有效性原则

只有获得真实信息反馈的提问才会有效。一些教师热衷于课堂上的热烈场面,殊不知善于揣摩教师心思、投其所好的学生齐声回答并非整体性效果,有时甚至掩盖了真正的无知,这样的提问是无效的。避免教师提问过多,学生提问过少。课堂教学中一般有以下问题形式:质问、反问、追问、直问等,不同的问法可以引发学生不同的思考,同样也就产生了不同的效果。教师在教学中要能灵活运用多种不同的问题形式,去有效调控学生的研究进程,进而取得理想的课堂教学效果。提问的形式要符合实际情况。如提问要符合学生实际、教师实际、教材实际、当地教学条件实际情况等,这些将会影响到实际的教学效果。如《地球上的水》一课中,一位教师让学生做实验。取一杯水、一汤匙水、在掌心滴一滴水,告诉学生地球上的水相当于一杯水,其中淡水只相当于一汤匙水,而容易开发利用的淡水只相当于一滴水,这一滴可利用的淡水还被不同程度地污染了。学生做完实验后教师问:"同学们做完实验后有什么感受?"学生有的回答手有点凉,有的回答我感到水会流淌,有的回答我感到手湿漉漉的。这些回答显然不是教师所期望的,是什么原因造成这种情况?我想这跟教师提问的形式、时机有关。本来做这一实验的目的是让学生感受到地球上的可利用的水非常宝贵,而学生的回答跑了题,如果让学生亲眼欣赏几个浪费水的录像片断,亲自考察当地水资源的使用情况,再来提这一问题,恐怕想不让学生说感受都不行了。

2. 科学性原则

所提问题必须准确、清楚,符合学生认知特点,适应学生已有的认知水平,切忌含糊不清、模棱两可的问题;问题的答案应该是确切的,即使是发散性问题,其答案的范围也应在预料之中,要避免答案不确定或超出学生认知水平的问题。避免提问浅层化,不能充分考虑学生年龄差异和问题没有明确的侧重点。如《生活中的静电现象》教学伊始,有的教师在介绍一个科学问题时喜欢用"同学们你们知道什么是静电现象吗"这样的提问来作为开场白。而实际上学生还没有理解这个概念,他们如何能回答呢?不如问"同学们我们在脱毛衣和梳头发时会有什么现象?"这样问就比较能引起学生的共鸣,调动他们的学习积极性。

3. 层次性原则

提问的深度来自问题层次的高低。模式识别、知识回忆、形成联系类的问题是属于低层次的机械记忆问题,其主要特征在于问题答案的信息形式局限于课本知识的范围;而综合理

解、分析应用、总结评价类的问题属于高层次的认识问题,其根本特征是问题的解答必须通过比较、分析、对照、总结、扩展、应用等方法,改变已知信息的形式或组织结构,经过高级认知思维方可得出。如在《认识岩石》一课中,可设计以下思路:首先用录像引入并质疑:你认识哪些岩石?它们有什么特点?你还知道关于岩石的哪些知识?紧接着让学生对自己带来的岩石样品进行研究,以小组实验形式来分析岩石的特性,认识它们的名称,了解一般岩石标本的制作过程。最后对所学的知识拓展:岩石有何作用,有何价值?你知道"水滴石穿"的故事吗?这说明了什么?心中有这几个问题,再去灵活巧妙地设计教学过程。大房子框架有了,接下来的任务就是让学生搬砖弄瓦,积极投入"劳动"。整节课围绕认识岩石开展活动,培养了学生自己动手、自己发现和获取知识的能力。

4. 整体性原则

提问的目的在于调动全体学生积极的思维活动,不应置大多数学生于不顾而形成"一对一"的问答场面。先点名后提问的形式也达不到整体性效果。在课堂上常常可以听到许多低效甚至是无效的提问,也常常可以听到许多教师喜欢重复学生的发言。教师的问题、语言艺术性对学生的发展起关键作用,主要表现为问题的煽动性、幽默性、精练性、概括性等方面。对课堂教学时间作了定量分析,可以发现课堂上教师和学生的语言时间占了课堂教学时间很大的比重。显然,教师的问题、语言要精练,言简意赅,学生才能拥有自己的时间去思考、去提问、去解决问题。所以教师的提问数量更应力争做到少而精。

四、小学科学教学提问过程的构成

从对教师的最初提问的反应、回答,再通过相应的对话,引导出事先希望得到的回答,并对学生的回答给予分析和评价,这个过程称为提问的过程。提问过程可分为以下几个阶段:

1. 引入阶段

教师用不同的语言或方式来表示即将提问,使学生对提问做好心理上的准备。因此,提问前要有一个十分明显的界限标志,表示由语言讲解或讨论等转入提问,见表 8-1。

表 8-1 问题的设计与构思

问题序号	提问目的	问　　题	提问的过程	预想学生反应
1				
2				

2. 陈述阶段

陈述所提问题并做必要的说明,(1)点题集中(引导学生弄清要提问的主题,或使学生能承上启下地把新旧知识联系起来)。(2)陈述问题(清晰准确地把问题表述出来)。(3)提示结构(教师预先提醒学生有关答案的组织结构)。

3. 介入阶段

在学生不能作答或回答不完全时才引入此阶段,教师以不同的方式鼓励或启发学生回答问题,主要考虑以下五个方面:(1)核查:核对查问学生是否明白问题的意思。(2)催促:让学生尽快作出回答或完成教学指示。(3)提示:提示问题的重点或答案的结构。(4)重复:在学生没听清题意时,原样重复所提问题。(5)重述:在学生对题意不理解时,用不同词句重述问题。

4. 评价阶段

当学生对问题作出回答后,教师以不同的方式处理学生的回答,主要有:(1)重复——教师重复学生的答案。(2)重述——教师以不同的词句重述学生的答案。(3)追问——根据学生回答中的不足,追问其中要点。(4)更正——纠正错误回答,给出正确答案。(5)评价——教师对学生的回答进行评价。(6)延伸——依据学生的答案,引导学生思考另一个新的问题或更深入的问题。(7)扩展——就学生的答案加入新的材料或见解,扩大学生成果或展开新的内容。(8)核查——检查其他学生是否理解某学生的答案或反应。

【知识导航塔】

一、提问技能的理论基础

1. 皮亚杰的平衡化教学过程

皮亚杰把儿童在各个阶段的逻辑叫作"图式",完全按这一图式逻辑解释外界刺激的意义,谓之同化。但是当儿童能动地作用于外界,发现在他的原有图式中不能同化外界刺激时,儿童就得变更图式本身,这就是调节(或称顺应)。新的图式产生以便同化外界,形成一种平衡状态,这个过程就是平衡化过程。新的图式是否能够产生,不仅与外界刺激有关,而且还取决于儿童所处的心理发展阶段。以这一理论为基础的教授过程称为平衡化教学过程。这一教学过程有三个要点:(1)在同化作用中,摄入外界的图式是必要的。向学生提示与其原有的图式全然无关的教材,不会产生同化作用。更通俗地说,考虑到儿童的发展阶段与思维方式的教材提示是重要的。(2)促进调节作用的教材提示,会引起发展。只有同化不会产生发展。提示出高于学生思维水平的教材,使学生产生认知矛盾,可以促进学生认识的发展。(3)这种不平衡状态是不稳定的、不快意的、总要求得平衡状态。这就叫做平衡化过程。在皮亚杰看来,有效的教育操作,最终是要使学生产生不平衡状态,而适当的平衡状态是否产生,则依存于学生各自的发展水平。所以说皮亚杰的理论是教育依存于发展的理论。

皮亚杰的理论对提问技能如何才能引起学生有价值的思考有指导作用。"发展阶段说"说明提问中对学生所要求的思考任务应该符合学生相应发展阶段的思维方式。这包括在一系列的提问中,那些用学生已有的图式就可以完全同化的问题也是有价值的,例如回忆性的问题。而且在一个问题中,问题的条件应该是学生已有的图式可以完全同化的。

2. 加涅的探究学习理论

加涅的探究学习理论是在以信息处理的观点、以教学设计为目标的学习心理学基础上发展而来的。探究学习与许多国家倡导的发现学习、学习方法学习、主体性学习、范例学习等等都可以列入发现学习的范畴。按布鲁纳的话来说,"发现学习就是以培养探究性思维的方法为目标,以基本教材为内容,使学生通过再发现的步骤来进行的学习"。从以上的表述我们可以看出,发现学习不排除传统教学中掌握知识的重要性,同时强调学生通过再发现的亲身体验,培养探究思维方法和探究态度的重要性。由此可见,发展学生的认识能力是指在认识学科的基础核心知识的过程中培养探究方法和探究态度,这也是提问技能的基本任务。

加涅的探究学习可归结为以下几点:

(1) 加涅指出,学习是分阶段地进行的。学习某一课题时,必须决定其前提条件——初始能力,进而设计学习活动的全部结构。学习者要接受根据设计好的学习过程作出的分阶段的指导。这样,有计划的教学才能收到成效。这一点,是同布鲁纳主张的自由度高的发现学习不同的(我国的教改经验表明,在教师指导下的学生发现有较高的成功率,自由度很高的学生独立发现很难把握,而且,只有在经过一定训练之后,才有可能成功)。

(2) 某一种学习是否成立,可以从学习者的初始能力与终结能力之间的差异加以判断。因此,在制定教学计划时,不仅要揭示学习者的初始能力,还要揭示可以预期的终结能力。一切的学习活动都是以终结行为为目标展开的,这就是教学中的行为目标。所期望的能力的行为愈是具体地描述,就是愈佳的行为目标。

(3) 要有效地实现学习的最高类型——问题解决,就必须预先掌握大量的系统知识和能力。就是说,作为问题解决的条件,必须系统地学习基础知识,培养基本的智力。在加涅看来,知识和能力密切相关,而知识是在能力培养过程中加以掌握的。

(4) 不排除教师的适当的指导,保障学生自由活动的教学设计,是探究学习的最大课题。探究学习的过程也就是信息加工的过程。

由于加涅的探究学习是建立在信息加工和教学设计的基础上的,所以在提问技能中如何对所要培养的学生认识能力进行目标分析和进行提问技能训练的教案设计,都有比较直接的指导意义。学生学习能力的培养并不是孤立的抽象的,而是在掌握知识的过程中形成的。所以,只有明确在认识和掌握知识的过程中有哪些一般的信息加工能力,以及知识目标与能力目标的关系,才能使提问技能的教案设计真正实现在掌握知识的过程中培养能力的目的。

二、小学科学课堂提问技能的功能

课堂教学实质上就是师生双方共同设疑、释疑的过程,以解决问题为核心展开的提问在教学课堂上的应用,可以起到强化知识信息传输,评价学生学习状况,调控课堂教学过程,沟通师生情感交流的功效。因此,提问技能具有"反馈、评价、激励、强化、调控"等多项功能。

反馈调控功能——反馈,是实行调控的必要前提。教师恰当的提问,可迅速获得反馈信息,并据此对教学进程作出相应的调整,当学生思维出现偏差和冷场时,教师的一个导向性提问可及时引发学生的思维活动,以此来控制教学方向。

评价功能——在教学过程中,学生的基础知识和技能掌握得如何?教学目标是否实现?目标达成度的检测等都有赖于形成性提问作出评价。

激励参与功能——启发式教学中,教师有目的的提问可以激发学生的主体意识,鼓励他们积极参与教学活动,从而增强学生学习的动力。

巩固强化功能——科学中的概念、法则的获得离不开发人深思的问题的启发,科学知识和实验技能的巩固强化同样离不开精心设计的问题的诱导。教师恰到好处的提问,不仅能激发学生强烈的救知欲望,而且还能促进知识内化,强化综合应用能力。

三、小学科学教学提问的类型和特点

在小学科学教学中,需要学生学习的知识是多种多样的,有事实、现象、过程、原理、概念、法则等;有的需要记忆,有的需要理解,有的需要分析、综合等;学生的思维方式也有不同的形式和水平。这就要求教学中所提的问题不能千篇一律,应包括多种类型。

根据提问的概念,提问的种类可分为检查知识和创造知识两大类。检查知识的问题一般只有一个正确答案,学习者用所记忆的知识照原样回答即可,不需要深入的思考,判断时也较容易,只简单地分为正确或错误,这类问题又称为低级认知问题。创造知识的问题在学习者的内心引起新知识的问题,通常不是只有一个正确的答案,答案需要学生自己思考出,判断时根据提问的意图,判断答案是否有道理,有无独创性。或者在几个答案中比较哪一个更好一些。因此,这类问题又被称为高级认知提问。低级认知提问和高级认知提问包括哪几类提问,它们的特点是什么,分述如下。

1. 低级认知提问

(1) 回忆提问——要求回答是与否的提问,或称为二择一的问题。学生在回答这类问题时不需要进行深刻思考,只需对教师提出的问题回答"是"或"不是"、"对"或"不对"即可。回答这类问题,一般多是集体应答,不容易发现个别学生掌握的情况。

简单的回忆提问限制学生独立思考,学生没有表达自己思想的机会,因而教师在课堂上不应过多地把提问局限在这一等级上。有些小学科学课堂看上去好像很活跃,师生之间好像交流很多,但仔细分析,学生除了回答"是"或"不是"外,很少有其他经过较高级思维的回答,是不可取的。但这并不意味着这类问题不能使用,只是应有所节制。一般用在课的开始,或对某一问题的论证初期,是学生回忆所学过的概念或事实等,为学习新的知识提供材料。

(2) 理解提问——根据学生理解程度的不同,理解提问可分为三种类型:用自己的话对事实、事件等进行描述,以便了解学生对问题是否理解。用自己的话讲述中心思想,以便了解学生是否抓住了问题的实质。对事实、事件进行对比,区别其本质的不同,达到更深入的理解。一般来说,理解提问是用来检查最近课堂上新学到的知识与技能的理解掌握情况。多用于某个概念或原理讲解之后,或课程的结束。学生要回答这些问题,必须对已学过的知识进行回忆、解释或重新组合,因而是较高级的提问。

(3) 运用提问——运用提问是建立在对一个简单的问题情景,让学生运用新获得的知识和回忆过去学过的知识来解决新的问题,科学概念教学常用这类提问。

2. 高级认知提问

(1) 分析提问——分析提问是要求学生识别条件与原因,或者找出条件之间、原因与结果之间的关系。因为所有的高级认知提问不具有现成的答案,所以学生仅靠阅读课本或记住教师所提供的材料是无法回答的。这要求学生能组织自己的思想,寻找根源,进行解释或鉴别,进行较高级的思维活动。如果学生只是简单地回答,或者死记硬背课文中的有关内容,这不是高级思维活动。

(2) 综合提问——这类问题的作用是激发学生的想象力和创造力,通过对综合提问的

回答,学生需要在脑海中迅速地检索与问题有关的知识,对这些知识进行分析综合得出崭新的结论,有利于学生思维能力的培养。综合提问的表达形式一般如下:"根据……你能提出什么问题吗?""为了……我们应该……?""如果……会出现什么情况?""假如……会产生什么后果?"

(3) 评价提问——在分析提问或者综合提问后,无论答案怎样出色,都应要求学生分析其理由是否充分,结论是否正确,表达是否准确,对答案进行分析,估计其价值。杜威认为,在教学中应该鼓励学生进行判断和给出判断的理由,这样做会使他们回答问题时的理由十分明晰。因此,对评价提问的回答也是一种高级思维活动。在进行这种提问之前,必须让学生独立建立起正确的价值、思想观念,或者给出判断评价的原则,以作为他们评价的依据。评价提问的表达形式通常如下:

你同意……? 为什么?

你认为……? 为什么?

你相信……? 为什么?

你觉得……? 为什么?

你细化……? 为什么?

四、当学生的回答与教学目标不一致时怎么办?

时常学生的回答脱离教学目标或与教师预先准备的答案不一样,碰到这样的情况,教师该怎样处理?

《课程标准》明确指出:"教师是学生学习活动的组织者、引导者和亲密的伙伴,对学生在学习活动中的表现应给予充分的理解与尊重,并以自己的教学行为对学生产生积极的影响。"这就告诉我们,以学生为主体并不排斥教师的指导和引领。在与学生沟通交往的过程中,教育本身赋予教师一种特殊身份,虽然与学生是平等、民主的沟通交往关系,但教师同时又是"平等中的首席"。在教学中教师承担着把握教学方向的责任,这决定了教师不可能是一个放任自流的旁观者和毫无价值的中立者,而理应成为教学对话过程中的引领者。事实上,无论是教学目标的确定,还是教学活动的组织,都体现了教师的价值取向,纯粹客观的教学永远不可能存在。在课堂教学中如何发挥教师的引领作用,对学生的学习目标产生积极的影响,是每一个教师在教学过程中应认真思考的问题。

在课堂教学中,教师的引导主要体现在:一方面创设和谐的情境,促进学生合作学习,鼓励学生积极参与并主动创新。让学生在尊重中学会尊重,在批判中学会批判,在民主中学会民主,这本身就是教育者应该追求的教育目标。另一方面,面对争议,特别是面对一些需要引导的话题,教师不是以真理的垄断者或是非的仲裁者自居,发表一锤定音的裁决,而是充分行使自己的发言权,以富有启发性的真实发言为学生提供更宽阔的思路、更广阔的视野和更丰富的选择。面对学生的众多问题,教师要了解学生在想什么、怎样想的,并与之商榷,互相启发,互相补充和完善,明确我们下一步要做什么、怎样做,同时及时调整教学,把学生引领到所要研究的问题上来。

【任务接受所】

1. 在上《一杯水的观察》时,老师引导:你们对水的什么最感兴趣?我们这节课就来研究什么。于是学生在老师的引导下,提出要探究的问题五花八门,诸如:有想研究水是从哪里来的;有想研究哪些动物不喝水能存活的时间最长的;有想研究水会不会给我们带来坏处的;有想研究水到底是不是透明的;有想知道什么动物是怕水的;有想知道水能为我们人类做什么的;有想知道如果没有水,这个世界会怎样的;很多成语都用到水,有想知道为什么要用水来形容;还有想研究月球上有没有水的……

2. 在《馒头发霉了》这一课的教学中,一位老师设计了这样的问题:通过多媒体出示霉的图片,提问:你看到了什么?你知道这是什么吗?我们在生活中见过没有?你带来了什么发霉的物品?

针对以上材料,谈谈小学科学课堂提问"问题宜小不宜大,宜少不宜多"的原则。

【阅读资料】

用选择理论指导课堂

选择理论起源于美国精神病学家威廉·格拉瑟在20世纪60年代创立的一种成功的咨询治疗模式——现实治疗法,用于解释人类如何行动及其原因的心理学模式。以1998年格拉瑟的《选择理论》一书的出版为标志,其核心观念就是,"我们所做的一切都是我们的选择"。

1. 内部控制——一切行为源于自己的选择

选择理论强调人的行为是自己控制和选择的(内部控制),人只能控制自己的行为,不能去强迫别人。例如,我们接电话或者做其他的事,是因为当时该行为是我们最满意的选择,如果我们有更好的选择,我们就不去接电话。电话铃响仅是一种信息,我们能够相互给予的只是信息,信息本身并不使我们做出任何行为,而是个体对信息进行加工,进而选择如何去做。

2. 人与生俱来的五种需要——引导改变行为的基础

格拉瑟认为选择理论可以教给人们一种既不影响他人,又能满足自己需要的行为,因为人天生都被与生俱来的一种生理需要(生存的需要)和四种心理需要(爱与归属的需要、权力的需要、自由的需要、乐趣的需要)所驱动。这些需要必不可少,驱使人们终生做出行动来满足。当人们满足了一种或者多种需要时,就会产生快感。放弃学业的学生在学校里感到受煎熬是因为他们无法满足自己的需要,最终的结果就是辍学。

3. 人际关系的重要性——引导而非控制

格拉瑟认为,在五种基本需要中爱与归属的需要是最重要的,人们可以依靠与别人建立联系来满足自己的其他需要。格拉瑟指出不愉快并非心理疾病,而是由于不能与优质世界中的人建立亲密的关系。外部控制常用的批评、指责、威胁、惩罚、奖赏等方式,不仅不能让别人做出自己想要的改变,还会破坏现有的关系。选择理论教给人们的,就是通过改变自己的行为来建立"关心而不占有"的良好人际关系,强调教师应以关心、聆听、鼓励、笑对等温和态度为前提,用引导法对待学生。

4. 优质世界——个人生活的核心

选择理论认为,大脑中有一个小小的,记录了生活中人的基本需要得到满足的最佳方式的世界——"优质世界"。"优质世界"是一个人生活的核心,它以人类的需要为基础,又具有个人特殊性。优质世界中的信息分三类:最喜欢的人,最愿意拥有或经历的事情,最常遵循的想法和观念。其中最重要的是人。这些信息呈画面的方式,如果人们的行为使现实世界的人和事符合优质世界的某个画面,就会感到快乐。从出生之日起直至生命结束,人们一直不断地加深理解最能满足自己需要的东西。

5. 行为的基础——主动的行动与思考

选择理论认为,人的行为由行动、思考、感觉及生理反应四部分构成,比较容易选择的就是行动和思考。通过选择或改变行动和思考,可以间接选择或改变感觉和生理反应。人从生到死所能做的一切就是行为,所做的一切都是人们选择的(极少数情况除外)。因此,选择理论认为不愉快感觉是自己的选择,即负性情绪不会自己产生或存在,而是人们主动选择了抑郁、沮丧等行为。当然,人不是直接、主动地选择痛苦,而是选择让自己停滞不前,不再主动与他人建立良好关系,从而无法满足基本需要,进而感到痛苦。

用选择理论指导课堂。心理学研究表明,需要是个体活动积极性的源泉,是最根本的动力因素。选择理论对课堂管理的最大的启发意义,就在于课堂要尽可能通过各种策略让学生明白自己是行为的主体,注重创设条件让学生自由、主动地通过"选择"满足学生与生俱来的五种需要,避免传统教学注重外部动机的激励产生的问题(没有一种方法能保证肯定有效;事实上会阻碍学习;可能破坏人际关系),最终促进他们自主发展。

参考信息资源

【1】孙宏安. 新课程课堂教学行为创新. 北京:新华出版社,2005.

【2】《科学(3~6年级)课程标准》. 北京:北京师范大学出版社,2001.

【3】彭蜀晋,林长春. 科学课程与教学论. 北京:高等教育出版社,2005.

【4】《小学教学技能》课程大纲. http://www.teacher.com.cn/netcourse/tln018a/chapter/kcdg.asp

【5】http://www.risechina.org/(兴华教育网)

第九章　小学科学教学演示技能

课堂教学的演示是指教师利用各种教具、实物或示范实验,使学生获得有关知识的感性认识的教学方法。小学科学课堂教学演示过程主要是在教师、教具和学生之间进行的。在这一过程中,教师是直观信息的传递者,学生是直观信息的接受者,教具是直观信息的"载体"。可以说直观信息传递的效果在很大程度上取决于直观信息的选择及组合、直观信息的输入方法和技能、直观教具的制作技能等。

【观点演绎场】

△ 演示技能是教师进行实际表演和示范操作,运用实物、样品、标本、模型、图表、幻灯片、影片和录像带,以及指导学生进行观察、分析和归纳的方式,为学生提供感性材料,使其获得知识,训练操作技能,培养观察、思维能力的一类教学行为。演示是出现较早的辅助教学的一种方式,其目的是说明、印证教学内容涉及的重要事物,促进学生的理解或指导学生的实际操作。

△ 演示是教师用规范的操作来完成的,学生能观察到正确的操作技术和方法,这是培养学生实验技能的基本环节。用演示实验导入新课,能激发学生的好奇心,激发起求知欲。在学生解答习题时,教师亦可以根据需要,以做演示实验来启发学生解题的思路和方法。通过演示实验还可以向学生提出综合性较强的问题,以考查学生的观察、记忆、推理和判断能力。

△ 教学演示又称演示教学法,它是教师在课堂教学过程中,配合讲授和问答,向学生展示实物、模型、标本、画面或通过幻灯、投影、影视、实验等演示,说明有关事物的特点和发展过程,使学生获得感性认识的一种教学活动方式。教材内容中,有些物质或物质运动状态因受条件限制是肉眼看不到的。例如,有些工农业生产知识,如硫酸的工业生产,教师可以运用适宜的直观教具,通过幻灯片、影片和录像片等,在课堂上使演示的实物和实验展现真实情景,帮助学生领悟新知识和概念。

△ 演示实验是创设一些特定的条件,重现大自然某些自然现象,配合教学内容由老师操作的示范实验。小学科学课中所讲授的很多自然现象,大多是学生在生活中无意识、不自觉的感受,有的还是学生没感受过的。它能化抽象为具体,化枯燥为生动,把要研究的科学现象清楚地展示在学生面前。能引导学生观察,并进行思考,配合讲授使学生认识科学概念和规律,达到事半功倍的效果。演示技能具有以下功能:辅助功能,启迪功能,直观功能。

△ 教师课堂演示实验在教师的精心准备下,控制了实验需要的条件,实验现象非常直观,学生观察到的现象明显,充分体现教师的主导作用。但是,其优势又恰恰是教师演示的缺陷

之所在,教师演示避免了许多不该出现的现象,如果让学生在自己的认知水平上去操作,出现问题后教师及时加以引导,可能使学生印象更深刻、理解更透彻。学生观察教师演示时参与的主要感觉器官是眼睛,有只看热闹看不出门道的感觉,显得单调无激情,易生乏味感,观察之后没有自己动手来得深刻,易遗忘。

【教学案例园】

案例1：苏教版小学《科学》三年级下册《水的浮力》

用橡皮泥做成小船,让其漂浮在水面上,而后将它捏成一个小圆饼,放在水面上,它随即沉入水底。引发学生思考：小船浮在水面上肯定是受到了水的浮力。而变成小饼的橡皮泥下沉又是否受到水的浮力呢?为什么?然后通过学生的再观察,小组讨论,提出研究的问题,激发学生探究的兴趣和欲望。

案例2：苏教版小学《科学》四年级下册《骨骼》

一、创设情境：

教师：同学们,今天老师给你们带来一位朋友,想知道是谁吗?那他住在什么地方呢?请看大屏幕。(出示课件)

教师：是谁?对,他就是我们的朋友骨骼先生。(板书)谁能说说骨骼现在住在哪里?他是什么样的呢?

小结：骨骼虽然样子有点可怕,但是他确实是我们的朋友,这节课就让我们来认识这位朋友吧!在认识他之前,你有哪些问题想问他呢?又想用什么办法来解决呢?

二、探究骨的数量及特点

教师：骨骼隐藏在我们身体的内部,难以直接用眼睛观察,你觉得可以用什么方法来研究我们的骨骼?

学生交流方法。

实践活动：摸一摸我们的骨头,你可以感知到些什么?

学生汇报、交流。

教师：你知道我们的身体里有多少块骨头吗?你能摸到多少块?

布置任务：把我们全身的骨头分成四部分——头、躯干、手臂、大腿。分组各摸一个部分,看能摸出几块骨头。比一比,看哪个小组分得清、摸出得多(学生分组活动：摸骨数骨)。

汇报交流活动情况。

课件出示：数一数一共有多少块骨?

每小组提供四幅图片,分别是骨骼的头部、躯干、手臂、腿脚(课件)。请你们分好工,每人数一部分并做好记录,数完后,在你自己身体上找一找这些骨。把找到的骨用彩笔在图中做标记,注意观察各个部分的骨的形状的大小和位置。

学生分组进行自主探究,学生汇报。

  教师小结:课件出示。
  动手做:拼装人体骨骼的模型图片。
  出示人体骨骼教学挂图,比一比:你拼对了吗?
  小结:骨骼是人体的支架,成年人一般共有206块骨头。这些骨头是有规律地组合在一起的。
  了解骨头的结构。(1)观察活动:出示猪的腿骨解剖图,观察骨头的结构,说说骨头是由哪些部分构成的。(2)讲解骨头的结构组成:骨密质内有一些细小的导管,将骨表面的血管和神经与骨中的活细胞连接起来。骨头中间有一种软组织叫骨髓,它能制造血细胞。

【分析反思亭】

案例1:演示实验既要注意"激发兴趣",又要"自然生疑"。

案例2:《骨骼》一课是中年级教材中教学难度较大的一课,主要是由于骨骼在身体的内部,学生在学习这一课前关于骨骼的感性认识很少,要在一课时的教学中让学生对纷繁复杂的全身骨骼及其作用有一个全面正确的认识,难度大是显而易见的。

一、小学科学课堂教学演示技能的类型

1. 直观教具的演示

  直观教具的演示是指借助照片、挂图、板画、标本、实物、模型等为辅助手段来创造直观形象的教学。实物是生动性和真实性最强的演示材料,最能反映事物原本的属性。但受时间和空间等条件的限制,不易在课堂中充分利用,也不易使学生一下子把握其内在特征。标本是指经过特殊处理的保持实物原样的动物、植物或矿物等。它不受时间和空间的限制,而且便于观察,例如生活在海洋里的生物(如海星、海胆、海龙、海马等),体内寄生的生物(如蛔虫、绦虫等)以及分布在远方的动植物体。另外,需要在自然界长期观察的对象,如蚕和蝌蚪的发育,用标本都可以收到良好的效果,既缩短了时间,又为观察提供了方便。但它也不易使学生把握事物的内在特征。模型与实物、标本不同,它不是实际物体的本身,而是根据教学的需要,以实物作为模型,经过加工而模拟制成的仿制品。它可以是原形的扩大,也可以是原形的缩小。虽然模型的真实性较之实物、标本要差些,但可以帮助学生认识学习对象的立体外型,还能向学生揭示物体的内部结构。例如:在讲人体的骨骼和人体的循环系统时,只要将模型在课堂上展示,复杂的人体骨骼和血管内脏就历历在目。另外,模型在从宏观和微观两个方面表现物体,帮助学生理解教学内容上,也具有特殊的作用,如分子结构模型、发动机模型、沙盘模型等。挂图是教学中最早使用的一种教学手段。它不但制作方法简单,而且图的形式可以灵活多样,使用时不受地点条件的限制。挂图一般包括两类:一类是正规的印刷品,一类是教师自制的简略图、设计图、结构图、分类图、表格图和象形图。

2. 实验演示

实验演示可以深入浅出地揭示颇为抽象的科学现象，展示事物的复杂过程，给课堂教学增趣添味。实验演示有三个方面突出的特点，即科学性、直观性和启发性。课堂教学的实验演示从目的上来看，可分为获取新知识的演示实验和验证、巩固知识的演示实验两种；从内容范围上来看，可以演示实验的全过程，也可只演示实验的开始或实验的结果，即演示实验的片段。

传授新知识的实验演示，即通常所说的边讲解边演示。从逻辑上看，这是从特殊到一般的教学过程。对这种演示我们需要注意的是：在演示前，向学生说明他们不懂的仪器设备、使用操作方法及注意事项。在实验中要努力引导学生观察实验的详细过程，注意实验的条件和产生的主要现象，使学生看懂实验。实验结束后，应启发学生试做结论，解释实验现象并把从个别实验现象中所得到的结论推广到一般或同类其他事物中去。最后让学生用文字或图表等形式把实验结果记录下来，以巩固所学知识。

巩固知识的实验演示。这是以验证和巩固知识为目的而进行的，即通常所说的先讲解后演示的方法。从逻辑上看，是由一般到特殊的教学过程。这种方法是教师上课首先讲述或用各种直观教具辅助讲解新知识，学生从理论上了解后，再进行实验演示，以验证和巩固所学的知识。巩固知识的演示可采取以下三种方法：在演示前，教师向学生指出要做什么实验，然后引导学生运用刚学过的理论，预测将产生什么结果，道理何在，再开始实验；二是教师指出要做什么实验后，不告诉实验结果，让学生在实验中细心观察，实验完毕时，让学生解释为什么会产生这种结果；三是实验之前，向学生说明打算做一个产生什么结果的实验，让学生讨论做这个实验需要什么条件，怎样做才能产生预期的结果，实验后，也应让学生用文字或图表等形式把实验结果记录下来。

实验片段的演示。在科学课中，有些实验需要较长时间才能完成，在课堂上只能演示实验的一个片段。如果是演示实验的结果，在实验前应首先介绍前一段的实验情况，并用挂图、黑板画、电视录像等帮助说明。如果是演示实验的开始，实验的结果让学生课后去观察。教师需要对学生的课后观察拟订详细的计划，并且计划中避免结论性，以防个别学生不进行观察而估计出结论。

3. 电教媒体的演示

电教媒体的演示是指运用幻灯、录音、录像等现代化的电化教学手段来创设情境。它通过形、声、光、色的相互作用，产生极强的直观效果，使学生眼、耳、口、脑等多种感官参与活动，有利于学生全方位地理解教学内容，进入情境，受到感染。

二、懂得小学科学课堂教学演示教具选择和组合的基本要求

各种教学演示教具对小学科学教学过程中兴趣的激发、知识的讲授、重点的突出、难点的突破、知识的复习巩固、技能的训练、能力的培养等具有各自不同的作用，有时甚至是不可替代的作用。同时教学实践和研究表明，直观教具不是越多越好。因此，在教学中，能否适当选择和组合教具也关系到教学效果能否得到切实的提高。在选择和组合教具时可以考虑以下方面的问题。

1. 演示教具的科学性

运用直接的物品进行小学科学课堂教学,对教学质量的提高具有明显的意义。但是,由于季节、地域等差异,如生物本身的大或小、性格的温驯或凶残、饲养或栽培的困难等等原因,在实际的教学过程中常常要用大量的间接的教学用具,例如,挂图、模型、多媒体等。这些教具虽然经过一些专家的审查,但是有时仍然会有一定的不足之处,因此,演示教具的科学性仍然应该给予一定的重视。例如有的教师在制作人在"吞咽"时会厌软骨的变化状况的教具时,为了方便,把会厌软骨"安放"在舌根上,这显然是错误的。在选择教具时就要摒弃这种可能带来副作用的教具。教具一般不会和教学物品的大小完全一模一样,但是,教具各个部分之间的大小比例应该符合要求,例如人体胸腹部内的脏器不仅形状应该像真实的脏器,相互之间的大小比例也应该基本相似;教具的颜色一般也不会和真实的颜色完全一模一样,但是,在可能的情况下,应尽量选择颜色比较真实的教具,例如,叶绿体一般应该是绿色的,心脏应该是红色的等,在自制Powerpoint投影片时,不能因为追求色彩鲜艳而随便"涂色"。这些也是选择教具时应该考虑的科学性问题。

2. 演示教具的实用性

选择教具时考虑教具和教学内容的统一性也是极为重要的。在选择教具时,还应该选择有一定大小、便于使用和携带、经久耐用的。例如,石膏质地教具应尽可能地避免使用等。

3. 演示教具的立体化和动态化

实践表明,立体感强、动态化好的教具能使枯燥的知识趣味化,抽象的概念具体化,深奥的道理形象化,对于调动学生学习的积极性具有重要的作用。例如,采用一张葫芦藓的挂图就不如采用一个纸板制作的葫芦藓立体模型生动。再如,若自制Powerpoint投影片讲授声波经耳廓收集传入耳内,并经过鼓膜和听小骨的传导进入内耳的动态过程,就会取得好的效果。

在教学过程中如何科学地组合各种教具也关系到教学效果的好差。少而精是科学的组合教具的首要原则。教具不是越多越好,只有遵循少而精的原则才不会使教具在演示中一闪而过,不会使教师在课堂上手忙脚乱,也不会使学生目不暇接。少而精的含义是紧紧围绕教学的重点和难点。其次是要合理安排在各个教学环节中使用最恰当的教具,这样才能使每个教具在各个环节上发挥最重要的作用。

例如,讲《根的结构》一课时,教师先拿出一个植株,让学生观察根的整体,有主根有侧根,并说明根的功能。然后,教师发给每个学生一株小麦幼苗,让他们观察根尖。学生从小麦根上找出根尖,同时用肉眼可大体观察根尖的各部分。在观察根尖的外部形态后,再转入微观,观察根尖的显微结构,先用挂图指明从根的纵切面自下而上可观察到根冠、生长点、伸长区和根毛区四部分。然后按顺序引导学生结合板图仔细观察各部分细胞的结构和排列特点。分析:这一节课虽然教具很多,但是在每一个环节上都发挥最重要的作用,在学生通过多层次观察掌握了根的结构的基础上,启发学生思考这种结构与功能的关系,这种有层次的直观教学,不仅促进了学生对知识的理解,而且逐渐培养了学生按照合理的顺序观察生物的能力。

三、小学科学课堂教学演示教具的基本要求

演示教学时目的必须明确。怎样演示才能达到目的,解决问题,学生要学习哪些知识,培养哪些能力,这是必须明确的问题。怎样演示,突出哪些现象,得出正确结论,这是教师要明确的,但在演示过程中让每个学生都要明白,演示不仅要指导学生观察,更重要的是要启发学生思维,分析现象,思考问题,让学生自己去得出结论,达到演示的目的。防止出现老师做、学生看,老师忙、学生乱;学生出于好奇想动仪器而未果,师生相互抵触;耍把戏、变魔术,脱离教学目的和内容;教师仅把演示实验看作是对科学知识的验证,而没有注意要对学生在观察、分析等能力方面的培养,"只演示,不探讨"。

1. 演示教具应在最佳时机及时出现

演示教具是一个直观信息输出和输入的过程,应该抓住最佳时机,适时展现。教具出示得过早或过晚,都可能影响教学效果。有的教师上课前就把挂图挂出来或把模型放在讲台上,学生一般把注意力放到教具上,而到该让学生观察教具的时候,学生已经对教具失去新鲜感,观察的兴趣也就降低了。有的教师在讲完课后才让学生观察教具,由于语言信息和直观信息不同时出现,必然增加学生信息接受的难度。演示教具的及时出现,还包括教具演示完后及时地移去,如果不及时移去,可能还会分散部分学生的注意力,影响下一阶段的教学效果。

2. 演示教具应有指导性语言的配合

演示教具的语言配合包括:启发性的引言(导言)、说明性的引言(交待)等。这样才能使学生从一开始就能正确地跟上教师的思路,正确地理解教师教授的知识,而不是糊里糊涂地听了一大段,却不知道教师讲的是什么。例如,有的教师在演示心动周期的示意图前说:"成人的心脏24小时内所做的工作,相当于把32吨的重物升高33厘米,并且不会疲劳。为什么会这样呢?请让我们一起来研究一下这幅挂图。"评价:这种"巧设悬念"以激发学生探索欲望的语言配合为教具演示的最佳效果做了极为重要的铺垫。学生的积极性调动起来,求知欲望高涨,自然会全神贯注于老师的每一言、每一行。

3. 演示教具应该面向全班,人人可见

演示物要有足够的大小;演示物应在全班学生可见的高度上;必须在适于视觉的可见度光线下进行演示,必须要衬以适当的背幕以突出演示物;对于较小的实物、标本或实验结果,由教师拿着巡回于座位间,轮流指导观察。有条件做到的,可以分发在学生桌上,每一两个人一套。

4. 演示教具应将来龙去脉指点清楚

演示教具应该按一定的顺序分层次进行,例如,可以根据学生的视觉习惯,按从上到下、从左到右、从外到内、从总体到局部、从宏观到微观的顺序逐步进行。在演示中,教鞭应该明确地指示在准确的部位,即要注意"点、线、面",同时要做好课前的试演。

四、小学科学教学演示中的观察效率

所有的教学演示行为,都需要引导或指导,因此,在进行演示技能的训练中,应该懂得观

察的含义,观察方法的分类,了解观察活动的特点,掌握常用的有效的观察途径。演示技能的基本任务之一是培养学生的观察能力,因此,有必要对小学生观察能力的培养途径进行探讨。

为了提高观察效率,需要掌握一些有效的观察途径。在小学科学教学中常用的观察途径有对比观察、归纳观察和全面观察等。

对比观察是通过对两个事物或两个现象的对比,或把某一个现象发生变化的前后情况进行对比,从而获得信息的观察方式。运用对比观察有利于掌握现象的特征,以及它与其他类似现象的区别。例如,观察盛有清水的圆柱状玻璃瓶能起到放大镜的作用的原理,可做这样的实验:找一个圆柱形瓶和一个方形玻璃瓶,在两个瓶中各倒入大半瓶水,把长铅笔插入圆形瓶中,观察水中的铅笔有什么现象?再把铅笔插入方形瓶中观察,有什么现象?如此对比观察,能突出插入圆柱形瓶中铅笔的水下部分变粗了,但如将铅笔插入方瓶中,水下那段铅笔的粗细不变。现象的差异,能激起学生的思维活动,寻找现象背后的道理。

归纳观察是指在对多个物质的变化或一类现象的某些特性进行观察时,先通过对个别现象分别进行观察,得到一些个别的结论,再通过分析归纳得出恰当的结论的观察方式。归纳观察,要有理论指导,得出的结论,需经科学的论证,并在实际中得到检验。

全面观察要求对观察对象的各个方面、各个部分、各个角度进行观察。对于静态物体一般采用沿空间分布的顺序进行观察。

【知识导航塔】

一、多媒体演示的传播学特性

多媒体演示教学是传播教学信息的方式之一,因而同样具有传播学的特性,其传播效果(即传播成功与否)一般可用传播学的评价标准来进行衡量,即"有效性"、"灵活性"、"说服力"和"传播成本"四个方面。

1. 教学信息传播的有效性

教学信息传播的有效性是指学生(受者)能在多大程度上获得教师(传者)所发出的信息。毫无疑问,一切传播活动所追求的终极目标是使受者能够原原本本地得到来自信息源的全部信息,但实际上却往往相差甚远。有研究表明,与大众传播(例如报纸、广播、电视)方式相比,课堂演示通常具有较强的有效性。这首先是因为课堂演示具有"现场直播"的特点,师生处在面对面的环境中,符合人类在身临其境的状态下对亲耳聆听和亲眼目睹的事物容易接受的感知特性。其次,课堂演示除了能够综合运用语言、文字、图形、图像、动画、图表等多种媒体形式外,教师的表情、语气、动作、仪态等行为语言也蕴含着丰富的信息,对学生有着很强的感染力,有助于增强演示效果。第三,课堂演示在信息传播过程中可为师生双方提供直接的、实时的交互渠道,教师可以随时调控信息传播的节奏和速率。第四,课堂演示针对性强,有的放矢,大大减少了学生的不确定性,易于提高传播的有效性。

2. 教学信息传播的灵活性

教学信息传播的灵活性是指在传播过程中内容和形式可灵活变动的程度。在课堂演示教学中,教师是演示活动的主人,可以说是"集编、导、演于一身",既是确定主题和组织内容的"编剧",又是制作演示文稿的"导演",还要作为"演员"去完成演示教学的全过程。与其他课堂教学方式一样,教师无论是在课前准备还是在课堂演示过程中,都会对演示内容和演示方式作出灵活的变动和处理。越是教学经验丰富的教师,越擅长于根据演示中的实际情况即席发挥,或根据现场的反馈信息及时调整演示内容和方式,从而使演示过程更加生动活泼。

3. 教学信息传播的说服力

说服力是反映信息传播效果的一个重要因素。教学活动属于"说明性传播",要想取得理想的效果,必须调动一切必要的手段,运用多种媒体形式,向学生提供详尽、丰富、直观、准确的数据资料,让学生顺利感知、理解所学知识。有研究表明,相对于大众媒体,多媒体演示教学这种传播形式在说服力上具有独特的优势,这是因为演示的对象是特定的,说服是直接的、面对面的,具有很强的针对性。此外,演示的有效性和灵活性也有助于加强演示的说服力。

4. 教学信息传播的成本

如果单纯从多媒体演示的设备投资来看,一套数万元的设备确实是不小的代价,教学成本似乎是比较高的。但如果把制作和发表演示文稿所需要的人力、物力与制作教学录像节目相比,前者可能还不及后者的零头。另外,如果能保证演示设备有较高的利用率,则分摊到每次演示教学上的费用便寥寥无几了。

应当说明的是,多媒体演示教学的实际效果(即演示水平和质量)归根结底还是取决于教师(演示者)的素质。同样的教学内容,一百个人的演示会有一百个样子,并且会产生一百种不同的效果,水平参差不齐。这是因为教学活动毕竟是人的个性化劳动,人的因素是第一位的,而演示设备和演示文稿只能对改善教学效果起到一定的促进作用。

二、小学科学课堂演示实验的要求

1. 明确演示实验目标,培养学生科学素养

新课程标准中提出,在小学科学实验教学中要培养学生动手实践、实验探究的能力。科学实验是帮助学生形成概念、理解和巩固科学知识,培养学生观察能力、分析能力和推理能力,培养学生实事求是,严肃认真的科学态度与科学方法的重要手段。演示实验对学生起着"言传身教"、"潜移默化"的影响。演示实验是通过课堂教师的演示来为教学服务的。通过演示,可极大提高学生的学习兴趣和求知欲。因此,教师在课堂上灵活运用"讲、写、做(教态、手势和表情等)、画(挂图等直观教具)、演(演示实验,展示样品、模型等)"五项基本教学活动,才能激发学生的兴趣,调动学生的全部感觉器官参加课堂活动,才能使他们根据课堂的直观演示活动,形成完整、鲜明、精确和生动的表象,并和言语相结合,产生理性的认识,从而学得深刻,记得牢固。

2. 规范操作,培养学生的科学态度

在演示实验时,选择合适的仪器也是非常重要的,在演示时应选择大小适当、比例协调、搭配合适、洁净的仪器。不用不合格的导管、打歪孔的塞子、裂口的烧杯等残缺的仪器。实验操作要规范、熟练,动作灵巧,节奏清晰,实验现象明确,结果准确。如果实验中出现意想不到的现象或现象不明显时,要找出原因,给学生做出解释。教师要考虑除大纲和教材中规定的实验外,还可以适当补充哪些小实验,或对现有的实验作必要的改进,以提高教学效果。例如

在讲蒸发吸热这一问题时,教师可用方座支架、小烧瓶、细玻璃管、有色水和小烧杯等组装一个伽利略气体温度计,用它来演示蒸发吸热现象比直接用普通温度计演示现象清晰、直观。要考虑在演示过程中如何引导学生观察,启发学生思维,最大限度地发挥演示实验的作用。

3. 演示速度适中,培养学生对科学的兴趣

在演示过程中为使学生看得一清二楚,演示要醒目,色彩要鲜明,尽可能展现科学现象的明显性、趣味性和启发性。在演示实验前,教师首先要通过对仪器的介绍和讲解给学生提供认识和了解仪器的机会,为正确使用仪器打下基础。演示速度一定要适中,太快,时间短,实验现象稍纵即逝,学生看不清。如太慢,时间长,必定分散学生注意力,也占用讲课时间,降低教学效果。教师要想方设法增大演示实验的可见度。投影放大,机械放大,自制可见度大的仪器进行演示等都是常用的方法。例如,在讲声音的传播一课时,用槌敲音叉,把音叉放在水槽里,这时候,可把放有水的水槽放在幻灯机上,全体学生就能看到敲动后的音叉放入水中时,水波在振动。如果把水槽放在实验桌上,只有前面的几个学生能看清楚,效果不太好。学生是学习的主体,演示实验不能先由教师做给学生看,再讲给学生听,使演示与讲解脱节。这种做法忽视了学生学习的主动性,把学生当作被动接受的"仓库",完全没有发挥出演示实验的作用,是不可取的。教师要在演示的同时引导学生观察,不断启发提问,让学生分析、讨论,充分调动学生学习的积极性,使实验结论合情合理地被推导出来。演示实验在科学课程标准中明确规定,我们应根据教学的需要积极钻研,明确演示目的,反复探索改进,认真演练规范操作,配合以具有启发性的讲解,引导学生观察、分析、抽象、概括得出正确结论,同时对训练学生实验操作技能,培养严肃认真的工作作风和实事求是的科学态度也起着重要作用。总之,运用生动形象的演示实验,结合巧妙的构思,利用灵活多变的教学方法,能够创造出多种多样的思维情境,有利于培养学生思维的自觉性和发展学生的思维能力。

三、适用"计算机辅助演示教学"的几种小学科学课型的主要特征

表9-1　适用"计算机辅助演示教学"的几种小学科学课型的主要特征

课型名称	课型特征分析	课例枚举
展示:"暗箱"现象	在科学学科的学习中有大量的客观事实是无法用语言或平面图进行解释的。如:天文、地层、人体内部生理现象等,教师可以通过合理设计、选择和利用模拟软件,帮助学生理解,实现幻灯、投影、粉笔、黑板等传统媒体无法实现的教育功能	《太阳》、《日食》、《月食》、《探索地球的秘密》、《人的血液循环》……
模拟:实验过程	在实验教学中有一个问题长期困扰着教师:学生在教师介绍实验材料和讲解实验要点时往往会把注意力放在桌面的实验材料上。心理学告诉我们,一个感官的刺激可以提高其他感官的阈值。在这种情况下,学生的视觉会对听觉造成很大的干扰,出现"该听听不到,该做做不好"的现象	《认识岩石》、《燃烧与灭火》、《空气的成分》、《光的传播》……

(续表)

课型名称	课型特征分析	课例枚举
揭示：内在规律	声学、光学、电学等课题在教学中要展示内在的客观规律和客观现象，如波的形式、光路等。这种微观现象在以往的教学中只能以简单的手绘图来表示。利用电脑可将其制成动画，将微观的过程以直观的形式展示，让学生获得深刻的认知	《光的直线传播》、《眼睛的科学》……
欣赏：自然生态	在科学学科中有大量欣赏大自然的美的课程。当然，能够把学生带到大自然中感受美，那是再好不过的事情。但是，在实践中往往由于时间和空间的限制，不可能把学生带到大自然中去。现在流行的教学设计是利用生物园进行学习，但这样有很大的局限性：无法建立生态系统的概念，无法认识珍稀动植物和大量的物种，无法体会大自然磅礴的气势，无法观察动植物的生长过程等等。而计算机辅助教学能变"死"为"活"，变"静"为"动"，集声、色、画、乐为一体，以绘声绘色、栩栩如生的形象生动地反映客观事物，实现形象的大小、远近、虚实、快慢、动静以及抽象与具体之间的转换，拓宽学生的思维视野	《美丽的大自然》、《我国珍稀的动植物》、《矿产》、《动物的进化》、《动物的驯化》
学习：探究活动	随着新的课程标准的颁布与实施，越来越体现出研究性学习在自然（科学）课程中的重要性。研究性学习强调学生在真实情景中的主动探究，但是在实际教学中，由于教学条件和学习时间、空间的限制，完全在现实场景中实施研究性学习是不太现实的。信息技术为研究性学习的顺利实施创设了良好的条件。计算机网络以其便捷性、交互性和超越时空性等优势，创建了一个开发式的学习环境，网络资源和多媒体网络环境成为实施研究性学习的重要物质条件	《空气的污染和保护》、《水的净化》、《保护大自然》、《植物与环境》、《动物与环境》……

【任务接受所】

针对以下两教学片段，谈谈对小学科学教学演示的认识。

1. 小学科学课《岩石》教学片段

（1）播放千姿百态的地形地貌。看一看常见的岩石。学生欣赏，与小组内的同伴交流：地球表面的形态特点怎样？谈谈自己的看法。简介：我们在山坡上、悬崖边、海滩旁等等，到处都能看到各种各样的石头，这些石头就叫岩石，其实我们地球表面可以说是由岩石构成的。岩石的种类很多,有的裸露在表面,来自高山;而有的是覆盖着,来自水中、土壤下等等,各有各的特征。

(2) 交流关于岩石,你都知道些什么?

(3) 教师出示各种各样漂亮的卵石标本或由学生自带的卵石标本。让学生欣赏,把自己的感受告诉大家。

(4) 看到如此绚丽多彩的卵石,你想说些什么?最想了解什么?

(5) 教师搜集各小组的研究问题,归类板书。

2.《使沉在水里的物体浮起来》教学片段

(1) 出示"橡皮泥"、装水的水槽。把橡皮泥放入水中会怎样?(学生猜测)放入水中沉下去了。你能让橡皮泥浮起来吗?学生上台试试(把橡皮泥做成"碗状"浮在水面)。

(2) 教师谈话:出示一个土豆,如果把它放入水中,你们认为土豆会沉下去还是浮起来?(学生发表自己的看法:沉、浮)

(3) 演示把土豆放入水中——土豆沉在了水中。

(4) 提问:橡皮泥可以改变形状让它浮起来,而土豆不能改变形状,你们有没有办法使沉在水中的土豆浮起来?

【阅读资料】

谈小学科学演示实验

一、小学科学演示实验设计与教学的基本要求

演示实验是指在课堂上配合教学内容,由教师操作表演的实验。演示实验在设计和教学方面的基本要求有三条。

(一) 确保成功

成功的演示以令人信服的深刻印象,保证教学顺利进行。失败的演示,即使第一次失败,也很容易转移学生的注意力,引起学生许多不必要的疑虑,增加教学的阻力,使教学效果变差。怎样才能确保成功呢?

首先要切实掌握实验原理。例如静电演示实验历来被许多教师视为畏途。静电学的内容比较抽象,离不开直观的演示,但是实验往往又不容易成功,因此,分析静电实验的特点,把握静电实验的关键,研究实验的方法,是十分必要的。静电实验通常有三个特点:一是压高,电压可以高达数千伏甚至几万伏,使在通常情况下的绝缘体,如木头、玻璃、橡胶等都变成了导体;二是量少;三是易漏。因此做好静电实验的关键首先在于解决绝缘问题,防止压高量少的电荷流失。其次确保演示实验成功要认真做好演示前的一切准备工作。准备工作一般包括:

1. 选择仪器装置,熟悉仪器装置的构造、原理和性能,熟练实验技术,做好预演工作。

教师要亲自用这些仪器装置做几遍,从而熟悉技巧,并及时发现仪器、装置有无毛病或问题,及时检查、修理,改进或校正仪表,并充分估计课堂上可能出现的故障,考虑好应急措施。

2. 了解、掌握实验的准确程度,找出产生误差的主要原因和减少误差的方法。

3. 估计和掌握实验时间。

4. 认真设计演示过程中如何引导学生进行观察,什么时候提出什么问题,启发学生积极开展思维活动,实验中要注意些什么,等等。教师在备课时都必须做到心中有数、胸有成竹。

值得指出,在演示实验教学过程中由于各种意料之外的偶然原因会导致实验失败。出了问题怎么办?一要实事求是承认失败;二要镇静,保持清醒的头脑,争取迅速从中找出失败的原因,确保第二次演示成功,变坏事为好事,把排除故障的过程变成教育学生的过程。如果当堂课不能反败为胜,则应向学生表示歉意,保证下次成功补做。那种文过饰非、托词搪塞,或者违背实验事实编造一个假的数据的做法不仅得不到学生的谅解,在学生中造成很不好的影响,也是与师德要求背道而驰的。

(二)简易方便

演示实验要做到三个简单,即仪器结构简单、操作简单和由演示现象到得出结论的过程简单。

(三)现象清楚

演示实验的成功与否在很大程度上取决于实验现象是否清楚。

1. 尺寸够大、位置够高。为了让全班学生都能看清楚教师的演示,要求仪器的尺寸尽可能做得大一些,像大型示教电表、演示用弹簧秤、游标卡尺和螺旋测微器模型等等都是为了使现象清楚而设计制作的大尺寸仪器。原则上能采用大型仪器演示的决不要换用小的。有些仪器不宜做得太大,此外有一些科学现象所能显示的变化本来就很微小,为了使演示实验现象清楚,就有必要采用各种机械放大或光放大或电放大装置,或采用间接显示的方法。

2. 图像要竖直、运动方向应取横向。许多演示实验,如:线路都平摊在桌面上,那么各种元器件及仪表的连接方法学生就看不清楚。采用平面镜反射的方法不如采用竖直放置的示教板现象更清楚。示教板有条件的可做成多功能的或拼装式的,便于一物多用,充分发挥效益。示教板上的一些关键部件不必预先连接好,应该在演示时当堂边讨论边连接,可以提高演示效果。

3. 背景衬托。一般要求实验研究对象色彩与背景色彩有较大的反差,会引起较强的视觉印象。也就是加大对比度、增强直观性。

4. 采用对比表演手法。包括自身对比和相互对比两种。自身对比就是将同一仪器装置,改变一下其中某个条件,前后做两次实验,进行对比。

二、加强和改进演示实验教学的若干问题

(一)提高演示实验的生动性

设计和选择演示实验,要尽量做到生动、有趣。这样的演示实验能够最大限度地调动

学生学习科学的积极性,充分发挥学生非智力因素的潜能,留给学生的印象也是终身难忘的。

学起于思,思起于疑。设计演示实验应以"趣"、"疑"、"难"为诱因,趣中涉疑,发掘问题;疑中涉难,引导思维,造成一个向未知境界不断探索的学习环境。生动的演示实验是举不胜举的,例如:"筷子提米"、"纸锅烧水"、"一纸托千斤"、"一指断铁丝"、"打不死的李逵"等等。正像美味的菜肴总是注重色、香、味俱全,同时作用于人们的多种感官,使人产生美的感受,演示实验也要尽量搞得有声有色,例如用鸡蛋演示物体的惯性、保险丝的熔断、尖端放电等等,都是典型的例子。

必须指出:演示实验的生动性决不等同于哗众取宠,变魔术,玩杂技,那些低级、庸俗的东西决不允许进入神圣的课堂,生动性必须服从于科学性。

(二) 增强演示实验的科学性

演示实验的科学性问题有着很丰富的内涵,每个演示实验的目的要求是否紧紧围绕教学内容,教师实验操作是否规范,演示实验的操作如何与推理相结合,演示的方式方法是否合适等等都是属于科学性的范畴,这里我们只谈谈根据不同的教学目的、要求和教材的内容、特点以及学生的实际状况决定的演示实验的几种常见方式。

1. 单个实验的独立演示方法。单个实验一般只能起一种作用,演示时首先要介绍实验的装置,给学生指明观察的对象和重点,还要引导学生在观察现象的基础上做思维加工。

2. 多个实验的综合演示方法。多个实验从不同角度、不同侧面阐述同一教学内容,通过分析和推理,建立概念或导出规律。这类演示对每一个实验都要有具体的目的,并安排好实验的顺序和方法。首先把直观的材料作为培养学生知觉、观察力的材料,引导学生仔细、准确地进行观察,训练学生用科学的语言描述,并解释所观察到的现象,得出应有的结论。

究竟一堂课的演示实验是多几个好,还是少一些好?这应该根据课题的特点来确定。有些概念和规律是从大量的科学现象中归纳、概括出来的,非得用较多的演示实验,否则不足以形成概念或导出规律,这时演示实验就要多选几个典型的、效果显著的实验。至于一般的课题,精选一个最能说明问题的演示实验就行了。实践证明,缺少必要的演示手段,缺少感性认识,不利于物理模型、过程的想象,一个成功的演示可以减少许多烦琐的叙述,而过多的不必要的演示反而会冲淡主题,抑制学生的抽象思维。

3. 同一实验装置的程序演示方法。有些较难理解的概念、原理、理论或定律,要用同一实验装置,采用程序演示方法。就是说在教学过程中的不同环节,重复做二三次实验,或者改变情况(或条件)再做一些实验。

(三) 重视演示实验的安全性

这里所指的安全性包括人身安全和仪器安全两个方面。无论教师在实验室准备演示实验,还是在教室里进行操作演示,一定要遵守安全操作规程,防止和杜绝任何事故的发生。对于涉及高温、高压、强电流、易燃、易爆和剧毒的演示实验,必须采取相应的保护措施。教师在操作时也要注意安全。例如由于教师的操作技术不高或粗枝大叶,致使实验中的玻璃器件突然破碎,也有可能对师生的健康带来危害。总之对演示实验的安全性切切不可掉以轻心。

（四）加强自制教学仪器的主动性

自制教学仪器(包括教具和学具)不仅是当前解决许多学校缺少仪器的问题的有效途径,同时也是科学家的优良传统。它对于丰富第二课堂的内容,调动师生的积极性,培养学生的实践能力、发展创造精神,及早发现人才、造就人才具有极大的作用。

（五）提高演示实验教学研究的自觉性

随着教学改革的深入,演示实验也在不断地发展,为了适应这一发展的趋势,我们必须积极开展演示实验的研究。

1. 设计思想的研究。能否设计出一个好的演示实验,或者能否发挥一个演示实验的作用,首先在于深入分析它的设计思想,即从科学的理论、思想、方法和教学论的思想方法来发掘演示实验本身的潜在意义,研究组织实验教学的规律。

2. 提高已有演示实验的效果的研究。这是一种最为经常和大量的研究,不要认为已有的演示实验没有什么可研究的了。例如,仪器设备是否能达到预定的教学要求？如何不断进行更新？怎样更好地改进演示程序,运用现有的演示仪器,提高演示效果等等,都值得深入研究。为适应教学改革的要求,必须大力改进演示方法,提高演示效果。

3. 填补演示实验空白、突破教学难点的专题研究。某些重要的概念和规律,需要用演示来帮助学生认识,然而有时教学中还缺少这样的实验。因此需要我们进行研究和设计。特别要提出的是,我们要努力开发一些突破教学难点的演示。对此,站在教学第一线的教师最有条件开展。为了研究这些课题,必须研究教材中哪些地方学生感到抽象,容易混淆,接受困难,并结合教学,研究解决的方法。

4. 多种演示手段和替代性实验的研究。利用常用仪器、教具进行演示,这是一种最基本的手段。此外,还可以随着教改的深入,利用投影手段,结合实验内容的教学电影、电视录像以及微型电子计算机进行模拟演示等等。这些手段之间应当如何配合？如何发挥每一手段在演示中的特殊作用？还有,为了解决仪器的暂时不足,还需要设计多种替代性实验。这些都是值得大力研究的课题。

参考信息资源

【1】朱慕菊.走进新课程——与课程实施者对话.北京:北京师范大学出版社,2002.

【2】新课程实施过程中培训问题研究课题组.新课程与学习方式的变革.北京:北京师范大学出版社,2001.

【3】中小学教材教学.2004(5).

【4】任长松.走向新课程.广州:广东教育出版社,2002年.

【5】甘金福.对"科学探究"的几点思考.科学课,2003(2).

【6】美国国家科学基金会教育与人力资源部中小学及校外教育处.探究——小学科学教学的思想、观点与策略.罗星凯译.北京:人民教育出版社,2003.

【7】张红霞.科学究竟是什么.北京:教育科学出版社,2003.

【8】庄严.如何从"海提"到"会提".小学教学研究,2005(10).

第十章　小学科学课堂观察、实验技能

李四光曾说:"观察是得到一切知识的一个首要步骤,实验是人类认识自然的重要方法。"在小学科学教学实践中,观察、实验技能是科学教师的主要岗位技能之一。因此,进行观察、实验教学技能训练,是完成教学大纲各项要求、使科学教师具备相应素质所必需的。

【观点演绎场】

△ 在科学课中教师要有目的地创造观察的机会,多准备有结构的观察材料,让学生进行手脑并用的观察学习。不要去限定学生怎么观察,要让学生有自由观察的空间。让学生自由地按照自己的意愿、自己的兴趣、自己的目的去观察。也许他们的观察没有获得教师认为有价值的东西,但他们获得了对相关材料的浓厚兴趣,有了一些散碎的、零星的感性材料,进而对科学产生浓厚的兴趣,学生的创造力和想象力也会在不经意间得到培养。这时教师再引领学生进行系统的、有序的观察,学生就会获得系统的知识。

△ 小学科学课中的实验教学,虽然没有科学家所做的科学实验那样复杂和规范,其目的还是让学生像科学家那样,用科学实验的方法,去探索、认识自然界的事物的性质和规律,从而培养他们的科学探究能力和动手实践能力,达到科学启蒙教育的目的。在科学课教学中根据教材内容设计相应的实验,让学生在实验中直接获取知识,体验实验的快乐,这是新课标下最常用的,也是时下最流行的教学方式。

△ 观察必须真实和准确,即必须如实反映所感知的事物。在做科学观察时很重要的一点,就是要把观察到的内容仔细地记录在笔记本上,可以采用文字描述或者绘图等多种形式。通过观察得到的信息称为数据。通过观察得出的结论一般只能是定性的描述,并不能精确表达事物的量。观察有时是靠不住的,甚至还会出现错觉。因此,需要使用特定的工具和仪器,通过测量才能更加精确地表达观察对象的信息,如长度、温度、体积、湿度、质量等。

△ 观察是有目的、有计划的知觉。只有目的明确、目标清楚,观察才能抓住重点,注意力才能集中到观察对象,感知和思维才可能紧紧围绕着被观察的对象并获得清晰的事物形象,给思维提供丰富多彩的材料,从而做出符合客观实际的判断。观察活动前,要让学生明确观察的目标要求,使每一位观察者都带着问题去观察,知道自己在观察活动中应该观察什么,不应该观察什么,重点观察什么,通过观察活动应达到什么目的,以防止观察过程中的盲目性。从实际出发,选准正确的观察方法。最基本的观察方法有三:一、观察动态变化的事物,要按时间顺序进行观察;二、观察静态事物或比较分散的事物,可按空间顺序由上至下或由远至近进行观察;三、对复杂的单体事物进行观察。教学过程中教师要根据不同的观察类型选准正

确的观察方法。

△ 观察和实验活动最能体现"教为主导,学为主体"的教学思想,因而最为学生所喜爱,是科学课实施素质教育的主要特征。一些细小的,对成人来说甚至是过于简单乏味的事情,对儿童而言却是很有情趣的活动。这种由观察、实验引发的兴趣就使得学习成为学生发自内心的一种愿望,最终由单纯的求知欲发展成为对知识、真理的热爱和追求,而这恰恰是素质教育所期望达到的境界。

△ 学生分组实验充分体现了学生主体性,既可以培养学生的动手操作能力,亲手得到实验的第一手材料,获得感性认识,又可以在时间、内容、深度等方面给学生较大的灵活性,学生可以在一定程度和范围内按自己的合理想法实验或比较。但是由于学生的个别差异,导致有些学生不能独立完成,尤其是基础差的同学,没有掌握操作要领,他们自己动手显得无助,多数老师认为分组实验时纪律较难掌控,学生也较难统一。

△ 学生实验前,教师要为学生准备好典型和有结构性的材料,让同学们带着疑问,按自己的想法去选择材料做实验,验证自己的想法和假设是否正确,在这一过程中进一步培养学生的动手动脑能力,同时又使他们体验到科学课学习的乐趣。学生实验时,教师应使学生明确实验的目的要求、材料的名称及在动手操作时应注意的问题,在此基础上再组织引导学生独立设计实验,并精选出最佳的设计方案,进行学习研究。同时,学生在实验活动中教师还要做好巡回指导,当学生实验成功时,教师应给予积极表扬,和他们一起分享实验成功带来的喜悦;当发现学生实验失败时,教师还要给予学生适时的引导与鼓励,同他们共同分析、查找实验失败的原因,使所有的学生都积极主动地参与到学习科学中来。

【教学案例园】

案例1：科教版三年级下册《水结冰了》

有这样一个教学目标:观察水结冰过程中的温度及其他变化。教师先问同学们,你们知道水结成冰的温度是多少摄氏度吗?有的学生说零下20摄氏度,有的学生说零下5摄氏度……看来学生对在怎样的温度下结成冰还是知之甚少。到底水是在什么温度开始结成冰的呢?教师按照教材提示设计了这样一个教学过程:用一个普通玻璃杯(在杯的外面裹一块干毛巾),在杯内装满碎冰,在一个试管里加入少量的水,把试管插入碎冰中,然后开始用温度计观察水温的变化。满以为按照教材的提示一定能够使插入碎冰的试管中的水结冰的,可以观察到水结冰的过程和水变成冰的过程中温度的变化情况,可学生们等啊等啊,温度计中的温度降到2摄氏度就不再降下去了,怎么也等不到水变成冰,怎么办呢?眼看就要下课了,总不能让学生带着失望、带着错误的知识离开课堂吧,再重新设计实验也不可能了,因此只能告诉学生,按道理水在0摄氏度的时候开始结冰,今天的实验没有成功,请同学们去想一想,为什么实验没有成功,下次重新来设计一个实验继续来观察水变成冰的过程好吗?……

同学们带着遗憾离开了课堂。

案例2:《认识固体》教学片断

师:(出示各种材料)这些材料,你们都认识吗?说说看,有哪些?

(教师提供的材料有:文具盒、铅笔、橡皮、直尺、墨水、小刀、胶水、三角尺、小石头、牙膏、粉笔、沙子、大豆、水、面粉等)

生1:有文具盒、铅笔……

师:如果让你们把这些材料分分类,你准备怎么分?

生1:可以分为两类:一类是固体,另一类是液体。

师:那就请各小组把这些材料分类。

(学生分类,完成后各小组汇报)

生1:文具盒、铅笔……牙膏,这些是固体。

生2:墨水、牙膏、胶水,这些是液体。

生3:……

师:为什么有些小组把胶水和牙膏分在液体一类,而有些小组却把它们分在固体一类?胶水、牙膏到底是固体还是液体?

(学生辩论后,教师演示和面的过程,让学生了解胶水、牙膏是固体和液体的一种中间状态)

案例3:三年级《淀粉的踪迹》教学片断

师:我们在吃的米饭中找到了淀粉的踪迹,那其他食物中是否含有淀粉呢?先让我们来预测一下。

生1:粉干、面包、梨含有淀粉,马铃薯、胡萝卜不含淀粉。

生2:我有不同意见。梨不含淀粉。

生3:我认为马铃薯含有淀粉。

师:哦,意见不一致。那,你们打算怎样证明自己的想法?

生:用滴管把碘酒滴上去。如果变成了紫黑色,那这种食物就含有淀粉。如果没有变色,就没有含淀粉。

(学生实验后交流)

师:你们有什么发现?

生1:我们发现面包、粉干、马铃薯都含有淀粉。梨、胡萝卜不含淀粉。

师:有不同的意见吗?

第四组学生:老师,我们组发现梨也含有淀粉,因为它变成了紫黑色。

生:(很多学生都说:不可能吧,我们的梨都没有变色)

师:(略带惊奇地走到这一组旁边)这一组的发现怎么不一样?这是怎么一回事?

生3:老师,他们一定看错了。怎么就他们一组不一样,少数服从多数,梨里面肯定没有含淀粉。

生2:(不服气)你才看错呢!不信你看(这位学生举起了自己组的梨,果然变色了)。

生4:他们做实验时可能出错了!

师:(很有兴趣)可能是什么地方出错呢?

生4:(皱起了眉头,摸了摸后脑勺)这,我也不知道。

生5:老师,我有一个建议。

师:(满含期待)请说!

生5:我想问问他们是怎么做的,可以让他们再做一次。

师:我觉得这个建议不错。你们接受吗?

(这一组的学生纷纷点头,向老师要了一片梨,又做起了实验)

第四组学生:是我们错了,这回没变色。可是第一次我们也是这么做的呀(几个学生有点自责,显得有点无奈,都垂下了头)。

师:(满含鼓励的目光)实验中出现与别人不一样的现象是难免的。科学家研究时,一个实验也常常反复做好几次才成功。失败不可怕,我们得找找原因。

生:我还是很纳闷,两次实验做法一样,为什么结果不一样?

师:(有点欣喜)真了不起!会思考自己实验出错的原因。大家帮忙找找原因。

生6:肯定是他们组的那片梨有问题。

第四组一位学生:(恍然大悟,非常兴奋地叫起来)老师,我明白了!观察好淀粉后,我把弄过淀粉的几根牙签插在了梨上,做实验时又拔了下来。牙签上粘有淀粉,你看,现在还有呢!(其他学生情不自禁地围上来,有的边观察边笑着说:"都怪你,怪不得……")

(这个"惹祸"的学生有点不好意思)

师:刚才,我听到有些人在怪那位同学……

生1:(接上了话茬)他自己不小心乱弄牙签,浪费了这么多时间,这节课肯定上不完了。

(其他学生也纷纷附和)

师:那,你们真的一点收获也没有吗?

(学生沉思片刻,纷纷举手)

生1:老师,我们这一组起先实验没有成功,后来成功了,我感到非常高兴!

生2:以后,如果实验失败了,我也不怕。

师:为什么?

生2:找出原因,重新做。

生3:失败乃成功之母(另一位学生文诌诌地插了一句)。

生4:我明白了做科学实验时,必须非常小心。用过的东西决不能乱放,不然实验就会失败了。

生5:我觉得第四组同学非常勇敢。其实我做实验时,发现了梨的颜色也有一点点变紫,大家都说没变色,我想肯定是我错了,也就不敢说了。

师:那你现在明白原因了吗?

生5:明白了!我的手上有点淀粉(微笑着又有点不好意思地坐下了)。

案例4:《把液体倒进水里》

师:刚才我们用油和蜂蜜倒进水里,经过搅拌,蜂蜜消失了,我们把这种现象叫做溶解。油倒入水中,经过搅拌,油还是浮在水面上,这种现象就叫做不溶解。那么其他液体倒进水里又会出现怎样的情况呢?我们来验证一下。老师也给你们准备了一些液体(洗洁精、牛奶、果汁、酱油等),假如把这些东西分别放到水中,搅拌一段时间后,会怎么样呢?

生:有的会溶解,有的不会溶解。

师:哪些会溶解,哪些不会溶解呢?请你们把预测记到实验表中去。

(学生在记录表中记录自己的预测)

师:我们的预测到底对不对呢?让我们用实验来证实吧!

(学生开始实验,不一会儿,发现有的会溶解,有的不会溶解,猜对的同学发出欢呼……)

师:统计一下,你猜对了几个?全部猜对的请举手(部分学生举起手来)。祝贺你们,都猜对了,其余同学还要继续努力哦!刚才通过实验,我们知道了液体在水里确实有沉有浮,有溶解和不溶解的现象产生。

如果现在我们把油、洗洁精、果汁和牛奶混合一下,然后再倒入水里,情况又会发生什么变化呢?

学生开始试验,一股脑儿把所有的液体混在一起,杯子里的液体的颜色根本看不清楚。

……

【分析反思亭】

案例1:实验为什么会失败呢?课后教师百思不得其解,在教学中教师可是完全按照教材的提示进行的呀。疑惑之余,想到今后在指导学生进行实验操作的时候还要注意以下两个方面:

一是不要机械使用教材。教材介绍的实验方法可能是最佳方法,也可能不是最佳方法,至少教师在设计实验的过程中要充分考虑一些变量,可能会造成的一些使实验无法完成的其他因素,在认真解读教材文本的基础上设计最佳的实验方案,以取得最佳的实验效果。

二是要充分做好课前准备。小学科学教师在上课之前除了要认真备教材、备学生之外,还要认真备实验,教师在上课之前一定要亲自做一遍实验,对实验的各个环节、变量控制等都有一个明确的了解,以确保在课堂教学中无论是实验演示还是分组实验指导都能够取得成功,达到教学的最佳效果。

案例2:在上面的教学片断中,教师通过"说——分——辩——看"等一系列活动,使学生理解了固体的本质概念,从而,学生能更准确地区别固体和液体。可见,在教学中,充分利用学生的生活经验,选择学生熟悉的常见的事物作为实验材料,不仅可以让学生更好地探究,还可以破除科学的神秘感,让学生体会到身边处处有科学。

案例3：这堂课由于学生实验中偶然的出错，教师花费了6分钟来让学生自己寻找原因修正错误，这6分钟不仅不是浪费时间，反而最能体现意义与价值。

三年级是科学课的起始年级，学生在刚开始进行探究活动时，教师应该创设机会让学生充分体验成功的喜悦。但是，由于学生的探究能力、习惯、态度等方面的原因，实验往往可能会失败。有时，失败不仅没有害处，反而更有意义。因为失败能给他们带来更多的思考，关键是教师如何正确处理学生实验活动中的失败。科学老师应尽可能让实验活动成为学生真实的探究经历，引导学生尊重实验现象，重视证据。

在这一节课中，当一组学生出现"梨遇到碘酒会变成紫黑色"错误的实验结果时，可能有许多老师会发挥权威作用，让这一组"少数服从多数"而归顺。这样虽然可以使教学不偏离预定的教案按部就班地进行，但会遏制孩子们的探究热情，这一组学生对结果可能会不信服。我们欣喜地看到教师并不这样简单地处理问题，而是及时捕捉到学生出错这一契机，根据学生学习中的实际情况适时地调整教学，提供了足够的时间和空间让学生自己寻找原因、修正错误。让学生在这一过程中亲历知识的生成。预设可能只要1分钟就能解决的而教师却花了6分钟。在实录中我们可以发现学生在不断地思考，思维展开了，师生间、生生间相互交流，思维相互碰撞，最后终于弄明白了出错的原因。从学生的话语中（如果实验失败了，我也不怕，找出原因，重新做；失败乃成功之母；我明白了做科学实验时，必须非常小心，用过的东西决不能乱放，不然实验就会失败了……）我们不难看出学生的探究方法、习惯、科学态度都在朝前发展。在这6分钟内，学生竟然有这么多的收获，这6分钟花得值！

案例4：首先，在此案例中，学生使用材料的目标不明确。教师把材料交给学生活动，不但自己要明确，还必须让学生知道，为什么要做这些活动，以充分调动学生的内因，发挥他们的积极性、主动性、创造性。让学生明白带着问题去活动，不是玩而是学习是研究。其次，材料提供要把握时机。材料提供的时机，对于学生的学习效果影响很大。如果提前发放材料，会使学生的注意力从听课转移到材料上，有时会情不自禁地动手玩弄，根本不理会教师要求做什么，该思考什么。本节课探究活动较多，教师如果根据活动需要有层次地发放材料，如：油和洗洁精先后倒入水中，那么学生的观察将变得更清楚。再次，活动材料要适量。材料不是越多越好，如果过多又没有典型性，比如果汁，放进去没有什么意义，那么就肯定会导致学生注意力的分散，最终导致课堂失控，课堂教学的有效性更无从谈起。

一、在小学科学实验教学中要倡导以下理念

1. 多进行分组实验

课堂实验中，一般是教师演示，学生被置于旁观者的位置上，难以自觉主动地参与。实验教学要求把大量的演示实验变为学生自主的分组实验，即组建实验小组，在教师的启发指导下，将演示的过程转化为学生自己独立地运用实验去探求新知，获取必要的感性体验，自己得出结论的过程。这样做增加了学生在课堂上动手动脑的机会，有利于学生创新意识和能力的培养，也有利于合作精神的养成。如《使沉在水中的物体浮起来》中研究各种物体在水中沉浮情况的实验，可将几名学生分为一组，用他们自己的材料，自己实验，自己总结。由于材料丰富，学生感性体验充分，得出结论变得非常简单。要精心策划科学实验的每个活动，在课前充

分考虑可能影响实验结果的不利因素或会发生意外的各种情况,做好预案准备,以便在组织学生实验时进行规避。

合理地选择和使用实验材料。科学课中,教师如果能有效地调控好材料,就可以让活动顺利进行,以保证探究活动的有效性。众所周知,杠杆是否省力取决于支点的位置,教师合理选择和使用材料就相当于杠杆中的支点,合理选择和使用材料能使科学探究事半功倍,可以这么说,有结构的材料是有效探究的物质基础。所谓有结构的材料就是经过精心设计,有着丰富内在联系的材料,蕴含着某些关系和规律的典型教学材料的组合。通过有结构的材料,可以为学生创设问题的情境,激发学生的探究欲望,从而提高教学效率。材料要为目标服务,有结构的材料,会使学生观察到的事实越丰富,解释就越多样。有结构的材料往往能产生新现象、新问题,进行新的探究、新的解释,提升了探究的价值性。

2. 以探究性实验为主

传统的实验教学,验证性的较多。这种实验常常是教师把实验目的、步骤、方法及注意点等详细而周密地交代清楚,甚至连结果也预先告诉学生,学生只需依样做。《科学课程标准》中强调,"科学学习要以探究为核心","亲身经历以探究为主的学习活动是学生学习科学的主要途径","在强调创造能力培养的今天,应大力提倡探究性实验"。如《使沉在水中的物体浮起来》中,不是先告诉学生用哪些方法可以让物体浮起来,然后让学生一个一个试,而是让学生自己尝试,自己想办法,让水中的物体浮起来。虽然有的同学想的办法不够全面,但这些知识是他们自己发现的,他们不光学到了知识,还学到了发现知识的方法。

误区一:强调学生的主体地位,弱化教师的指导作用。由于一些教师对学生的主体地位的理解存在偏差,在实际教学中把主体回归的课堂变成了主体放任自流的课堂,过度弱化了教师的指导作用。主要表现在:在放手让学生自学、探究过程中不进行适当的指导等等。教师应给学生提供多大程度的自由和指导才合适,仍然是探究式实验学中的关键问题。《美国国家科学教育标准》指出:"教师指导的类型和程度,取决于在为了达到教学要求并让学生富有成效地投入学习的过程中学生真正需要的是什么。那些缺乏科学探究经验的学生需要得到较多的指导。"因此,在科学探究实验教学中,教师应根据教学的具体目标、教学内容的性质、学生的特点等因素,既给予学生充分的主体地位,又恰当把握指导的程度。

误区二:脱离科学探究的本质,教师是探究活动的操纵者。与前述误区相比,在教学实践中,教师更倾向于做学生探究活动的操纵者。由于传统的教学模式使教师们已习惯于做课堂的控制者,在探究教学模式中,学生按照教师制定的步骤,执行教师设计的方案,探究教师提出的问题。结果强调学生自主建构的探究学习,变成了由教师严格控制的课堂活动。在学生的探究活动中,教师应根据课程内容的要求和学生的实际情况,对学生能驾驭的探究环节可由学生自己独立经历,教师不必作过多指导;对还不能独立完成的探究环节可通过由教师指导或合作来完成。

误区三:探究过程过于程序化、模式化。科学探究教学模式强调让学生直接体验科学探究活动的过程和方法,科学探究过程包括七要素:提出问题、猜想与假设、制定计划和设计实验、进行实验与收集证据、分析与论证、评估、交流与合作。尽管这七要素在科学探究过程中都有很重要的作用,但它们并不是探究学习中必须依次经历的步骤或环节,并非所有环节都需要学生亲自经历。《科学课程标准》指出:"在学生的科学探究中,其探究过程可以涉及所有的要素,也可以涉及部分要素。科学探究渗透在教材和教学过程的不同部分。"在探究活动进行之前,教师应分析探究环节中的重点、难点,设计探究的环节,预测探究的时间。在探究活动的进行过程中,教师应充分发挥指导者、合作者的角色作用,循序渐进地让学生经历由部分探究到较完整的探究过程。

误区四:注重探究过程,忽视探究结果。在探究式教学的实践中,有些教师按照科学探究"七要素"将教学过程模式化,探究教学课时安排又比较紧,从而导致许多探究学习只注重探究过程,忽视探究结果。

3. 提倡开放式实验

一般实验的表现首先是"实验目的"的强制性,作为教师或教材提出的实验具体目标不因学生实际而改变;其次是实验步骤和顺序的固定性及实验方法的单一性。这样做,客观上抑制了学生创新潜能的发挥,扼杀了学生创新的积极性。实验教学倡导开放式实验,它要求教师在教学过程中尽可能不给学生或少给学生限制、提示或暗示。教师要做的只是把问题交给学生,提供一定数量和类别的器材,让学生自己选用并完成实验;给出一个大概的实验要求,让学生根据所学的知识或所能利用的器材,自己设计多种实验方法(步骤),并从中选出一种最好的。例如《使沉在水中的物体浮起来》的实验,学生经过尝试,不仅发现了改变物体的形状可以使物体浮起来,还发现改变水的性质也可以使物体浮起来。

二、小学科学教师要掌握的实验技能

实验技能属于动手技能,动手技能必须由人亲自动手进行实验操作和实验练习才能形成,这是其他任何教学形式和教学方法所不能替代的。

1. 观察和使用仪器的技能

它是实验操作的基本功,最重要的是要让自己养成科学的观察习惯。

2. 实验基本操作的技能

掌握基本仪器的使用,是做好实验的基础。物理基本仪器主要有:刻度尺、量筒、游标卡尺、螺旋测微器、秒表、天平、温度计、测力计、压强计、安培表、伏特表、滑动变阻器、电阻箱、万用表欧姆档等。化学基本仪器主要有:加热工具——酒精灯、酒精喷灯;不能加热的——量筒、集气瓶、漏斗、温度计、滴瓶、表面皿、广口瓶、细口瓶等;能直接加热的——试管、蒸发皿、坩埚、燃烧匙;间接加热的——烧杯、烧瓶、锥形瓶等。生物基本仪器主要有:放大镜、显微镜、血压计、电热恒温干燥箱和电热恒温培养箱、电热恒温水浴锅、解剖工具、生物标本采集工具等。地理基本仪器主要有:风力风向计、风力风向标等。不足的仪器有些可以自制,如:饮料罐的运动实验,滑动摩擦力实验,光的直线传播与光的反射、折射实验,会沉浮的气球演示鱼的鳔的实验,举高的物体具有能量实验等等。要求"学会正确使用仪器进行观察、测量和读数"。要让自己了解这些仪器的构造、原理、用途,掌握仪器的量程、使用方法和使用规则,以达到熟练正确地读数。

3. 绘制实验装置图的技能

应该本着简单、高效的原则绘制物理实验装置简图,要能形象地表示仪器构造、装配、组合形式和实验的某些操作方法。

4. 实验设计的技能

实验设计是培养创造能力的有效途径。为了设计好实验,还要提高自己控制实验的能力、排除实验干扰的能力。所谓控制,实际上就是选择,包括对仪器的选择,对装置的选择,对操作的选择,对排除干扰措施的选择等等。而所有这些选择,实质上就是对最佳实验方案的选择。只有选择了最佳方案,而且又善于对实验进行控制,并能及时排除干扰,这样才能提高实验的效率,最终达到实验的目的。

5. 实验记录和总结技能的培养,提出自己的看法

要做到"四勤",就是要勤动手、勤观察、勤记录、勤思考。实验总结就是对实验记录的现象、结果或实验数据进行归纳整理,分析原理,找出规律,并提出自己的改进建议。

总之,实验教学是实施新课标、实施素质教育的重要环节。只要自己切实树立以实验为基础的教学观,努力改革实验教学,就能在提高教学质量和培养学生实验素质上收到良好效果。

【知识导航塔】

一、关于科学观察及心理品质

1. 什么是科学观察?

小学《科学课程标准》曾用示例的方式说明,让学生"知道天气可以用一些可测量的量来描述"、"会用温度计、简易风向仪、雨量器搜集有关数据"、"体会长期的测量和记录天气数据是非常有用的"。因此,我们可以认为,科学观察就是对观察对象的精确描述,观察能力就是能够对观察或研究对象精确描述的能力。科学的观察至少主要包括这样几层意思:

(1) 丰富细致的信息。就是要尽可能"观察"到更多的东西,找到更多的观察点,发现更多的差异点。当然"观察"得越仔细,"观察点"越多,"观察"到的东西就越多。

(2) 准确严密的说明。观察不仅是"观察"到了什么,更重要的内容是被观察到的东西是什么样,也就是有哪些具体的特征。对这些特征除用文字进行定性的说明外,还可以用图画、图片进行说明,但大量的科学观察,特别是对自然现象的观察,更强调的是数据的搜集,通过借助某些测量工具对观察到的东西进行定量的描述。

(3) 客观真实的记录。科学观察的意义在于观察结果的分享和观察资料的积累。因此科学观察一个很重要的内容就是对"观察"进行客观真实的记录,不但要如实记录"观察到了什么"、"观察到的东西什么样",还要说明观察者是采用什么方式进行观察的,是在什么时间、在什么地方观察的,以便重新进行检验,或在此基础上进行新的发现。在现阶段小学科学教学中,很多教师忽视了这一环节,特别是低年级的学生,认为开展了"动手做"或"做中学"活动,没有必要进行记录,却不知这是培养小学生科学素养的重要途径。

科学观察本身就是研究活动。简而言之,科学观察就是对观察对象所包含的丰富信息的发现、准确观测并进行客观记录的综合活动。其实,教科版《科学》三年级上册的《树的观察记录》就是很好的、相对完整的科学观察的实例。很可惜,很少有教师对这个记录进行深刻的

挖掘和分析。从对科学观察的明确界定出发,我们就会发现,目前大多数教师在教学中,只是关注到了观察能力中的第一项内容,而忽视或忽略了对于第二项和第三项重要的内容的教学指导,丢掉了科学观察中这两项最重要的"科学内涵"。出现这种情况,是教师们缺乏对观察的正确认识和理解,也缺乏必要的指导和帮助。一些教师对观察充满着"偏见"和误解,没有把科学观察当成是科学活动本身。在一般人的认识中,观察只是作为一种研究的方法存在的,其实不但任何研究都离不开科学观察,而且科学观察本身就是一种研究活动。大家都熟悉大名鼎鼎的牛顿和他的著名的万有引力定律,但从科学史上追溯起来,这个发现还得感谢一个一般人不太熟知的人——丹麦天文学家第谷。第谷是一个严谨而寂寞的观察者,他连续20年对行星的运动情况进行观测,记录了大量数据,积累了第一手资料。他的学生开普勒在对他的观测资料进行仔细研究和分析的基础上,最后终于发现了行星运动的三大定律。而牛顿正是站在了这两个巨人的肩膀上,进而发现了万有引力定律。这也成就了科学史上科学研究"接力赛"的一段佳话。第谷终其一生观察和记录行星的位置变化等运动情况,但又有谁敢说他的观察工作不是科学研究活动呢?又比如近几年我们国家科考队员赴南极进行了许多次科学考察,获得了大批极其宝贵的数据、资料和样品,加深和丰富了人们对南极的认识。这不是研究又是什么?当然这种考察与我们教学中的"观察",其复杂程度是无法比拟的,但它们在本质上却并无二致。

2. 观察能力的心理品质

良好的观察能力应表现出目的性、整体性、理解性、选择性、精确性和客观性等心理品质,从低年级到高年级,其要求应逐步提高。

目的性的要求是:学会拟订从简单到复杂的观察计划;逐步做到自觉地进行有目的、有计划、有选择性的观察。

整体性的要求是:从初步学会到熟练地运用一切感官(眼、耳、鼻、皮肤等)对观察对象进行多方面的观察,并获得整体印象;逐步学会应用一些仪器、器械、试剂等,对观察对象进行全面的、系统的、综合的定性、定量或动态观察。

理解性的要求是:学会边观察边思考,根据实验现象提出问题、分析其实质;要学会区分事物的真象和假象,避开次要的过程和某些干扰的因素,要会区分事物的本质属性和衍生属性,深入事物的内部,把决定性的、隐蔽着的属性抽象出来;理解实验的装置和操作的原理,并能用已学的知识判断其正误。

选择性的要求是:学会选择具有代表性的观察对象,掌握良好的观察时机和选择便于观察的位置;对教材中的实验装置、操作及现象,逐步学会分清主次;学会借助对照实验或空白实验等,突出所需观察的对象。

精确性的要求是:逐步学会对微弱、缓慢的变化进行精细的观察;对较复杂的变化,从懂得到熟练地分辨出各种现象;要注意观察的条件性、相对性和可变性,不同的观察条件、时间和位置,可能产生不同的观察结果,在运用观察结果作超出原条件、原范围的外推时,必须十分慎重。

客观性的要求是:能从实际出发,采取实事求是的态度,按客观事物的本来面目去反映事物,决不作主观虚构,因此要学会实事求是地准确地记录观察结果(包括实验误差);准确地描述观察结果,根据事实推出结论;从懂得到善于捕捉瞬间发生的现象。

二、理解观察、实验活动的作用

1. 集中注意力,培养学习兴趣

小学阶段的儿童由于大脑皮层的抑制能力差,因而自我控制能力弱,注意力不易集中。科学课的观察、实验可以创造一个良好的教学环境,控制学生大脑皮层与学习有关的兴奋中心发生兴奋,不为无关因素所干扰,使儿童相对集中注意力,引起学习的兴趣。可以肯定地说,观察、实验活动所形成的良好的智能环境,有利于改善儿童的生理和心理素质,使儿童头脑更聪明、更发达。

2. 有利于获取知识

科学课观察、实验是儿童认识客观事物,获得感性认识的基本途径,也是形成和检验自然科学理论的实践基础。观察、实验活动不仅直接使学校的教学环境大为改善,而且可以促进儿童获取知识,还可以巩固儿童已学过的知识,帮助儿童不断扩大知识面,逐步加深对知识的理解和认识,积累更丰富的知识。它还可以提高传授知识的效率,对提高教学质量有积极的作用。

3. 促进思维能力发生质的变化

儿童思维能力带有很大的具体形象特征,他们的思维以具体形象思维为主,并逐步向以抽象逻辑思维为主过渡。小学高年级儿童虽然学会进行逻辑论证,但仍具有很大成分的具体形象思维。儿童由具体形象思维向抽象逻辑思维过渡的关键年龄一般是四年级(10—11岁),如果处在良好教育环境中,这个关键年龄可以提前到三年级(9—10岁)。如果教育不得法,可能延迟到五年级(11—12岁)。儿童思维发展存在着很大的潜力,如果教育得法,这个潜力能变为小学儿童的巨大的能力因素。观察、实验引导儿童学会通过观察、实验、思考、分析、综合、比较、抽象、概括来理解和掌握各种概念,在掌握概念的基础上发展逻辑判断和推理论证的思维能力。在观察和实验中促进儿童思维能力迅速发展,引起思维发展过程中质的变化。

4. 提高概括能力

概括是形成概念,掌握和运用知识的直接前提。在观察、实验中,事物的各种现象和特征,都需要儿童通过分析、归纳进行概括,在观察、实验的活动中,儿童的概括能力会得到很快的发展。

三、把握小学科学实验中的各种技能

1. 观察

观察有多种形式。(1)顺序观察:引导学生按照一定的顺序,如从内向外、从左到右、从上到下、从局部到整体、由远到近、由高到底、由先到后、由宏观(肉眼可见)到微观(用放大镜、显微镜观察)等,并且要有组织、有计划地进行系统性观察,体现观察的程序性。还可由整体到局部观察,便于使学生迅速获得正确的观察方法和认知规律。(2)比较观察:抓住有近似属性的相同生物间的共性和个性进行比较,找出异同点。同时,在寻找差异的过程中不断加深对事物的认识,不断训练系统的思维方法,获得归纳、分析、比较、观察等能力。(3)动态连续观察:对生命现象的研究要做不间断的连续的定期的动态观察,并及时做好观察记录,以便巩固和发展观察成果,这样才能得到有价值的资料。(4)定向观察:在实验中,教师要根据观察目的提出具体问题,引导学生去定向观察,这样才能把注意力集中到重点观察的对象上。

(5)定性、定量观察:科学观察还有定性、定量之分,定性观察是把重点放在考察事物的性质、特征或确定研究对象同其他事物的区别方面。定量观察又称观测或测量,是借助一定的测量工具,从量的方面对事物进行考察,经过对观察对象的精确测量、比较,揭示事物之间的细微差别,或事物随时间推移发展变化的规律。

2. 测量

测量是对被测试对象用数据来表示一定物理量的操作过程。在观察实验和日常生活中,少不了比较距离的远近、物体的轻重、时间的长短、温度的高低……靠我们的感觉器官去判断,很难精确,而且有时会出错,所以,要做出准确的判断,要得到精确的数据,就必须采取一定的手段进行测量。从事测量学习时,同时要学习辨识各种测量单位和名称,如长度、重量、容量、温度、力、速度等的单位名称,以及适合各种测量的特殊单位。

3. 分类

分类在科学研究方面和我们的日常生活中应用都极为广泛,分类可以使大量繁杂的材料条理化、系统化,从而为科学研究工作创造条件。科学地对各种自然事物及生活现象进行分类,可以客观地反映事物的内部联系(规律性),有利于认识不同类型事物的特点及其特殊规律,因而具有科学的预见性,能够为研究某种事物提供认识上的依据,因此对科学研究有着重要意义。在从事分类时,一般可以依据物体的形状、颜色、大小来分类;依据事物变化性质的共同差异来分类;依据概念来分类。

4. 数据、资料收集与分析

根据观察、测量收集的大量数值,一般称为数据。寻找和收集信息也是一种基本的实验技能。教师应培养学生收集、筛选、组织、使用各种信息的能力。如何根据研究内容来收集特定的数据资料信息,首先应考虑收集什么信息,怎样收集信息,如何记录数据信息。

5. 表达与交流

表达与交流就是把自己在观察、测量等实验过程中获得的数据信息通过不同的交流方式,准确、清晰、简洁地表达给别人或发表于世的一种方式。表达与交流也是科学研究工作中需要学习的一项基本技能。在实验教学中,给学生创造更多的机会,鼓励学生发表自己的看法,提出疑问,开展讨论,充分调动学生的主体参与意识,以培养学生的思维和口头表达的和谐统一,提高学生的交流能力。要鼓励学生学会运用多种不同的交流方式,把发现的结果,用动作、图画、语言、记号、数学方式和图表表示出来。并能正确运用科学术语描述科学事实,语言要简洁,逻辑性强,力求简明扼要,用精确完整的科学概念、科学术语表达,并要有一定的层次性。学会与他人交流、交谈和倾听的交流方式。与正规交流不同,用通俗易懂的语言和手段,与他人交换看法,认真听取他人意见,取长补短,能加强对科学概念的理解和提高自我表达能力。

四、小学科学实验教学的改进方法

1. 相信学生,让学生从头到尾自己做

分组实验要研究的问题,一般是由教材提出的,年级不同,实验的难度也不同,但都体现了让学生"跳起来摘桃子"的理念。教材针对不同年级的学生,有不同程度的提示。一般来说,有这些提示就够了,余下的事要由学生完成。学生面对要研究的问题,必须预习,先动脑

再动手,否则就无法完成实验任务。

2. 整体指导要少,个别指导要精

在学生预习实验的前提下,可在实验前安排几分钟时间,让学生以小组为单位讨论,教师只作必要的指导,指导的内容是学生"跳起来"也解决不了的问题。学生开始实验后,教师对学生提出的问题也不必有问必答,学生自己能解决的,鼓励学生自己解决,实在解决不了的,再给予点拨。

3. 循序渐进,先"扶"后"放"

减少对学生分组实验的指导,不能操之过急,开始一段时间还是要"扶一扶",以免实验难度过大让学生失去信心。在学生逐步养成预习、讨论实验习惯的基础上,再减少"扶"的成分。低年级与高年级"扶"的程度不一样,同一班级不同的小组,"扶"的程度也不一样。

4. 加强对实验教学的检查考核

对实验教学的检查考核,既要关注学生实验开出的数量,更要关注学生在实验过程中是否处于主体地位。对于经常越俎代庖的教师,要进行提醒和指导,使其摆正位置,扮演好学生学习的引导者、帮助者和促进者的角色。

5. 添置或制作实验仪器

随着新课程改革的推进,不少小学的实验仪器已经不能满足教学要求,教师要按照实验要求及时补充或制作所缺的实验仪器,使实验室的装备跟上教育改革发展的步伐。

实验教师不必担心学生完不成实验任务,也不要过多关注实验结果的正确率。可以预见的是,放手让学生自己做实验,开始一段时间,学生操作的时间一定比教师包办代替的长。对此,我们可以引导学生,在充分预习、认真讨论之后再进实验室,操作完毕之后就离开实验室,至于数据分析、现象讨论、撰写实验报告等环节,可以在教室里进行,再加上教师少而精的指导,也就不至于过多地占用实验时间。另外,单从实验报告的书写质量来看,让学生自己做,可能效果暂时比教师越俎代庖的差,但这并不说明这种做法不好,因为过程是真实的,学生在实验中获益颇多,包括失败的体验和从失败到成功的喜悦,这才是分组实验的真正目的所在。

【任务接受所】

1. 分析下面苏教版小学《科学》四年级下册实验计划是否合理

表 10-1 苏教版小学《科学》四年级下册实验计划

单元	实验课题	备注	相关实验器材
骨骼和肌肉	骨骼	分组演示	1. 课前学生把活动记录上的人体骨骼图贴在硬纸板上,剪下来,上课时带到科学教室。2. 利用学校食堂安排吃鸡腿的时候收集煮熟的、结构比较完整的鸡腿骨,清洗后以备上课观察之用;另外找一些形体较小的石块,准备放大镜、锤子等观察工具;3. 课前去菜场购买一些无肉的猪骨头供学生观察用;4. 放大的人体骨骼的教学挂图;5. 人体各部分的 X 光图片;6. 人体骨骼的相关电教资料片

(续表)

单元	实验课题	备注	相关实验器材
骨骼和肌肉	关节	分组演示	1. 学生课前准备一些方便用来固定手指、手臂、下肢等部位的木棒、胶带等物品；2. 四种常见的自由活动关节的模型及生活中具有相似结构特点的某些物品，如铰链关节——铰链、旋转关节——旋转式门锁等；3. 课前去菜场购买部分猪蹄、去肉排骨等作为观察关节连接的材料；4. 学生课前吃鸡、鸭、排骨等的时候注意观察动物的骨头与骨头之间是如何连接的
	肌肉	分组演示	1. 课前去菜场购买一个完整的鸡翅膀解剖后供学生观察模拟手臂肌肉的工作方式用；2. 人体肌肉的教学挂图；3. 手臂活动模型；4. 人体肌肉的相关电教资料片
	骨骼、肌肉的保健	分组演示	1. 体操、游泳、健美操等各种体育运动项目比赛过程的录像；2. 武术、太极拳等传统体育项目的相关资料介绍；3. "食物金字塔"等电教资料；4. 部分体育运动防护用品；5. 各种防护知识资料介绍
养蚕	我们来养蚕	分组演示	师生准备：蚕卵、蚁蚕、放大镜、羽毛或干毛笔、投影仪。学生准备：纸盒
	给蚕宝宝记日记	分组演示	师生准备：蚕卵、蚁蚕、放大镜、羽毛或干毛笔、投影仪。学生准备：纸盒
	我们来抽丝	分组演示	1. 有关我国养蚕历史的电教片；炊、小锅、小苏打、缠线板。2. 学生准备：缠线板、直尺
	养蚕经验交流会	分组演示	教师准备：有关蚕及其他昆虫的资料。学生准备：各种形式的观察记录
物体的运动	一切都在运动中	演示	滑板
	运动的快慢	分组	滑板、秒表、皮尺
	运动的方式	分组演示	1. 小木块、钢尺、橡皮筋、纸风车、单摆装置；2. 学生自带玩具
	小车的运动	分组演示	小车、重物、拉线、垫片等等
	摆	分组演示	摆、秒表等

(续表)

单元	实验课题	备注	相关实验器材
无处不在的力	力在哪里	分组演示	塑料盒、弹簧秤、吸铁石、模板、回形针、棋子
	物体的形态改变以后	分组演示	弹簧20根、橡皮筋20根、烧瓶一个、橡皮塞一个、玻璃管一个、小黑板四个、钩码20个(每组五个)、塑料尺24个、拉簧4个、健身器一个、录像
	苹果为什么会落地	分组演示	1.课件。2.线、合适的重物
	摩擦力的秘密	分组演示	长2米左右的空心不锈钢管一根,各种实验器材(玻璃、砂纸、毛巾、带钩的木块、测力计、木板、手持放大镜等)
	降落伞	分组演示	线段、衣夹、手帕、牛皮纸、塑料袋、剪刀、秒表
调查与预测	调查	分组	课件、相关资料、校园昆虫调查表
	预测	分组	1.课件、相关资料、量筒、烧杯、盐、粉笔。2.学生准备:玻璃球

2. 看看下面实验记录表设计是否合理

表10-2 小学学生实验记录表

实验时间:200 年 月 日 时 分至 时 分			
实验地点		实验班级	实验者
实验项目名称			
实验类型	正常教学(演示□ 验证□ 综合□ 设计□) 学生科研□		课外开放□ 其他□
使用实验仪器名称:			
实验情况记录:			
实验仪器状况		指导教师签名	
此栏在实验结束后由实验室工作人员负责填写	1.实验记录是否完整□ 3.卫生状况□		2.仪器摆放是否整齐□ 4.水电是否关闭□

3. 收集有关科学课程中运用实验培养学生探究能力的案例,分析其中的一个案例,谈谈你对改进科学实验教学的看法和想法

【阅读资料】

"做中学"科学教育项目简介

"做中学"科学教育是在我国素质教育大背景下,由教育部和科学技术协会倡导和推动,在幼儿园和小学开展的,基于动手探究的科学教育项目,旨在提高幼儿园、小学的科学教育水平和儿童科学素养,培养儿童科学的思维方式和生活方式。其思想来源于美国的"HANDS-ON"(动手做)和法国的"LAMAIN A LAPATE"(动手和面团),2001年被引入我国,命名为"做中学"。所谓"做中学"是指学生在教师的引导下,自己动手实验、提出问题、开展讨论,并最终找到答案、获得科学的结论。

"做中学"最早起源于美国。1992年,在诺贝尔物理学奖获得者乔治·夏帕克的倡导下,法国开始展开这项科学教育改革。目前,法国大约有1.5万所学校开始采用此种教育方式。法国科学院副院长、物理学家伊夫·戈瑞称:"'做中学'的最大益处在于,它教会孩子们用自己的思想、方式,自己的方法、论点来组织自己的思维方式,符合脑科学的研究结果以及人的成长和获取知识的规律。"

项目目的。"做中学"科学教育改革计划,是在了解国外科学教育的发展动态和趋势,总结我国中、小、幼科学教育已取得的成就、丰富经验和分析存在的问题,吸收和借鉴国际科学教育的先进观念和教育方法的基础上提出的。该计划由热心于提高基础教育阶段科学教育水平的科学家,致力于科学教育研究和改革的教育研究工作者和生气勃勃、勇于进取的一线教师共同参与、联合推进和实施。"做中学"科学教育的目标是:让所有学前和小学阶段的儿童有机会亲历探究自然奥秘的过程,使他们在观察、提问、设想、动手实验、表达、交流的探究活动中,体验科学探究的过程、建构基础性的科学知识、获得初步的科学探究能力,为促进儿童的全面发展,成长为具有良好科学素养的未来公民打下必要的基础。

项目准则。面向每一个儿童、尊重儿童间的差异。为儿童终身的学习,更为儿童学会生活奠定基础。教学案例应来源于生活,从周围取材。引导儿童主动探究、亲历发现过程。教师是儿童学习科学的支持者和引导者。采用激励性评价。科学工作者和教育工作者共同进行科学教育。充分动员社区和家庭的力量,支持科学教育。通过现代化的互联网络增进国内和国际间的交流与合作。

项目的运作模式。(1)由教育部和中国科协共同发起,推动科技界和社会关心教育的人士共同参与。"做中学"科学教育项目的重要特点之一是科学工作者和教育工作者全过程的合作。(2)成立教育部"做中学"科学教育中心,科学家和教育工作者共同探讨我国科学教育变革的思路和途径,设计和撰写典型案例,做好符合我国国情的实验项目框架设计和示范工作,同时负责协调、指导我国"做中学"科学教育计划的实施。(3)建立专用网站

和开放式平台,建立在线教师培训和支持系统,建立法国 LAMAP 网站等的镜像网站。(4)教师是主要实施者,教师培训是项目开展的中心环节。"做中学"科学教育项目应开发适宜的"做中学"案例,将分析典型案例作为教师发展的起点。引导教师对儿童学习特点和"做中学"科学教育原则的理解;然后教师参与运用"做中学"基本理念和原则进行案例设计和实践。教师的培训采用集中培训和在线培训两种方式,教师在参加此项目前必须参加一段时间的集中培训。(5)在教师"做中学"的实践过程中,指导人员,包括教育工作者和科技工作者,都要经常到学校去,和教师一起分析采用"做中学"方式对儿童发展产生的影响,进行跨学科的研究,有意识地强化和巩固体现"做中学"教育原则的行为。同时,直面、反思教学实践中出现的问题,不断调整和提高教师对儿童的理解和对"做中学"理论与实践的认识。在"做中学"科学教育项目中,实验指导人员和教师同样经历着一个"做中学"的过程,他们需要不断地调动自己的现有经验,通过反思和构想、实践与尝试,使实践策略和理论水平不断上升,逐步开发出我国优秀的科学课程。

项目的预期效果。通过科学家的参与,社区科技资源的充分利用,增进全社会对科学教育的关注和参与,为教育改革注入新的活力;培养出一支能够掌握项目理念和操作策略的研究与培训队伍和幼儿园、小学骨干教师队伍;产生一批"做中学"科学教育优秀案例和工具包;形成本土化的"做中学"科学教育的理论框架和实践策略;建立"做中学"科学教育项目网站,形成资源共享的有效机制;制定一套适宜的评价工具;在实验区内,使幼儿园和小学科学教育中儿童的学习方式、教师的指导方式得到有效的改善,形成有利于科学教育的良好校园氛围和管理模式;在实验的过程中建立若干科学教育研究和教师培训中心;通过实验园、校的示范作用,逐步在更大的范围中推广。

项目现阶段的发展状况。(1)已在全国四个城市建立了区域性资源中心,负责各地区的教师培训、社会资源支持和网络支持等工作。(2)在全国中小学、幼儿园中挑选了30多个学校进行试点教学实验;在不断的教学实践过程中,已涌现出一批符合"做中学"理念、掌握正确的教学模式和方法的教师骨干。(3)请曾在法国学习过的老师开办培训班,对各试点学校的教师进行"做中学"教学模式和方法的培训,并发放结业证书;同时,邀请了法国专家和老师来中国授课,加强实验学校的教师对"做中学"教学模式和方法的感性与理性的认识。(4)建立了"做中学"科学教育全国性指导网站——汉博·中国少儿科学教育网,并在各试点城市建立区域性网站,便于教师、科学家和家长们交流,促进了资源共享。(5)向社会广泛宣传"做中学"科学教育项目,聘请科学家、大学生和家长们参与"做中学"科学教育改革。以汕头为例,家长们对"做中学"的教学方法和模式给予了很大的理解和支持,其中有近百名家长报名要求成为志愿者;同时,电视台和报纸等媒体也纷纷报道有关"做中学"的活动,使之逐步得到全社会的理解和支持。(6)协助试点学校进行"做中学"教案的设计和试教工作,并讨论、修改完善教案。目前,仅汕头地区的三所实验幼儿园就已开发试教了近50个活动和案例。(7)在北京师范大学成立了"做中学"科学教育中心,负责组织和协调各地"做中学"工作。(8)有关"做中学"科学教育项目的科学效果以及对儿童影响的评价工具正在研制之中。

参考信息资源

【1】 吴庆麟.认知教学心理学.上海:上海科学技术出版社,2000.

【2】 李维坦.高考物理实验的复习策略.物理实验,2003年第23卷(1).

【3】 陆有铨,马和民.走向研究型教师之路.浙江:浙江电子音像出版社,2002.

【4】 朱慕菊.走进新课程——与课程实施者对话.北京:北京师范大学出版社,2002.

【5】 蔡铁权,臧文彧,姜旭英.科学实验教学与研究.上海:华东师范大学出版社,2008.

【6】 陈乾晖.小学科学有效性合作学习探析.教材与教法,2005(19).

【7】 http://www.risechina.org/(兴华教育网)

第十一章　小学科学课堂激励技能

德国教育家第斯多惠告诉我们:教学的艺术不在于传授本领,而在于激励、唤醒和鼓舞。随着课改的不断深入,课堂激励评价已成为广大教师课堂教学的重要手段。小学阶段的学生特别喜欢得到老师的表扬,有时甚至把老师的话当成"圣旨",面对纯真可爱的孩子,在科学教学中要运用巧妙、准确的语言对学生的学习过程进行即时评价,还要高度重视学生在科学学习活动中所表现出来的情感与态度的评价,使学生在课中保持旺盛的兴趣,从而使学生的思维更活跃。

【观点演绎场】

△ 课堂激励是一种沟通的艺术,需要在特定的环境中进行。教师的只言片语、一举手、一投足,都会对学生产生极大的影响,而教师的鼓励又会极大地激发学生的学习兴趣和学习动机,使学生始终保持积极、健康、愉快的心情,促进学生更积极、主动地参与课堂教学活动。

△ 课堂激励应突破物质性激励:五星、红花、卡通人物、糖果等,给予其他方式的激励:肢体的精神激励(来自老师、同学)、活动性激励、文字性激励……既符合教学实际,又能祛除浮华的物质刺激,给予真正能激起学生努力、探索创意的激励,防止学生的"假性"积极,让学生在充满良性的激励氛围中不断进取。

△ "激励"就是"激发鼓励"的意思。所谓"课堂激励"是老师在课堂教学中通过一定的方式方法进行定性评价,对学生学习的积极性和主动性进行激发,对学生的学习激情和信心予以鼓励,以达到课堂效率最大化的目的。老师一句激励性的评语、一个充满爱意的眼神、一个鼓动上进的动作,同伴给自己加一颗"星"等,都会对学生的学习心理产生积极的影响。

△ 一个没有受到激励的人,仅能发挥其能力的20%—30%。而当他受到激励时,其能力可以发挥至80%—90%,这就是说同样一个人,在通过充分激励后,所发挥的作用相当于激励前的3—4倍,以至更多。有人说:"表扬是最廉价、最有效的奖品。"恰当的即时性口头评价是促进学生发展的有效的催化剂,它可以激发学生学习的兴趣、上进心、自尊心,许多优秀教师饱含真情、恰如其分的评价往往可以激励学生。

△ 激励是对受激者的一种外界导向,它要求受激者有所感触,进而有所行动。在目前创新教育大环境中,我们将激励理论应用于教学,有利于激发学生的学习激情;有利于学生素质的提高和能力的培养。众所周知,课堂教学是师生间的双向交流过程,即教为主导和学为主体的相互作用,教师只有将教学内容通过各种手段作用于学生,激发起学生的主动

精神时,教学内容才能真正内化为学生的知识,外化为学生的能力。学生主体参与教学,从学的方面看,指的是学生进入教学活动,能动地、创造性地完成学习任务;从教的方面看,实质上是在教学中要激励学生,使学生在一定的自由性活动中获得主体的发展,满足学习上的需求。

△ 激励是学生进步和成功的催化剂和推进器。适时、及时、得体的表扬和激励,能使学生找回自信,体验成功,获得愉悦。教师要从"为了每一个学生发展"的理念出发,认识到激励性评价的重要性,体现对学生的尊重、赏识。

【教学案例园】

案例1:在小学科学课堂教学中,我们常常见到这样的情景:学生回答完问题后,老师评价说:"你回答得真好。真聪明","了不起的回答","顶呱呱","回答得真精彩"……考试卷上,也常出现这样的评语:"你考得真好!真棒!实在了不起"……

案例2:在做"用酒精灯给水加热"这一实验时,有一名同学在熄灭酒精灯时,直接用嘴将其吹灭。当教师发现他的做法后没有对他的做法采取直接的评价,没有说:"你应该用灯帽来熄灭酒精灯,你不应该用嘴吹,这样做很危险的,难道你不知道吗?你应该……"而是走上讲台,向全班同学提出了一个问题:"请问我们应如何正确地熄灭酒精灯?"很多同学异口同声地说:"用灯帽来熄灭。"接着教师问刚刚用嘴吹灭的同学能否用嘴吹?该学生不好意思地说:"不能。""知道为什么吗?"教师接着问。"用嘴吹很危险,假如火苗遇到酒精会燃烧,这样可能会引起爆炸。"看来他并没有忘记老师说过的用嘴吹灭酒精灯存在的危险。针对此时学生的心理教师做了如下的即时评价:"看来你已经知道了用嘴吹灭酒精灯存在的危险,你刚刚的行为可能是受习惯行为的影响,今天你真是太幸运了,老师到现在都在为你感到后怕,假如发生了危险,一切都来不及了,所以我们在实验时一定要牢记使用科学的方法,对吗?"

案例3:这是一堂公开课的情景:师:"这个问题,我要请最乖的小朋友来回答。"

全体学生赶快坐得端端正正,小手林立,一双双明亮的眼睛注视着老师,表现出极强的表现欲,都希望老师的目光在自己身上停留。教师扫视了全体学生,很满意,请了一个同学发言。发言的同学已经开始陈述,但其他学生似乎还没来得及从刚才的期待中回过神来。有的不甘心地缓缓放下手,有的失望地看着"最乖的孩子"发言,有的干脆表示着不满,小声地嘀咕:"我也是最乖的孩子。"

案例4:一些教师根据学生喜欢礼物的心理,使用有奖问答的方式刺激学生。当进行到发放奖品时,精致的粘贴画、卡通画、小红花,甚至糖果、学习用品等琳琅满目,不时博得学生阵阵欢呼,场面煞是热闹。

【分析反思亭】

案例1：教师的这种做法看起来是激励、表扬,但对学生却往往产生许多消极的影响:例如使人上瘾,因为它虽能给人提供一时的、令人轻松的、肤浅的满足感,但它与其他嗜好一样,也会使人产生无止境的贪求欲望,从而抑制自我激励和创造性。还有,一些同学总是受到表扬和奖励,这给学生传递了这样一个信息:在这个班里,只有一部分人值得表扬,由此创造了一种让许多学生感到不平等的气氛。另外有时老师滔滔不绝、夸大其词的赞扬,也削弱了赞美语言的价值,破坏了师生间诚实的关系。特别是一些独生子女,他们在家里被娇惯坏了,任性、唯我独尊,听不进别人的意见,如果再对他们一味地表扬这对他们的成长十分有害。激励要建立在对学生学习过程及其背景有深刻认识的基础上,不切实际夸大其词的激励,不能促进学生开动脑筋积极思考,反而有可能对学生产消极作用,造成学生盲目乐观,骄傲自满。学生回答问题或朗读显得一般甚至勉强,并无独到之处,却得到教师过高的评价,既不能使人信服,也不可能使学生建立起真正的成就感。学生成就感是一点一滴地建立起来的,教师务实一些,肯定他思考结果的本身,就足够了,用不着夸大其词地"戴高帽子"。夸张的评价会让学生错误地认为,成功不需要付出艰苦努力,轻而易举就可获得。这样,刻苦钻研的学习品质就很难培养起来。

案例2：该学生很愉快地接受了教师的批评,并且重新按科学的方法使用了一次酒精灯。这一善意的批评不但照顾了学生的自尊心,同时也纠正了学生在实验中的一个科学性的错误,尊重与批评并重,学生在很愉快的心情下接受了批评,教育的效果不言而喻。

案例3：当"最乖的孩子"得到教师高度评价时,其余学生骚动了,不平的情绪弥漫着整个课堂。要不是因为是公开课,有那么多老师在后面听课,学生不敢像平时在教室里上课一样随意,课堂将陷入散漫、无序状态。评价虽然起到一定的组织教学的作用,但却因为不公平而挫伤了大部分学生的积极性,并影响到其后的教学活动。这样的评价方式,让极少数学生体验成功,感受快乐,大多数学生却被边缘化,体验的是失败和失落。激励方式的狭隘导致不公平,不仅会挫伤绝大部分学生的积极性、自信心和自尊心,而且由于下结论过早,使"最乖的孩子"承担着一定风险。因为,如果一旦回答失误,不仅会使教师的评价自我否定,受到学生的质疑,也让"最乖的孩子"陷于尴尬的境地,自尊心受到伤害。教学过程中出现激励评价的狭隘性,根源在于教师缺少面向全体的教育理念,忽视了评价的教育功能。评价,要始终把握好评价对于个别及全体学生的教育影响,是积极的还是消极的,这是激励性评价的出发点。

案例4：教师忙于发放礼物,将教学进程停了下来。收到礼物的学生喜形于色,没有收到的则羡慕不已。讲台成了领奖台,课堂成了庆功会,师生的关注已经脱离了学习本身,而变为对物质刺激的追求。教师此举的目的是刺激学生思考,促进课堂教学的效率提高。但是,评价目的已被异化,本应着眼于过程的评价演变成仅仅是对学习结果的鉴别和证明,评价的发展性功能被无情地忽视了,激励成了学生获利的诱惑和暗示,学生争相举手的热闹场面成了十足的趋利行为,知识本身的吸引力和思考过程自身的乐趣被抛弃了。教师有责任引导学生认识到,学习的乐趣在于探究过程本身的感受,是一种内化的个性体验。如果教学不是积极引导学生追求探究过程中的乐趣,而是通过物质刺激来实现教学目标,必然弱化学习本身的吸引力,最终导致学生学习目的的错位,价值观的偏移,这对于他们可持续发展是极为不利的。

激励一般解释为导向满足某些需要或动机的行为。所谓需要是指人们对某种目标的渴求和欲望,包括各种一般需要和高层次需要(如自尊、成就、自我肯定等)。所谓动机是指诱发、活跃、推动并引导行为指向目标的一种内在状态。

一、小学科学课堂教学激励的类型

从马斯洛的需要层次理论来看,人的精神世界具有希望获得别人赞赏性的精神尊重的高级需要,当一个人获得别人赞赏的时候,他的精神就获得了极大的慰藉,心情极度高兴起来;当一个人被别人批评或者训斥时,或者一个经常获得老师表扬而且学业成绩十分优秀的学生,一旦失去老师的表扬,他就十分沮丧、十分迷茫,行动也就迷失了方向,几乎丧失了学习进步的动力。那么,应该怎样进行"课堂激励"呢?进行"课堂激励"的方式方法很多,诸如老师的一举手、一投足、一微笑、一信任、一期待等等的肢体语言,以及老师直接的"口头表扬"都可以成为"课堂激励"的有效手段,形式不拘一格……

从激励的倾向性来看,综合起来,大致有以下几个类型:

信任性激励——是指当学生学习遇到困难时,老师给予他(他们)充分的信任,激发学生发挥他们的聪明才智,从而独立地完成学习任务。科学课教学的一个重要任务,就是要求教师要用自己的态度、语言和技巧,创设一种轻松和谐的氛围,去帮助有心理障碍的学生以自信、自强和进取的态度去完成学习任务,提高学习兴趣。因此,对有心理障碍的学生,可采取暗示激励的方法进行教学。如在逻辑推理课、科学考察课和科学讨论课的讨论时,用充满希望、探求、征询的眼神注视某一学生,令其感到信任和期待,从而充满信心地积极思考问题以求解答。这对那些自尊心强又爱面子的优等生和自卑感重的"差生"尤其适用。

肯定性激励——是指学生在回答问题十分正确时,老师给予充分的肯定,从而激发学生的学习热情的一种激励方式。现行科学课教材的一个显著特点就是变封闭型为开放型,即所谓的"一石激起千层浪"、"一箭三雕",要达到这一点,学生没有一点牺牲精神是不行的。因此,教师要用新颖的实验和切实可行的措施来激发学生的兴趣,点燃他们的求知欲。做法是:上好每一节课,让学生感到课课有新知识,课课学到了新东西,并定期搞一些观摩活动或讲座(介绍外地的经验,展览学生的作品,宣读学生的习作,讲解模型、标本的制作方法,进行调查研究,讲解小论文的写法等等),训练骨干(由各班爱好科学的学生组成),大肆表扬在课外时间进行科技活动的学生,对其中作出成绩的学生,召开年级会,在会上对他们进行精神鼓励和小小的物质奖励,目的在于:借此激发更多的学生"牺牲玩",或者空余时间搞一些科技活动。

表扬性激励——是指当学生正确回答问题或者圆满完成任务时,老师即时给予表扬、赞赏,从而激发学生的学习热情的激励方式。

诱导性激励——是指当学生学习遇到困难时,老师给予他(他们)恰当的诱导,从而克服阻碍学习的障碍,激发学生的聪明才智,以达到调动学生的学习热情的一种激励方式。

二、小学科学课堂激励原则

1. 激励要真实

在课堂上经常可以听到老师表扬学生。一堂课下来，一个月下来，一学期下来，这样的表扬要重复无数遍，直到老师声音机械、表情麻木，被表扬的同学也麻木不仁，出现激励无效的现象。由此带来了一个值得深思的问题，怎样的激励才能真正地拨动学生的心弦，才更行之有效、更有价值，才能推动学生不断地进步呢？这个问题值得我们每位老师深入研究。教师对学生的激励，既不要夸大，也不要缩小，要实事求是，以事实为依据，掌握好分寸，这样才真实可信。激励前，教师要调查核对，不能为表扬而表扬。只有学生确有进步，才能给予表扬激励。激励要具有目的性和方向性，激励的内容要具体明确。教师要特别注重激励学生具体的行为，激励得越具体，学生对于哪些是好的行为就越清楚，这样的激励才具有导向性。教师在强化学生正确行为的同时，应该有意识地引导学生认识：为什么要这样做？这样做的好处是什么？有什么积极的作用？让学生真正明白自己为何得到肯定，即使以后教师不再激励他，他也会自觉地保持这种好的言行。这样还能增强学生的自尊心和自信心，让学生做到："不管老师有没有表扬，我都会这么做。"切忌虚假激励，一定要掌握好可信度。否则，会让学生受宠若惊，忘乎所以，产生骄傲自满情绪，不但降低了教师激励所要达到的效果，而且，会让学生走向激励的反面，成为课堂上具有讽刺意味的一种形式，浪费了实施有效教学的时间。因此，对学生的激励，一定要真实，掌握好尺度，把握好轻重，不能流于形式。

2. 激励要真诚

判断教师对学生的表扬和赞美是否真诚，不是听他课堂里说了多少"好"，也不是看他竖了多少次大拇指，而是看他对学生的激励是否是发自内心的、真诚的。一句恰如其分的表扬，一个信赖的眼神，一个甜蜜的微笑，一个深情的点头，轻轻地爱抚一下学生的笑脸，摸一摸学生的小脑袋，都是一种发自肺腑的激励。此时无声胜有声，比那种做作的激励更有效。教师切忌在激励学生时面无表情、心不在焉；切忌表扬学生现在的优点时却连带批评他以前的错误。教师切忌激励的语言没有针对性、内容空洞或者是言不由衷等等。学生有着很强的洞察力和判断力，做作的激励、敷衍的语气，对于学生和老师都没有益处，反而降低老师在学生心中的威信。

3. 激励要公正

教师在激励学生时，对优秀生和暂差生要一视同仁，不能歧视暂差生。学习上的后进并不是全面的后进，教师不能将他们忽视或是完全否定。要及时发现他们的闪光点，哪怕是细微的进步、大胆的设想、对问题的不同看法，都要及时给予肯定和表扬，使他们看到自己的成绩和进步，认识到自己并不比别人差，帮助他们克服自卑情绪从而建立起学好科学的自信心。要平等对待每一位学生，让每一位学生都充满自信，让他们能正确地评价自己，不断取得进步。教师不能以自己的喜怒哀乐、亲疏好恶为激励的出发点。

4. 激励要及时

教师对学生的激励要抓住时机，及时迅速。只要学生取得小小的进步或是有较出色的表现，就要不失时机地进行激励。尤其是对待后进生更要大张旗鼓地进行表扬。教师要做学生的贴心人,要善于发现学生的点滴进步。

三、小学科学超越表扬的激励策略

（1）对学生的激励要关注他们学习成绩的结果,但更重要的是要把着眼点放在学生为取得成绩所做的努力的过程上。心理学研究表明:当学生取得成绩而受到赞扬时,他们的自信心就会得到初步提高,但是一旦受到挫折,他们的自信心又会产生动摇,甚至产生自卑。这其中的重要原因就是靠自己先天的"聪明"获得成就而被表扬的学生,往往对自己缺乏全面科学的认识和评价,当取得成绩时常表现得自傲自负,当受到挫折、失败时又会失去信心。相反,被表扬为"勤奋努力"的学生,在遇到挫折时,则仍然能保持自尊自信的良好状态,并直至为实现自己的理想而努力拼搏。因为在为争取好成绩而不断奋斗的过程中,学生会不断反思并调整对自己的评估,从中形成对自己客观正确的认识,最终不论能否取得成绩,都会对自己拥有信心,抱有希望。因此,当学生取得成绩时,教师对其成绩本身当然要给以充分的肯定,但是更应该重点表扬他们为取得此成绩所做的努力。也就是要把对学生的赞美融入到事件的过程之中,引导学生从对自己行为的认识中学会正确地评价自己。例如当学生取得成绩时教师可以说:"我知道你一定能取得这样的成绩"或"由于努力这次考试你取得了很好的成绩,你真行,进步真快,请继续努力"。也可以这样说:"这个问题你回答得很有创意,这是你经过认真思考、深入分析的结果"等。通过对学生所做努力的肯定,为其指明方向,鼓励他们自强不息,奋发向上,不断进步。

（2）向学生传递欣赏他们的语言,让学生意识到教师对自己的关注,从而体会到自己的价值。假设有一个学生,他对问题的回答很精彩,要表扬这个学生就可以说:"我很欣赏你用这种方式回答问题。"这给学生传递的信息是"他"做得非常好,口气里流露出教师对学生个人价值的肯定评价。这里表达的是一种真诚的欣赏而不是陈词滥调的、不切实际的表扬,它的目的就是要让学生意识到老师在欣赏他们,感到教师对他们的关注、关怀与信任,从而激发他们学习的兴趣。还有哪些话语可以正确地表达这种真诚的赏识呢?例如:

你的回答很有道理。

喜欢你这样回答问题。

喜欢你的学习方式。

这种学习的态度真使我感到高兴。

我对你的回答感到欢欣。

欣赏你的创新精神。

以上传达的是一种非常重要的教育思想,即在回答问题之后给予诚挚的鼓励。如果学生回答错误,教师又该如何表达呢? 一个就是选择一些诸如"感谢你回答问题的勇气"之类的语言。但是最好是给出问题的正确答案,并把课程继续往前推进。

（3）向学生传递教师与他们同甘共苦的信息,使学生意识到教师理解他们、同情他们,愿意支持他们,并与他们共患难、同分享,从而感到并不孤独,增强学习的信心。对那些极为孤单或不堪重负的学生来说,老师的一句"我与你同甘共苦",表达了对他们的同情之感与理解之情,使他们感到并不孤独,学习信心倍增。下面是一些例句:

我们许多人与你皆有同感。

我理解你的想法。

我也许会犯一样的错误。

我理解你的这种做法。

我知道你将怎样去做。

我将与你一起承担责任,完成任务。

(4) 在某些情况下,对学生可以不表扬,但要尽可能给以关注,既支持和鼓励学生,但却不使他们过分地依赖教师的赞扬,从而提高激励的效果。有的时候,我们不自觉地陷入了表扬的套路之中,结果带来许多不利的影响,如果在某些情况下,教师的反应中没有表扬,但也要向学生显示你对他们的关心和关注,以激励学生的学习热情,促进学生的全面发展。

可以根据学生的年龄、个性和你自己的教学风格使用以下方法:

① 动作行为的激励。例如一个充满希望的眼神,赞许的点头,鼓励的微笑,轻拍学生的臂部,善意的沉默等。这不仅表达一种尊重、信任和激励,还传达了充分的个人关注。

② 激励性的语言。例如"你做得不错,下一步你最想做的是什么?"

③ 给学生留出点时间。在谈论学生提出的问题时,留出时间倾听学生的解释,或当你和他人交谈时,让他留在身边。

④ 表示关注。例如学生缺勤后你可以说一些想念他们、缺了他们就是不一样之类的话,或作出关注学生存在的反应:"你看上去有点累,是不是哪里不舒服"等。

总之,你可给学生个人以关注,许多学生特别是年幼的学生,渴望得到这样的关心与关注。经常这样做,不仅能唤起学生对你的崇敬,又可消除学生对你的表扬的嗜好,从而增强激励效果。

(5) 在某些情况下,先保持沉默,避免以无效的方式对待学生的错误。有时,教师最好的回答就是不回答。但对学生的错误或困难应做到心中有数,至于如何解决它可以留待事后再考虑,由此避免以无效的方式对待学生的错误。例如在教学中对许多学生同犯的错误或重犯的错误,可以不必立即让学生改正,而是就这个问题再重复讲一遍。这对不理解的学生来说,是一次不对错误作渲染的学习机会,他会在重新学习的过程中获得新的知识;而对于掌握的学生来说,这是一种轻松的学习。当然,对错误有时并不一定要保持沉默。如果师生之间建立了稳定的、能接受的关系,他们甚至不介意有人指出一时的错误,这就应该及时指出他们的错误。如果你对师生间关系以及学生之间的关系没有把握,那么最好使用沉默反应法,这是一剂副作用最小的良药。

【知识导航塔】

一、激励教学理论的依据

1. 教学论依据

现代教学论认为教学过程既是一种特殊的认识过程,也是一个促进学生身心发展的过程,是认识与情感的辩证统一过程,过分强调认知而忽视情感,教学过程是不完全的。《学会生存》指出:教学论的"根本主题",就是综合发展人的体力、智力、情感各方面的因素,使他成为一个完整的人。

2. 哲学依据

马克思主义认识论中"内因与外因"的辩证关系指出:内因是变化的根据,外因是变化的条件,外因通过内因而起作用。在教学中,学生具有主观能动性,教师的讲解永远不能代替学生的理解,只有通过各种刺激因素激发学生的学习动机,充分调动学生学习的内部动因,学生才能在教学过程中获得知识,形成认识世界、改造世界的能力,最终达到"教是为了不教"的目标。

3. 心理学依据

激励是人力资源的核心,是以人为中心的管理思想的主要管理职能。管理心理学家提出了多种激励理论:

(1) 马斯洛的需要层次理论阐述了人的五个层次的基本需要,即生理、安全、社交、尊重、自我实现。激励应注意社会需要;满足需要的激励措施因人而异,针对差别实行分层次的满足需要激励法。

(2) 行为修正激励理论指出:当行为结果有利于个人时,行为就会重复出现,起到强化、激励之作用,反之消失。

(3) 期望理论是一种过程型的激励理论,认为人的固定要求决定了他的行为、行为方式,个人活动与其结果存在着的联系激励力量 = 效价 × 期望值。

(4) 公平理论指出:人们总是要将自己所作的贡献和所得的报酬与一个和自己条件相当的人的贡献与报酬进行比较,如果这两者之间的比值相等,双方就都有公平感。

二、影响教师教学监控能力的因素

课堂教学活动是一个极其复杂的系统,存在着许多相互影响、相互制约的因素,其中既有直接因素,也有间接因素。决定教学监控能力的直接因素主要有三个方面:一是教师能否及时、正确、全面地发现和觉察自己正在进行的教学活动的状况和存在的问题;二是教师是否具备解决教学活动中所存在问题的足够知识和经验,主要包括:学科知识、教育学知识、心理学知识、教育实践知识、对自身特点的理解以及对学习特征和学习背景的综合理解;三是教师已有的知识经验能否和现存的教学问题正确地联系起来,并进行合理的、有效的知识重组。决定教师教学监控能力的间接因素主要有教师的心理状态,如教育动机、教育效能感、自我知觉、教学风格等,以及环境因素,如教学活动中的人际相互作用(包括师生之间的相互作用、同事之间的合作与互助、领导的支持等)、社会文化与价值观、学校的风气等。任何教学活动进行的状态和完成的效果都直接取决于教师能否对上述因素进行积极、主动、科学、合理的调节和控制,因为"教学监控"在其中扮演着一个"领导者"、"监督者"的角色,课堂教学活动的其他因素都要在它的监督、领导下进行。

【任务接受所】

"请为你的夸奖道歉"：有一位中国访问学者，在一个周末到北欧某国的当地教授家中做客。一进屋，问候之后，看到了教授五岁的小女儿。这孩子满头金发，极其美丽。那位学者带去了中国礼物，小女孩礼貌地微笑道谢。中国学者抚摸着女孩的头发说，你长得这么漂亮，真是可爱极了！教授等女儿退走之后，严肃地对学者说，你是因为她的漂亮而夸奖她，而漂亮不是她的功劳，这取决于我和她父亲的遗传基因，与她个人基本上没有关系。你夸奖了她，孩子很小，不会分辨，她就会认为这是她的本领，而且一旦认为天生的美丽是值得骄傲的资本，她就会看不起长相平平的甚至丑陋的孩子，这就成了误区。而且你没有经过她的同意，就抚摸了她的头，这使她以为一个陌生人可以随意抚摸她的身体而可以不经她的同意，这也是不良的引导。不过你不要沮丧，你还有机会可以弥补。有一点，你是可以夸奖她的，这就是她的微笑和有礼貌。这是她自己努力的结果。"请你为你刚才的夸奖道歉。"教授这样结束了她的话。后来，学者正式向教授的小女儿道了歉，同样表扬了她的礼貌。学者说，从那以后，每当我看到美丽的孩子，我都会对自己说，孩子不是一件可供欣赏的瓷器或是可供抚摸的羽毛。他们的心灵像很软的透明皂，每一次夸奖都会留下划痕。

上面的事情对我们的教学有何启示？

【阅读资料】

谈激励

少年学生的成长，是与许多因素相联系的。尽管，人的发展需要一定的智力因素作为基础，但是智力因素也是可以开发和拓展的，这种开发恰好落在非智力因素的发掘上，诸如环境、教育、态度和习惯养成等因素也起到了很大的作用，我们国家自古以来就十分注重非智力因素的开发和利用。

从人才成长的社会环境来看，我们中国人，受中国的传统的儒家思想影响很深，儒家最重要的思想就是"仁爱思想"，因此中国人不仅喜欢生育孩子，而且，把儒家的"仁爱思想"表达在下一代的身上，对下一代，从一出生起，就呵护有加，一些赞美性的词语，一股脑儿地倾泻在下一代的身上，可以说，孩子们是在家长的赞美声中长大的。随着孩子的成长，他们成为学生以后，仍然需要老师的赞扬。一旦缺少那种赞扬声，学生就不太适应，性格就消极起来，情绪就低落起来，有的时候，还埋怨起来：反正我在老师的眼里，不算什么，从来听不到老师的一句表扬，我也懒得向老师学习了。可见，"课堂激励"是社会教育惯性的必然。

从人的心理特点来看，人的高级神经活动的基本过程，表现在两个方面，一是神经兴奋，一是神经抑制，兴奋和抑制无时不在进行着有规律性的运动，相互战胜，相互诱导，相互交替。与此同时,高级思维活动与之相伴相随,神经兴奋时,思维就亢奋;神经抑制时,思维就一片空白……

当一个人听到好到消息,诸如领导的表扬,同事们的肯定,老师的赞许和鼓励,他的神经和思维就被激发起来,处于一种思维兴奋甚至是思维亢奋的状态,在思维高度活跃的状态下,一些稀奇古怪的问题都想得出来……反之,学生的思维就会受到抑制,他就不会跟着老师的指挥棒转,学习的积极性和主动性也就调动不起来,还谈什么提高课堂教学效率呢?

为什么一些家长,甚至是一些老师都共同认识到了一个问题:"自家的和尚念不好自家的经。"究其原因就是自家人对自家人没有耐心,缺少鼓励和激励,而更多的是批评和训斥,弄得孩子的思维降到了最低,甚至处于高度"抑制"的状态,这样,孩子们还能跟你合作,接受你的指教而学习知识吗?如此类推,"课堂激励"是十分重要的,也是十分必要的。

从马斯洛的需要层次理论来看,人的精神世界具有希望获得别人赞赏性的精神尊重的高级需要,当一个人获得别人赞赏的时候,他的精神就获得了极大的慰藉,心情极度高兴起来;当一个人被别人批评或者训斥时,或者一个经常获得老师表扬而且学业成绩十分优秀的学生,一旦失去老师的表扬,他就十分沮丧、十分迷茫,行动也就迷失了方向,几乎丧失了学习进步的动力。因此,在课堂教学中,我们的老师不应该吝啬自己的激励性语言,对学生应该多多给予肯定、表扬、赞赏性"课堂激励",激发学生主动积极地学习,尽可能地提高课堂教学效率。

为什么有些老师在上课时弄得课堂气氛十分沉闷呢?究其原因,就是这位老师不善于运用"课堂激励"这种评价方式来调动学生学习的积极性和主动性。

参考信息资源

【1】钟启泉."批判性思维"及其教学. http://www.lesun.org/edu/article/2005-10/15372.htm

【2】你了解教师教学技能吗. http://www.hengqian.com/html/2006/5-15/r23653705.shtml

【3】余宗森.对科学的反思和批判:振兴中国传统科学的必要前提.北京:中国经济出版社,2009.

【4】刘炳升,仲扣庄.中学物理教师专业技能训练.北京:高等教育出版社,2004.

【5】新课程课堂教学技能. http://www.fjedu.gov.cn/html/2009/07/532_51366.html

第十二章　小学科学课堂调控技能

你需要什么样的课堂呢？是秩序井然的课堂，良好的教室布置，摆放整齐的物品，有趣及精心设计的展示物；还是一份计划好的教案，具有灵活性，在需要的时候还可以修改；还是学生能认真聆听老师的话和发言同学的话，乐于参加所有的教学活动；还是在教学过程中平静地留心所有情况，在群体活动中进行慎重的交流；还是教师和学生都有很高的积极性，全班学生之间热情的反应，积极的轻松的课堂环境？为使课堂教学张弛有度、和谐自然，就需要课堂调控技能。

【观点演绎场】

△ 课堂气氛是整个班级在课堂上情绪和情感状态的表现，只有积极的课堂气氛才符合学生求知的心理特点。良好的课堂秩序，要靠师生的共同努力才能建立。教师在讲清道理的同时，用规章制度所确立的标准来指导学生，约束学生。帮助学生履行规则，实现自我管理，树立良好的行为标准，是课堂组织者的任务之一。

△ 课堂教学调控技能，就是指教师从学生的知识基础、能力条件出发，依据教材的具体内容，学生的反馈信息，为保证课堂教学的有序和高效而做出的一系列调节与控制。即教师通过对教学目标、教学内容、教材、情境等要素的控制，节奏的调节，使课堂教学呈现张弛有度、和谐自然、意趣盎然的生动格局的行为方式。

△ 调控技能是教师自觉地运用"控制论"的原理，对科学课课堂教学实施有效的调控，教师要充分发挥自己的教育机智，以学生的学习情绪、学习态度和学习效果为依据，及时调整教学内容，改变教学方法，使课堂出现张弛有度、意趣盎然的教学格局，整个教学流程呈现出预定的、有序的、最佳的调控态势，这是新课程教学的显著特点之一。

△ 课堂调控技能包括：课堂教学应变技能、构建课堂教学新秩序技能、课堂教学暗示技能、教育过程中意外事件的处理技能、课堂偶发事件处理技能。

【教学案例园】

案例1：三年级下册的《感觉周围的空气》，要求学生用薄而透明的塑料袋收集空气后用感官感觉空气，并能够用口头语言把自己的感觉描述出来。从而使学生感觉到，空气就在我们身边。在学生汇报了想对空气作哪些了解后，进入下面的教学环节。

师：你有什么方法也能把空气放到课桌上进行研究呢？

生1：用塑料袋装一些空气。

生2：拿气球吹一些空气。

生3：我们用玻璃杯扣住一些空气。

师：好，同学们想了这么多办法，可课本上只介绍了一种方法，还不如我们想得多。我们就用这些办法来收集空气。收集起来后我们大家玩空气，你们想怎么玩就怎么玩。开始。

学生一听到"开始"就迫不及待地动手做起来，有的用塑料袋兜空气，有的往塑料袋里吹气，有的用玻璃杯扣住空气，有的还在商量办法。空气采集到后，有的孩子在抛塑料袋，有的相互扔来扔去，当一个孩子用手猛按塑料袋发出很大的响声后，实验室里"啪""啪"的声音不断，此起彼伏，从未停息，教学无法延续。当然也有的孩子相互推推操操，也有相互扔橡皮的。坐在边上的孩子则在小声地讨论昨天播放的哪吒的故事。整个课堂欢声笑语不断，大家非常开心。

案例2：这是一节赛教课。课堂上，教师提出了一个问题，立即宣布小组讨论。前排学生唰地回头，满教室都是嗡嗡的声音。有的小组你一言我一语，每个人都在张嘴，谁也听不清谁在说什么；有的小组组长一人唱"独角戏"，其余学生当听众，不作任何补充；有的小组的学困生把此时作为玩耍的最好时机……几分钟后，教师一喊"停"，学生立即安静下来，被叫到发言的学生一张口就是"我怎么怎么看"，"我觉得应该如何如何"，"我的意见是……"没被叫到发言的学生唉声叹气，根本不去听别人在说些什么。

案例3：在三年级《小苏打和醋的混合》一课中，教师手持一杯液体，让学生通过自己的观察手段辨别一下这是一杯什么液体。学生通过看、闻、尝，判断出是杯醋。

教师：下面老师往杯子里加入一匙小苏打，然后把点燃的火柴伸进这只玻璃杯中，猜猜看，会出现怎样的现象（学生兴奋地等待实验结果）。按照正常情况，小苏打和醋的混合会产生二氧化碳把点燃的火柴熄灭。但出现的结果却令教师措手不及：点燃的火柴放进杯里却怎么也灭不掉。失败的实验引发学生们的议论："咦！怎么没变化呀，不是和原来一样吗？"教师也有些紧张，自以为混合比例不对，调整比例重做实验，结果依旧，火柴不见要灭的样子。

这到底是为什么？

课堂出现的意外使学生兴趣大增，教师及时引导学生进行讨论，发现混合比例不是失败的原因，问题可能出在实验材料的一个细节上：要求准备的是白醋，而这节课中教师用的是陈醋，会不会和这有关？带着疑问立刻实验，结果白醋和小苏打混合产生的气体终于让点燃的火柴熄灭了……

案例4：在一个有着60多名学生的班级里，科学教师把全部学生分成10个小组，每个小组都有6个甚至更多的成员，有好几个成员分别被冠以"组长"、"操作员"、"材料员"等角色。

活动开始后,操作员兴致勃勃地操作着,记录员拼命地记录着实验结果,组长瞪着每一个小组成员……一部分学生被动地在观看或等待,在个别学生得出结论后,教师一句"大家同意他们的观点吗?"然后匆匆用自己的语言概括结论,整节课中,许多学生一直没有参与探究,有些学生一直固定于一个相同的角色,但教师对此都无暇顾及。

案例5: 在一节教学"蚂蚁"的课上,整个观察活动学生都很投入,讨论热烈,一切都在按照教师预设的教学方案进行,很顺利。接下来是带领学生到校园内送蚂蚁回家。教师正组织学生准备外出,突然,一个学生站起来提出一个问题:"老师,蚂蚁是怎样走路的?它有六条腿,走路时先抬哪只脚,后出哪只脚呢?"问题一提出,教室里顿时安静下来,同学们都在沉思着,教师一时也愣住了,在教案设计中没有这个内容,因而,课前也就没有作这方面的准备,并且,这个问题三言两语也解释不清楚,感到颇为棘手。接着学生们开始窃窃私语交谈起来,紧接着就相互争论,各持己见互不相让,教室里热闹起来了。蚂蚁到底是怎样走路的?看到同学们对这个问题的热情如此之高,教师迅速调整好思路,决定放弃原教案的设计安排,继续引导学生以科学探究的方式,来解决蚂蚁是怎样走路的问题。随即说:"同学们对这个问题那么感兴趣,又有不同的看法,让我们再共同来探究这个问题,好吗?"全班几乎一致回答:"好。"于是,各组又将蚂蚁放到桌面的纸上,重新研究蚂蚁。

【分析反思亭】

如此"乱"的情景还叫课堂吗?课堂纪律何在!但如果是上过"科学"的老师,我想并不会陌生,我们的科学课堂经常会出现这样的情景,然而,同样是"乱",却也"乱"得大不一样。

案例1、2中的"乱"那是真的"混乱",教师的疏于引导,学生实验的杂乱无章、无的放矢,一节课下来,学生一无所获,这样的"乱"让人心情压抑,备感失败和沮丧。

案例3:科学实验是严密的,作为一名科学教师先学生实验而实验是有必要的,做好了,在实际的教学中才能使教学活动更科学、更规范、更高效。

案例4:在这样的课堂中,往往是老师一宣布讨论,教室里"嗡"声一片,热闹非凡,学生总能以最快的速度组合成组。仔细一看,合作探究并不合作,要么,有的小组个别学生"一言堂",多数学生一言不发,心甘情愿当听众;要么,你说我说,大家抢着说,谁也不听谁的,只顾表达自己的意见。这样下去,这个"合作的小组"就会被那些企图回避学习或喜欢瞎起哄的学生当作"避难所"。如果有实验操作的内容,还会出现你争我夺的现象,谁都想争到一个器材动动手,有时互相指责,真有点乱作一团的样子。到汇报时,常常听到是"我觉得……"而不是"我们觉得……"。最后,许多课堂中的合作学习演变成了个人的表现或是竞争的课堂。所以,探究合作规则的制定对于有效的课堂就尤为重要。

案例5:实施新课程标准以来,课堂上经常会出现这种情况,学生会提出许多意想不到的问题,打乱教师的教学计划,遇到这种情况,教师怎么办呢?案例中的教师处理得就比较好,他能把学生在探究活动中产生的、有价值的问题及时纳入教学内容之中,适应学生的学习需要,不拘泥于教科书上规定的教学内容,及时调整教学,也体现了教师"用教材教"的意识。同时也体现了开放的教学观念。"为了每一个学生的发展",是本次课程改革的核心理念。在上课前,教师都有着全面关注学生的愿望,从各个可能的环节中渗透过程与方法、知识与技能、情感态度与价值观方面的发展。但是,在课堂实施时,仍然不自觉地把关注的焦点放到自己身上。如,学生分小组活动时,小组讨论会非常激烈,小组学习的进程出现差异,学生会提出许多问题,教师的想法可能就是:哎呀,超出我的预料了,可能驾驭不了,这会影响后续的教学环节的正常展开。所以往往避重就轻,绕开超出自己课前预料的问题,继续按部就班地照着自己的教学设计进行教学。实际上,教师遇到这样的情况,应该想到的是学生在做什么,他们学习得怎样了,他们需要什么,我要想办法提供帮助。把关注的焦点放到学生身上,深入学生的讨论,了解他们的学习状况,以便安排后续活动的教学。

一、小学科学课堂为什么会有这么多的"乱"场面呢？

1. "乱"因方面

科学课本质——科学课强调学生主动参与,教学形式丰富多彩,提倡学生要以自主探究为核心,在宽松、融洽、民主的教学氛围中学习,那么"乱"场面的产生就自然而然了。

班级人数——从如今的教学现状来看,很多学校都是大班额教学,也就是按五人小组计算,每班至少有 10 个小组,甚至达到 15 个小组,以上这么多小组同时展开探究活动,那场面不可能不"乱"。

教师个体——不得不承认,科学课上的"乱"场面很多时候是由教师本身引起的,如授课内容枯燥,教学方法单一,没有将学科的魅力展示给学生,学生会觉得这节课枯燥无味,没有兴趣。另外,教师不懂得学生心理,对学生不够关心、不够体贴、不够宽容、没有鼓励,引发学生逆反心理等都是造成课堂"乱"的原因。

学生个体——如今的学生,已不同于 20 世纪六七十年代的孩子们,他们除了在课堂上接受学习信息外,在课外接触、学习信息知识的途径太多了,孩子们在知识的充实下,都充分展现了他们张扬的个性,面对纷繁复杂、神秘的科学世界,总会产生无比的激情,在宽松融洽的学习环境中,他们的个性得以充分展现,整个课堂将不得不"乱"。

2. 小学科学教师能否调控科学课堂的几个因素

（1）课前准备是否充分。科学课堂教学的内容是丰富多彩的,所以活动多,要求准备的材料多,课前选择并准备好充足的材料是探究活动能否顺利进行的保障。俗话说:"台下十年功,台上五分钟",应用到我们科学教师身上一点也不过分,当然课前的准备除了材料外,还有对教材的深刻理解,精心备课等等。

（2）实验活动的安排是否合理。科学实验中学生实验活动的安排是否合理,实验材料的呈现是否及时到位,是这节课是否成功的关键之一,案例 1 中出现的"混乱"场面就与教师活动安排不合理有着莫大的关系,如果教师能够在学生们讨论好探究方案后,再给学生呈现活动材料,那么案例 1 中的"乱"现象也许会变得生动而多彩。

（3）教师对课堂中学生的突发事件的处理是否公正。科学课堂中有着很多的活动、实验,而且在这些活动实验中会用到许多新奇而又脆弱的器材,那么就更加会出现一些突发事件。如学生把器材损坏了,学生与学生之间的矛盾对立等等,这个时候教师就要做出公正合理的处理,而不是轻率和武断的批评,这个时候,老师要放下架子弄清楚事件发生的真相,把学生放在心上,善待每一个学生,哪怕是故意犯错的学生。做学生喜欢的老师,师生双方才会有愉快的情感体验,那么这节课才会被学生接受,才会变得更加生动和美丽。

的确,现今的科学课堂是热闹的,再加上孩子们活泼、张扬的个性,教师一旦处理不当,这个课堂便会成为"混乱"、"无的放矢"的课堂,而作为科学教师的我们,不能因为这些"乱"而去焦虑,去担心,甚至去埋怨,而是应该勇敢地去面对,去挑战,让科学课真正变得热闹而又美丽起来。

3. 学会正确处理科学课堂上的"乱"

要在自己平时的课堂上给学生制定一些规则。什么样的规则?教给学生怎么听、说和做的规则。这些规则在平时的课堂上要花一定的时间进行训练。

说:(1)发挥教师的指导作用。小组的声音、全班的声音……要有示范,给个榜样。(2)关于说得怎么样,要给学生点评的时间,某个同学说得怎么样,某个小组说得怎么样。

听:(1)潜移默化,以身示范;(2)学会示范,理解对方;(3)教给方法,不断提高,要坚持不懈。

做:规定实验要等老师把目的、要求(做的要求,思考的要求,记录的要求)、方法(做的方法,思考的方法,记录的方法)、注意事项这些内容讲完之后再开始做。要求学生每次实验前都要有这个程序。等老师有开始实验的信号再开始,结束实验也要有结束的信号,或者实验前就约定实验的时间,时间到后有一个信号,马上结束实验。

二、处理好课堂教学调控中的几种关系

1. 认知调控与情感调控

在课堂教学中,对学生进行认知调控,教师要善于从各种渠道及时收集教学反馈信息,以实现认知信息的调控,优化认知信息的传输过程。教学中常用的反馈有教师对学生行为的观察、课堂提问、课堂练习、学生质疑问难、相互讨论、当堂检测等。大多数情况下教师会自觉地重视认知调控,但对教学中的情感调控却往往缺乏足够的认识和手段。现代教学论认为,课堂教学中师生的情感交流十分重要,是形成和谐参与课堂氛围的重要条件。教师的情感直接影响着学生的情感,也是影响学生注意力的重要因素之一。因此,教师在课堂教学中,要注意将自己的情感调整到最佳状态,以影响、感染学生,从而达到调控学生情感的目的。教师在课堂教学中始终都应情绪饱满,精神抖擞,目光有神,满怀激情,对上好课充满信心。例如,用热情自豪的神情抒发自己对美好事物的热爱;用严肃忧虑的神情表达对当前人类面临的种种危机的担忧等等。这样,学生就会情不自禁地与教师的喜、怒、忧、乐发生共鸣,达到以情激情、情感调控的目的。

2. 学生自控与教师调控

课堂教学效果如何在一定程度上要取决于课堂调控的方式与力度。调控的主体既可以是教师,也可以是在教师引导下的培养起一定主体自控能力的学习主体的自我调控,即学生自身的自控行为。这两种调控都对课堂教学的效果有很大影响,在一定程度上一节富有成效

的课正是这样一个由教师的有效调控与学生的成功自控形成的。教师外部调控虽然有时能促进学生认知目标的达成,但其缺陷也是显而易见的。它常常有片面性,难以做到因材施教,更不利于学生主体性的发展。因此要突破教师外部调控的局限,重视课堂教学调控中学生的主体地位。学生是一个有自我意识的人,能认识自己的思想、愿望、能力、情感,对自身行为的结果有一定预见能力,具备调节自己的行为的能力,并且这种自控活动始终贯穿于学习的全过程,如制定计划、选择方法、管理时间、执行计划、控制情感、自我评价、反馈补救等自主调控活动。

3. 微观调控与宏观调控

从宏观上看,全部教学工作,都是根据课程标准(或教学大纲)的目标要求进行的,具体可以体现为教学计划。这个目标一直贯穿于整个教学过程中,一般不会发生变化,具有一定的稳定性。教学过程就是通过课堂教学实现这个目标,这个过程可称之为教学的宏观调控。教学的宏观调控的要点是把教学计划(大目标)分解为各个单元计划(小目标),每个小目标的达成为下一小目标的实现创造条件。通过比较小的目标和教学效果,发现差别,及时调整教学措施,从而保证小目标得以实现,最终顺利地完成教学计划(大目标)。在课堂教学中,一般在一个单元教学结束后,进行一次形成性测试,发现教学中的问题并采取对策,改进教学,促进单元目标的达成。从微观上看,统摄于课堂教学的总体目标这个目的之下,还有许多影响教学效果的因素。首先,要调控好课堂教学气氛。教师要从调适自身的心理状态入手,为形成良好和谐的课堂心理氛围奠定基础。教师还可以用各种非言语行为(手势语、体态语等)来辅助调节课堂气氛。其次,要调控好学生的参与度。教师要充分调动学生眼、耳、口、脑的共同参与,使学生在教师的引导下,真正进入角色,以求得最佳的课堂教学效果。第三,要调控好课堂教学的节奏。注意张弛结合,不可长时间使学生处于紧张状态,造成疲惫感,教学节奏要主次分明,详略得当,避免单调枯燥或琐碎零乱。第四,要调控好课堂教学方法,要克服教学方法教条化、单一化的倾向,根据教材内容、教学目标和学生的具体情况,设计多种方法,以不断变化的信息去刺激学生的求知欲。

微观调控是宏观调控的基础,实施教学的宏观调控,离不开教学的微观调控;但没有宏观调控,课堂教学也会失去方向和目标。所以,从整个教学过程看,必须实现宏观调控与微观调控的有机协调、和谐统一。

4. 前馈调控与反馈调控

现代教学论认为,教师在实施课堂教学之前,要分析所教课程的内容,了解学生的学习现状,包括学生的兴趣和需要,学生的发展水平,以及教学方法和手段,并预测教学中可能出现的问题和可能的教学效果,进而对可能出现的问题采取预防性措施等等。这些在发生教学偏差之前所采取的措施,我们称之为前馈,这种教学调控就叫前馈调控。实施前馈调控可以从以下三点着手:首先,教师通过分析教学对象,采取必要的教学策略。通过对学生原有知识的了解与分析,确定教学策略和选择教学方法,避免教学的盲目性所带来的教学失误。另一方面,分析学生认知心理特点及认知发展水平,包括对学习的兴趣、情感、动机、意志等非智力因素进行分析,预测学生对来自教师的指导可能做出的反应和所采取的学习策略。教师据此采取恰当的与之匹配的教学策略,才能有效地促使教学向预期的目标靠近。其次,教师通过分析教学内容,采取恰当的教学策略。教学内容是否有心理意义,即学生是否具有认同这种新内容的原有认知结构,新内容能否给学生呈现出一个整体的知识结构。第三,分析教材的重点、难点,充分估计学生在学习中可能出现的问题与困难。

现代教学重视学生的主动参与,重视师生、生生的多边活动,为教学信息反馈开辟了新的渠道,如通过提问、练习、合作学习、小组讨论等多种方式,使师生、生生之间发生多向信息交流,形成教学信息的双向、多向和网状反馈,从而能及时从学生那里获得大量反馈信息,教师从中做出简洁、精辟、深刻的分析,以了解学生对教师输出信息接受和理解的程度,弄清哪些已达目标,哪些还有差距,从而及时调控教学进程,达到最佳的教学效果。

从反馈信息内容看,除了重视知识信息的反馈外,教师还要重视情感信息的收集和反馈。教师要通过及时捕捉学生的听课情绪、神态等情感信息,透过学生的眼神去识别他们那丰富多彩的表情语言,透视出他们那灵活跳跃的思想火花,从中推测和判断他们对教师输出的知识信息是否理解、满意,或有什么疑问和要求等,进而迅速调整教学措施,将教学继续引向深入。

三、可预测事件的课堂教学调控

1. 讲授步骤的调控

讲授步骤的确立主要是由两个因素决定,即教材内容的结构和学生的接受状态。前一因素几乎在课前课中没有大的变化。学生的接受状态则不然,教师在课前只能是预想学生的反应和接受状况。当教师教学经验丰富,十分了解自己的学生,这种预想就会比较准确。而一个新教师则容易出现忽略对学生的接受状态进行预想的步骤,或者出现课前的设想和学生实际反应不一致或者相悖的情况。

当然,无论新教师还是经验丰富的教师,都不可能保证在任何情况下都能在课前就十分准确地预想出学生在课堂内的反应。因此,预先设计教学步骤的时候就要考虑到可能会发生的变化,使教学步骤具有相当的灵活性。如教师能够根据课堂上的实际情况对教学步骤的先后次序进行重新安排,或对各个具体步骤的实施中用时多少进行调整,增加或取消一些具体步骤等。课堂教学中还会出现一种情况,就是教学过程中因遗漏某个知识点造成的设计步骤的混乱。当这种混乱影响到教学的科学性时,应当机立断,向学生道歉,重新按照预先的设计进行。当这种混乱无关大局,可做到不动声色,一边教学,一边思考过渡性语言,接上它。或者在教学将要结束,进行小结时意识到,那就在小结处进行强化处理。令学生听后觉得此知识点就该在这里出现。

2. 讲授方法和技巧的调控

教师的讲授方法和技巧常常根据所讲材料的不同而预先有所设计。例如教师在讲授一个概念、介绍一章或者一节内容时,事先会设计一种讲授方法和技巧,即使用演绎法,或是归纳法,或是否需要组织活动来进行强化等。有些教学方法和技巧不一定尽善尽美,当在课堂教学实际中发现问题时,就应及时调整。

四、不可预测事件的课堂教学调控

1. 实验导入的调控

小学生普遍有好奇心理,对于新奇的事物有着强烈的求知欲望。教师通过一些现象生动、鲜明地设计合理的实验,能成功调动学生的学习兴趣,集中学生的注意力。根据学生学习的心理活动,教师可以设计一些富有启发性、趣味性的实验,通过声、光、冷、热、色、气味等实验现象使学生获得大量感性信息,与此同时辅以"是什么"、"为什么"、"怎么样"的问题加以引导,将简单的现象观察、信息获得,纳入到学生思维发展的进程中去,起到"激其情、引其疑"的作用。如在实验设计中,可能会有几种方案,操作方法繁简不一,但都是合理的设计。教师如未估计到会出现这些不同方案,这就需要现场进行调控,以适应这种实际情况的发生。

2. 偶发事件的调控(教学机智)

小学科学课堂教学中会经常产生一些偶发事件,导致教学失控。这些事件大致可以分为以下几类:

(1)对学生的认知能力估计过高。疑难问题教学处理不好,课堂教学陷入被动。(2)对学生的认知能力估计过低。教学过程激发不起学生的求知欲望,课堂教学和学生思维陷入"钝化"状态。(3)学生的个体差异较大,个别学生的回答和发问或远离主题,或不着边际。(4)实验准备不足或设备条件不具备,导致课堂演示实验失败。(5)学生求异思维活跃,提出许多超越知识体系范畴或教学进度的问题等。面对偶发事件,教师要善于把握学生的心理行为特征,控制自己的情绪,不随便乱发脾气,尽量化解矛盾,不与学生发生正面冲突,与学生共同就某一个问题展开讨论时语气要尽量和缓,态度和气,对待学生的错误不可急躁,多进行换位思考。根据具体情况教师可以采取以下方法:①绕道迂回,调节难度。如果原来设计的问题难度过大,要适当变换角度或适当补充铺垫,放缓思考的坡度或化难为易。如果原来设计的问题过于浅易,要追加问题,以调节难度,实现预期的教学目的。②因势利导,变被动为主动。在教学过程中,由于突发事件的发生,课堂进度会被打乱,陷入被动,这时要想办法转移学生的注意力,将出现的事情与教学联系起来,使之收到意想不到的效果。小学科学课有很多演示实验,由于客观原因实验不成功或出现结果异常,学生往往议论纷纷,这时教师可马上话锋一转,引导学生分析实验为什么不成功的原因,分别引导学生从实验装置设计、条件的控制等方面进行思考和分析,同样可达到预期的教学效果。③当机立断,对症下药。当学生的发问或回答出乎意料之外,而根据要求必须做出明确回答时,应当机立断,果断地作出肯定或否定的答复,避免犹豫不决而带来的课堂混乱和学生思想上的彷徨。如果在教学过程中,对关键问题学生答非所问,要及时把握学生的思维脉搏,发现问题症结,采取针对性措施,善于反问和回避。当学生所提问题的实质要澄清,或者问题的依据不明确时,要善于反问,让学生在新的条件下进行思考找出结果。如果学生所提问题超出当堂所学内容(以后学习中还要研究)或重点时,应予以回避。可婉转加以说明,但避免节外生枝,喧宾夺主,影响到教学任务的完成。

【知识导航塔】

一、树立科学的课堂纪律观

虽然有时课堂上的"乱"可以使科学课堂更加丰富、生动,但并不是说就不要纪律了,课堂需要纪律,实验讨论也要有秩序、有规则,一个吵吵嚷嚷、秩序混乱的课堂很难保证教学目标的完成。但是,也并不是要求学生守纪律就是"两手放背后,双腿并拢,身端体正",课堂上除了回答问题外,什么多余的言行也不能有,这样必然会扼杀学生的天性,必然会束缚学生的思维空间和想象力。我们更注重的是学生个性的张扬,思维的飞跃,智慧的启迪,所以我们希望看到这样的科学课的课堂,"教室里没有乱七八糟的喧闹声,但是,有激烈的讨论声,教室里没有蹦上蹦下打闹的身影,但是有自由离开座位与同学教师交流、讨论的身影"。

1. 重视实验的特殊意义,克服放任、随便思想

陶行知先生强调说:"想象力和实践能力的培养要从小的时候抓起。"而实验是把所有过程放在一起的科学过程,是最为常见的实践形式,其最重要的作用之一是培养小学生的实验操作能力。更何况通过实验的方法来说明科学知识是极有力的手段,具有具体的、视觉上的代表性。小学实验的另一主要作用是培养学生对科学学习的兴趣,从而推动学生去探求更多新的科学知识。作为教师,更应重视实验的这些特殊意义,给学生创造更多的实验机会,并带动学生一起重视实验,克服放任、随便思想,进而积极主动地参与实验。

2. 建立实验规章制度和评价制度

(1)制定一系列的实验规则,如:在老师允许开始实验前不得自行摆弄实验器材,实验中注意爱护实验器材,实验结束后把器材整理干净等。教师要不时辅导学生学习这些实验规则,从而使其养成良好的实验习惯。

(2)老师可以给学生分配角色或任务。指定某人担任实验小组长或小组同学轮流担任小组长;给实验桌旁的凳子编号,即给学生编号;按编号分别规定每个学生做什么,如:1号同学是组长,取屉子里的器具,2号同学倒开水等。

(3)老师可以要求学生做必要的实验记录和书写简单的实验报告,进行科学方法的教育。

(4)老师可以制定实验评价制度。小学生的集体荣誉感已初步发展起来了,所以教师可以采取小组比赛等比赛机制调动学生实验的积极性。根据学生的实验表现给予灵活的评价,注意评价应以鼓励为主,以增强学生实验的自信心。

3. 形成民主、平等的师生、生生关系,营造良好的课堂气氛

任何学科的教学都是在一定的课堂气氛中进行的。课堂气氛是影响学生主体角色形成,影响教学效率的一个重要因素。教学实践表明,良好的课堂气氛可以提高学生的学习积极性,促进他们的智力活动;反之,只能使学生"呆若木鸡",唯唯喏喏,以致阻碍他们认知过程的顺利进行。实验是学生探索、发现科学的过程,设想如果课堂上只剩下一群"呆若木鸡"的学生在重复着刚才教师演示的动作难道就是理想的课堂纪律了吗?不!这样的实验课堂完全否定了实验的意义。而反之,如果学生在实验时,各抒己见,积极探讨,学生在探究过程中会边实验边研究,为了探究一个问题离开座位、离开学习小组,为了问题的一致不一致而争得面红耳赤,这样的课堂似乎有点"乱",实际上是"活"。但"乱"和"活"的界线在哪里?专家指出:"评价课堂教学乱不乱,要看学生的注意力,如果学生的注意力集中在学习上,形散而神不散,这样的课堂教学就不叫乱。"所以,教师要把握好整体方向,有一个主题目标。有些学生为了玩,可能离开了探讨范围,教师要采用必要的措施将其引导回来,使其加入集体之中。教师要随时提醒学生不能在课堂上做与探讨问题无关的事,使他们的注意力始终围绕着实验所要解决的问题。

4. 最大限度满足学生动手的愿望

针对现在大多数学校没能配备足够多的实验器材,没能组织实验或多人成组实验,一部分同学根本没有机会动手实验而引起的纪律问题,最好的办法就是为他们提供尽量多的动手机会。这些机会要怎样提供?

(1) 化繁为简,使实验材料通俗化。遵循直观易行的教学原则,在教学中尽可能做到化繁为简。有时,说明一个道理的实验很多,不一定要用书上提供的复杂的实验,这就要注意直观性,使学生做起来困难小、效果好。简单的实验同样可以达到复杂实验的效果。例如上《大气压力》时,用马德堡半球实验可以证明大气压力很大,没有此器具就可以用皮揣子代替。讲《导体》一课时,可以搜集牙膏皮、电池皮、铅笔芯、塑料片、钉子等来做导电实验,效果也很好。

(2) 强调多做多练,适当加强实验密度,减少实验课上学生过度兴奋的情况。比如:学习《透镜》时,发给每个学生一根火柴,两个人一组用透镜聚光线,尝试一个点燃火柴的实验。学习《摩擦起电》时,让学生每人都摩擦一下塑料尺、塑料袋等。

(3) 分组、分角色进行实验。小学生具有独立性差和动手欲强的矛盾性,在调查中发现有73.5%的同学希望以2—4人合作的形式进行实验。但每组中只有一套实验器具,势必有人要成为协助者,那么谁来当这个协助者呢?孩子们往往难以自行协调解决。因此,教师可以加以规范:比如可以把学生分组后,再把组中成员冠以操作员、策划员、记录员等角色,各尽其责,合作完成实验。下次实验时,各角色按一定次序进行轮换,保证每个学生都能参与实验,每个学生都有一定的动手机会。

5. 培养学生的学习兴趣

(1) 以奇引趣。小学生都有强烈的好奇心,在指导学习的过程中,可以对他们的好奇心加以诱发,唤起心理效应,激发求知欲望。如教《氧气》时当学生们看到木炭在纯氧中剧烈燃烧,并发出耀眼的白光时,会惊叹不已。强烈的好奇心和求知欲往往油然而生。在教《摩擦起电》时,让学生把塑料尺子在头发上摩擦几下,然后去接近小纸屑,当看到小纸屑一片片飞向塑料尺时,他们会被这奇异的现象激起浓厚的兴趣,强烈的好奇心促使他们去设法解开其中的奥秘。

(2) 以疑引起。在实验开始时巧妙设一个疑问,使学生主动地到实验过程中探求知识。如《水的浮力》一课的导入,课前教师让学生把小木块和小铁片等物体一起放入水槽中,同学们发现木块浮在水面上,铁片沉下去了。教师问学生"为什么铁片会沉在水里,木块却浮在水面上?"由此激起了学生对科学发明创造的兴趣,产生想弄明白的想法。

(3) 起点低、形式活。对于初入科学实验之门的孩子来说,要低起点、低要求,使实验具有较高的成功率。如做小水轮实验,造纸桥等。学生只需要高高端起水杯向小水轮的叶片倾倒,小水轮就会转起来;只要将叠好的纸桥"部件"搭成"几"状,小纸桥就算做好了。有些实验可以用游戏的方式进行,如做磁铁吸铁实验时,设计一个钓鱼游戏,"鱼钩"由磁铁做成,"鱼饵"则有的是铁皮做的,有的是橡皮泥做的,有的是塑料纸做的。学生只要拿起"鱼钩"去钓,就能发现磁铁与铁的关系,学生的内心必将产生"我成功了"、"我明白了"的喜悦心情。从而很好地调动学生参与实验的积极性。

二、小学科学课堂调控的保障——预设与生成

教学预设。通俗地讲,预设就是教师的教学设计,反映教师的教。它集中体现教师的理念、智慧、机智和经验等要素。教学预设只反映一个思路,是一个粗放型的结构。预设本身是必要的,它能确保教学的理性和有效性。好的教学预设是在教师理解教材的基础上,统筹考虑"三维目标"的整合,站在发展高度来设计,关注教学活动中师生双方的发展。

课堂动态生成。动态生成,是指教师在课堂上以学生有价值、有创见的问题与想法等细节为契机,及时调整或改变预设的计划,遵循学生的学习问题展开教学而获得成功。科学课堂上,教师要随时掌握学生在探究活动中所取得的进展、面临的困难和出现的问题,对活动的状况及时作出判断,并决定应当采取的指导策略,把确有价值的和学生在探究中产生的问题及时地纳入教学内容之中,使之适应学生的学习需要,并根据学生在科学探究活动中的新情况,适当地修改活动方案,调整教学进程,使教学具有灵活性、变通性和针对性。教师要尊重学生的答案,对学生的答案作延迟判断,不要轻易否定。课堂教学中要把学生的不完美或者错误答案作为一种教育资源加以应用,引导学生不断反思和矫正自己的学习结果和学习行为。动态生成的课堂应具有以下三个特征:(1)体现了以学生为主体;(2)满足了学生探究的欲望;(3)展现了课堂教学的真实性。

1. 预设是课堂生成的前提

解读课程标准,钻研教材,并依据学生的情况来设计教案,这是教师所特有的工作,预设教案犹如杜威所说,每一位老师带着自己的哲学思想走向课堂,愈是优秀的教师,设计教案的水平与质量愈高,预设一个高质量的教案,既是教师经验的积累,也是教学机智的展现,其间蕴含着教师的教育教学智慧。预设教案,可以更好地发挥教师主导、学生主体的作用,提高教学效益。一个不争的事实,就是现实的课堂大多还是预设成功的。

一个好的活动的开展,需要教师对学生的现有认知情况、学习需求进行合理的分析,并根据教材内容进行合理化的预设。我们常发现学生的回答跳出了教师原有的预设范围,而迫使教师不断地加以诱导、启发,这种产生的非预设性生成的问题,我们认真地思考后,也就应该从教师的预设方案来思考。"我的预设性活动合理吗?""这个活动的开展会有哪些变量情况?""在活动中不同层面的学生都会有哪些不同的变化?"教学设计要为动态"生成"而"预设",使教学尽可能在"预设"之内"生成"。我们的"预设"要从教师的"教"走向学生的"学",更多地为学生的"学"而"预设"。要正确处理好活动中的预设与生成的问题,首要一点便是科学有效地合理预设。一个合理化的预设需要教师有以下几个方面的准备:

(1) 预设的资源要丰富,对教材的知识体系有一个全面的了解,深入分析教学内容的学习因素。必须根据自己学生的情况和周边的环境,其他可利用的资源,对教材进行重组、整合、删或添。

(2) 预设的目标要合理。教师对自身预设活动的目标要深入理解,要考虑学生在学习过程中够不着目标时,怎样根据过程的再展开设定过程性目标并及时对目标进行选择与协调。

(3) 预设方案设置弹性问题,留下弹性时空,使预设空间具有更大的包容性和自由度。教学是一个动态生成的过程,教学的动态生成性对预设方案提出了更高的要求:关注学生的

发展,关注学生的个性差异。预设是为了生成的有效,更使教师胸有成竹地从容又不失灵活机智的创造成为可能。关注预设、生成等的问题,不可避免会出现意料之外的情况,教师应该针对问题,采取多样化方式加以解决。不死搬硬套,不随意跟着学生的思维走。

(4) 强调预设活动的结构化,给学生较大的思维空间。

2. 动态生成是课堂预设的升华

课堂教学必然有无法预知的生成。课堂教学是活生生的生命个体的对话与交流,因此生成性是课堂教学的重要特点。不承认课堂教学的生成性,对课堂教学进行过度预设,不允许课堂教学出现任何意外、"错误",这样的课堂就会缺乏弹性和活力。教学活动是无法硬性预设的。活动细节的控制,活动的量、度、面的把握,有时甚至活动形式的采用都可能是临时生成的。华东师大的吴刚平教授说:"真实的教学情景是具体的、动态生成的和不确定的,需要在教学过程中才能呈现出来,不是为了观赏。"真实的课堂应该面对学生真实的认知起点,展现学生真实的学习过程,让每个学生都有所发展,不能把学生当作白纸和容器,随意刻画和灌输,牵着学生鼻子走。

在实施预设教案的过程中,教师要提高课堂应变能力,随时捕捉学生的疑问、想法、创见等精彩瞬间,充分利用生成性资源,调整预设的教学目标、教学方案、教学活动,把师生互动和探索引向纵深,使课堂产生新的思维碰撞和交锋,从而有所发现,有所拓展,有所创新,促进教学的不断生成和发展。

3. 预设与动态生成是辩证统一的

一方面,只有生成没有预设的课堂教学是不可思议的,不仅形散而且神散,那种单纯的生成实质是"放羊","随意性"是其特点,它放弃教学的责任、教师的责任,会严重影响课堂教学质量;另一方面,缺乏生成的预设,课堂是死气沉沉的,"封闭性"是其特点,那种所谓的预设不仅会严重束缚课堂教学中师生的生成能力,而且慢慢会扼杀师生的创新精神、探究欲望和生命活力。

所以,企盼较快融入课程改革,需要教师在继承传统的预设教案的基础上,逐步加大课堂教学改革,使自己真正成为课堂的组织者、参与者、合作者。特别是在新课程改革中要防止浮躁,避免因追求新潮而丢掉根本,在连基本的预设教案尚且存在问题的情况下,又去全盘照搬动态生成,或者放弃自己本身已具备预设教案的良好条件,以动态生成取而代之,都有可能欲速则不达。新课程的实施策略,更显出课堂是瞬息万变的,教师只能从学生的现状作出多种假设,拟定一个大致的框架、轮廓或者是学习的最佳路径,作板块式教学设计,并在运用中随时加以调整。

【任务接受所】

1. 有位老师在执教《把固体放入水中》这一课时,这样组织教学:

师:同学们,看看老师今天给大家准备了哪些材料?

生:……

师：如果把这些固体分别放入水中，会出现什么情况呢？

生：有的会浮，有的会沉。

师：那么，这些固体在水中哪些会沉？哪些会浮呢？请你们把预测记到实验表中去。

师：我们的预测到底对不对呢？让我们用实验来证实吧！

（学生开始实验，发现有的会浮，有的会沉，猜对的同学十分兴奋……）

师：刚才通过实验，我们知道了把固体放在水里，有的会浮，有的会沉。我们周围哪些是会浮的，哪些是会沉的？……

此时突然有学生提出："轮船是铁做的，为什么能浮起来？"课堂顿时骚动起来。

（打乱了教师准备继续进行的固体在液体中溶解环节）教师一时茫然，不知该如何处理，只好回答这个问题我们以后讨论。

分析：教师在这个教学片段中提出了问题，并针对问题做了"预设（猜想）"，然后又引导学生通过"实验"验证了自己的预测。但稍加揣摩，我们就会发现，整个过程只是仅仅引导学生对一个简单的问题进行简单的猜测，然后进行简单的活动，整个活动过于肤浅，学生探究过后没有什么收获。像这样把无需探究的内容拿来探究，只能贬低探究的价值，导致探究的浅表化、庸俗化和教学时间的浪费。

"假如把这些物体全部放在水里，会发生什么现象？"这个问题对三年级的学生来说并不能构成一个真问题，因为生活经验早就告诉他们："物体放入水里后，有的是会浮的，有的是会沉的"。而"哪些物体会浮，哪些物体会沉？"这一问题只涉及事物变化的表面现象（其解答程序过于简单，只是放在水里便得出答案），若不进行挖掘引申，则不能作为一个可供研究的问题而存在，充其量只是一个引出问题的"引子"。但老师没有通过这个"引子"引出一个孩子们真正感到困惑，并且值得研究的问题。而此时学生提出："轮船是铁做的，为什么能浮起来？"对于学生来说，这个问题是生活经验与探究结果发生了矛盾，思维上产生了新的困惑，脱口而出的，这本是个极有价值的问题，学生对这个问题也很有兴趣，此时掐灭学生思维的火花，是十分可惜的。

在科学课的课堂教学中知识内容要尽量少一些、精一些。而科学教学的内容要展开，展开了才可能有深度，才有可能让学生真实、生动地受到科学素养的养成教育。如果当时教师能因势利导，将后继的探究推向一个更高的深度，将大大地激发学生的探究欲望。

由此可见，科学课教师要善于钻研教材，把握住教材的结构性，选择有价值的活动。在深挖教材上，我们既要重视知识的内在联系和本质规律，也要重视知识的发生过程和科学探究过程。只有这样，才能减少像上例一样出现本身所蕴涵的知识能力太浅，让学生宝贵的探究兴趣转瞬即逝的现象。

你认为上面分析是否合理？谈谈如何进行课堂调控？

2. 有一次科学课，安排在上午第二节，第一节下课后，某位教师拿了一些要上课的教具来到教室里，发现许多学生都聚集在一起观察什么，该教师走近一看，原来他们在"玩"从花坛里抓来的蜗牛。一边用手摸着蜗牛的触角和壳，一边在讨论："为什么今天有这么多的蜗牛？""你看蜗牛的头上有什么？""你在什么地方抓到的？""在我们家的菜地里也有蜗牛。"

"蜗牛喜欢吃什么?""可能吃草吧。"……教师一看表,马上就要打上课铃了。看到学生的兴趣如此浓厚,临时决定改变预定的教学内容,以蜗牛为研究对象上了《软体动物》中的部分内容。由于满足了学生的兴趣,课堂气氛活跃,效果也不错。

你认为上面教师的做法合理吗?下面的解释你能认同吗?

教学目标是为指导教学活动而制定的,教学目标一经确定,这节课的教学活动就要始终不移地围绕目标展开。目标成为整个教学活动过程的灵魂。实际的教学过程中往往会出现偏离目标的情况,有时甚至会南辕北辙。出现这样的情况需要教师沉着处理,及时引导。当然,如果教师对科学课的整体目标把握得比较好,可以根据学生的学情,从既定的教学目标转移到另外的临时目标,从而改变课堂教学的内容,虽然一节课的既定目标没有实现,可以从另外一节课或几节课中得到补偿,进而完成课程或单元的整体目标。

【阅读资料】

和谐教学的原理

和谐教学,是指按照系统论的观点,在教学过程中力求使教学过程诸要素之间以及教学过程与教学环境之间始终处于一种协调、平衡的状态,从而减轻学生负担,提高教学质量,使学生得到全面和充分的发展。要实现和谐教学,就必须实现教学过程的和谐以及教学过程与教学环境的和谐。

1. 教学过程的和谐

教学过程主要由四个要素构成,这就是教师、学生、教材和教学方法。这四个要素的相互配合,构成了以下六种关系。这六种关系只有处于和谐状态,才能实现课堂教学的优化,才能提高课堂教学的效率。

(1) 教师与学生的和谐。教师与学生是教学过程中两个最主要的要素。现代教学论特别强调师生之间的人际关系,认为平等、相互尊重与信任的师生关系有助于提高课堂教学的效率,有助于发挥学生的聪明才智,有助于师生的身心健康。

(2) 教师与教材的和谐。教材是体现教学内容的知识载体,是进行教学工作的基本依托。在教学过程中,教师要明确教学大纲的要求,把握每堂课的教学任务和教学目的;要准确把握教材的重点和难点,并将重点和难点讲清、讲透,而对于非重点或者很容易的内容则可以一带而过甚至不讲;要根据教材的特点和学生的特点大胆地处理教材,不拘泥于某些形式和内容;不但要备课,而且要"背课",只有对教学内容"烂熟于心",讲课时才能得心应手,左右逢源,深入浅出,才能把大部分时间集中到观察学生和考虑教法上来。

(3) 教师与教学方法的和谐。常言道,教学有法,教无定法,贵在得法。教学有法,是指任何教学活动都必须遵循教学的规律和教学的原则,都必须按照一定的教学模式或者教学程序来进行。教无定法,是指任何一种教学方法都不能机械地照搬照用。贵在得法,就是指要根据教学目的、教学内容、教学对象、教学环境等的不同,从实际出发,在课堂上采取相应的教学模式和方法,做到有的放矢,讲求实效,灵活运用。

(4) 学生与教材的和谐。教师要从学生的实际情况出发为学生选择难度适中的教材,这是解决这一和谐关系的最重要的一步。而对学生本身而言,则要注意新旧教材中内容的衔接,避免出现知识的断层。不仅如此,学生要学会预习,力争对新知识有一定的认知基础,为课堂上顺利接受教师的讲解奠定基础。同时,学生要及时进行课后的复习,以加深对所学知识的感知、理解、记忆和应用。

(5) 学生与教学方法的和谐。在教学过程中,学生与教学方法的和谐表现在多个方面。首先,教师在选择教学方法时,必须切实了解学生的知识基础、学习习惯、接受能力、参与的主动性等。其次,任何教学方法,都必须取得学生的积极配合,不然只有教师一厢情愿,往往会事与愿违。第三,任何教学方法都是教法与学法的统一。教师在进行课堂教学时,不仅要考虑到教师怎么教,更要考虑到学生怎么学。

(6) 教材与教学方法的和谐。教材往往是根据一定的教学思想和教学原则来编写的,是教学方法得以采用的依据。教学方法往往必须与相应的教材相适应。与此同时,教师也要注意灵活吸收各种教学法的优点,为自己的教学活动服务。

2. 教学过程与教学环境的和谐

教学环境包括物质环境和心理环境两部分。物质环境包括教室的选择与布置、教学设备、教学工具等。心理环境包括师生之间的关系,同学之间的关系,班风、学风等。教学过程只有与教学环境密切配合,相互适应,才能使教学处于和谐状态,提高教学的质量。

这里特别要强调教学过程与心理环境的和谐。和谐的心理环境主要体现在教师与学生,学生与学生相互尊重、信任、爱护、帮助,在课堂教学中配合默契。只有这样,师生才会投入到教与学的活动中来,课堂才会更加充满生机和活力,学生才能体会到学习的乐趣,产生满足感和美感。

参考信息资源

【1】叶澜.教育概论.北京:人民教育出版社.1999年版,2004年重印.

【2】卫建国,张海珠.课堂教学技能理论与实践.北京:北京师范大学出版社,2006.

【3】张红霞.小学科学课程与教学.北京:高等教育出版社,2004.

【4】徐敬标.有效教学——小学科学教学中的问题与对策.长春:东北师范大学出版社,2007.

【5】现代学习方式下教师应具备的教学技能.http://www.whhyzx.cn/Web/xyxw/xnxw/194503578.html

【6】元认知、元认知策略、元认知学习策略三者是什么关系?http://blog.sina.com.cn/s/blog_5f35d24a0100ebmo.html

【7】《小学教学技能》课程大纲.http://www.teacher.com.cn/netcourse/tln018a/chapter/kcdg.asp

第十三章 小学科学教学板书设计技能

　　板书是教师根据教学的需要,运用文字、图表、符号等再现和突出教学内容,向学生传递教学信息的必要教学行为方式。它是教师钻研教材、概括教学内容的产物,是小学教师创造性思维的结晶。教科书中的内容大多较为复杂,板书却要简洁精练。

【观点演绎场】

　　△ 板书设计是教案的重要组成部分,决不是可有可无的。其实,好的板书设计,就是一个"微型"教案。上课时教师略一顾盼,便可一目了然,使整个教学成竹在胸,有头有绪,得心应手。

　　△ 板书是工具。工具是用来为"目的"服务的。教懂学生,教会学生,使学生学会、会学,是教学的目的。板书为了达到这一目的,就必须有自己鲜明的"目标"。板书设计是整个课堂教学的有机组成部分,任何一则好的板书都是为一定的教学目的服务的。

　　△ 教学板书是教材内容的集中反映,是教师依据一定的教学目的设计而成的服务于学生学习的书面语言。板书是教师上课时为帮助学生理解、掌握知识在黑板上书写的简练的文字、图表、符号等,它是用来传递教学信息的一种言语活动方式,又称为教学书面语言。板书以其简洁、形象、便于记忆等特点深受教师和学生的喜爱。板画是板书的一种特殊形式,板画也叫黑板画,是教师在传递教学信息的过程中,以简练的笔法,将事物、现象及其过程描绘而成的生动形象的特殊板书。板画能突出事物或现象等的本质特征,示意过程。板画是以线条、一笔画、简笔画、漫画、素描等方法绘制的形象画、模式图或示意图等图画形式来代替抽象的文字符号。为真正发挥板画的教学功效,教师需要掌握板画的基本技巧和方法。

　　△ 板书是教师利用黑板,运用文字、符号、图表辅助课堂教学的最平凡、最基本的教学手段。是小学教师根据教学需要,在黑板上表情达意、教书育人的黑板(书面)语言。教学板书是教师对教材科学研究的结果,又是教师审美旨趣、艺术个性的体现。教学板书设计是一项艰难的系统工程,需要设计者依据一定的条件,遵循一定的原则,掌握一定的技能,懂得一定的方法,按照一定的步骤,才能完成。

　　△ 板书设计,能够突出重点、揭示难点、化难为易、化繁为简,使学生明确目标、开启思路、激发兴趣、陶冶情操,降低学生理解掌握知识的难度,增强教学的生动趣味性,有效地提高科学课的教学效果,所以人们把精心设计的板书称为"形式优美、重点突出、高度概括的微型教科书"。

　　△ 板书有长时间地向学生传递信息的作用。板书首先是文字,当初,先民制造文字就是

为了记录语言、传达信息。将语言和知识用文字记录下来才能进行长时间的传递，如果我们没有文字，我们在教育学生时只能采用口传身授的办法。这样，我们的知识会越传越少，古圣贤的知识也不可能传到现在，科学也就难以发展，社会也就难以进步。

△ 板书一般可分为系统性板书和辅助性板书两种类型。系统性板书是对教学内容的高度概括，如讲课提纲、基本内容、重要结论等；辅助性板书是根据教学需要，将一些重要概念、名词术语或重要的时间、地点及其他需强调的内容，简要地写在黑板一侧。系统性板书一般写在黑板重要位置上，相对保持时间长些，辅助性板书往往边写边擦。

△ 板书的作用：板书有助于将教学内容分清段落、表明主次，便于学生掌握教学内容的体系重点。板书的要求：(1) 在内容上对教材高度概括，做到简明扼要、重点突出、纲目分明、提纲挈领、繁简适中（要少而精）。(2) 在布局上要求安排合理、层次清楚、前后呼应、体现知识的内在联系。(3) 在字迹上要求端庄大方、清楚、醒目、秀丽。(4) 在书写格式上要突出关键词，结合教学过程使学生思路分明，留下深刻印象。(5) 整个板书要有计划有准备。板画种类：立体透视图、正投影图、剖面图、示意图。板画作用：(1) 帮助学生建立直观形象。(2) 比板书更加简明生动，且易使抽象的事物具体化。

△ 板书设计既是一门科学，又是一门艺术。说它是科学，要求它必须遵循一定的原则和方法，做到准确、完整，重点突出，正确展现教学内容，表达教师的教学意图；说它是艺术，要求形式优美，简洁生动，风格独特，给人以美的享受。教师在设计板书时，应根据教学内容，教学环境和学生认识特点、兴趣等多种因素，结合自身的特点，设计出"形式美、艺术美、内容美"的板书，让板书字与字、行与行疏密得当，大小适宜，照应严谨，气韵生动，浑然一体，激发学生的学习兴趣，训练学生思维，推动教学改革深化。

【教学案例园】

案例1：一位老师在上《怎样加快溶解》时，板书如下：

对比	水一样多	搅拌
	糖一样多	弄碎
	同时放	用热水

案例2：小学《科学》五年级下册《沉浮与什么因素有关》

（一）回忆、分析不同材料的物体在水中的沉浮现象

导入：同一种材料构成的物体在水中的沉浮变化与它们的体积、轻重（板书：体积、轻重）——没有关系。那么，不同材料构成的物体的沉浮变化与它们的体积、轻重有没有关系呢？

（二）用"控制变量"的方法研究轻重、体积大小与沉浮之间的关系

1. 控制物体体积

(1) 提供小球，观察有什么特点，推测它们在水中的沉浮。

(2) 学生分组实验并记录。

实验一：小球的沉浮（从重到轻排列）

小球	红球	黄球	褐球	思考：小球的沉浮和它们的轻重有关系吗？
预测				
结果				

(3) 交流：实验结果与你们的预测一样吗？

(4) 根据你们观察到的现象，有什么发现？（板书：体积相同时，重的容易沉，轻的容易浮）

2. 控制变量的研究方法

(1) 为什么借助这一组材料，我们就研究出了轻重对不同材料物体沉浮的影响？

(2) 研究某一个因素是否对物体产生作用，科学家往往采用控制其他因素不变的方法来进行，这叫控制变量的研究方法，是科学研究中常用到的。（板书：控制变量）

3. 控制物体的轻重

(1) 运用这个方法，想一想要研究体积大小与沉浮是否有关，该选用什么样的材料？

(2) 师演示实验，有什么发现？能得到什么结论？（板书：轻重相同时，小的容易沉，大的容易浮）

……

板书设计

沉浮与什么因素有关

控制变量　　轻重？　　体积？

（小球）体积相同：重的物体容易沉，轻的物体容易浮。

不同材料构成的物体

（立方体）轻重相同：小的物体容易沉，大的物体容易浮。

案例3：苏教版小学《科学》五年级上册第三单元第二课《导体和绝缘体》

板书设计：

导体　　和　　绝缘体
↓　　　　　　　↓
容易导电　　　不容易导电
金属　　　木头　塑料　橡胶
水　人体
安全用电

【分析反思亭】

案例1：板书的中间部分内容是针对右边三种实验方法提出的共同注意点；左边有效地提示学生，本实验采用对比法进行。这样的板书既为学生讨论"弄碎"、"用热水"等实验步骤提供了提示，也为学生的实验提供了注意事项，起到良好的辅助效果。

案例2：根据内容，做出比较性的板书，设计出比较性的问题，让学生思考，做出解答。突出教学重点，显示教学内容。

案例3：板书的设计是在教学的过程中动态生成的，此板书不仅突出了教学重点、体现了教学难点，而且条理清楚、层次分明，便于学生理解、记忆。

板书板画技能是指教师利用黑板以凝练的文字语言和图表等形式，传递教学信息的行为方式，是教师进行课堂教育的一个重要的辅助手段。虽然多媒体技术已逐渐在课堂教学中发挥其明显优势，但在实际教学中，它们无法替代也不可能替代所有板书的功能。如今的科学课，很少关注老师的板书。科学课上，很多老师不写板书，或者是写了一大黑板，但没有头绪，没有重点。好的板书，犹如画龙点睛，能吸引学生注意，加深印象，有突出重点、难点和提升知识、方法的作用。

一、小学科学板书的基本原则和要求

每个教师在备课时都要设计板书，要想设计出好的板书，需要明确板书的原则和要求。

1. 板书要条理清晰

板书首先是教师讲课的提纲，提纲决定了教师讲课内容的先后顺序，体现了知识内容的层次性及其内在联系。为了讲课有条不紊，让学生听得明白、看得清楚，板书首先要条理清晰合理，层次清楚，并且能够反映出知识的内在联系。

要设计出好的板书，首先必须仔细研究教材，弄清楚教材结构有哪些知识点，每个知识点又有哪些知识要素，它们之间有什么联系，哪些是重要的，哪些是次要的，等等。经过这样层层分析，理出头绪，再确定设计形式，板书写什么，怎样写，先写啥，后写啥，突出啥，美化啥……经过这样深入研究教材，深思熟虑设计出的板书，才能做到条理清晰，层次清楚。

2. 板书要简明扼要

板书贵在简明扼要。"简"是字不多，话不长。设计板书字要少，话要短，一个标题、一个要点能用两个字的就不要写三个字，能用一个词的就不要用一句话，能用一个公式的就不要用文字描述。"明"是意思明确，一条板书不管是一个字、一个词、一个公式还是一句话，都要明示一个方面的问题。这简短的文字或公式要扼其要害，抓其要点，能够统领一个方面的知识。板书简明扼要，学生一抬眼就看得清楚明白，毋庸到冗长的文字堆里去寻找什么。

板书简明扼要，能起到提纲挈领的作用，有益于教师按照提纲挈领的思路讲课，也有益于学生按照提纲挈领的思路理解和记忆知识。板书简明扼要还有其他一些好处，如节省时间，节省教师的气力等。

3. 板书要美观生动

板书需要美观动人,"美观"学生就爱看,就能吸引住学生,美观能给人以深刻的印象,美观能促使学生愿意抄笔记,因而美观动人有利于教学亨通。例如在地理教学板书中,恰当地使用彩色粉笔是最简单易行的美化方法。将板书文字在排列上做些艺术性的处理,其效果会显得不同凡响。把文字标题或知识要点编写成对仗句、诗歌之类,备受学生欢迎。板书使用一些几何图形,比单调的文字要增加许多直观性和美感。画上一幅必要的简略地图,这是地理板书别具一格的特色。如果结合文字、几何图形、地图等配上简单明快的图画,诸如景观、物产等,就显得更加形象生动,更加引人入胜,其乐无穷。板书整体布局的起码要求是均衡和对称,并且要把重要的东西放在黑板中间的显著位置,才能给人以平稳、舒服和美的感觉。在板书的排版上有三忌,一忌没有编排地瞎胡乱写,二忌不把黑板分割成条块从左到右一直写过去,三忌偏左、偏右、偏上、偏下。

板书写字也要工整美观,虽不必达到参加书法展览的水平,但也不要写得太潦草,这就需要平时多练写字基本功。板画的画法应符合制图的基本要求。板画时一般不需要把物体的各个细节都画出来,应做到笔画简洁,主体突出,直观明了。板画的画面比例应当尽量能与实物相比较,在同一图中比例尺要尽量统一。例如,画天平时,应尽量使天平两臂等长,两托盘相同。

4. 板书要形式多样

任何事物都有内容和形式的问题,内容决定形式,形式表现内容。板书形式应当多种多样,如果一种形式一贯制地使用下去,天天老样子,久而久之,再好的形式也会变得庸俗而乏味,失去它的魅力。换一换形式就能给人以耳目一新的感觉,花样翻新可以使人为之一振,兴趣大增。根据教材的内容特点,设计出形形色色的板书,各种形式交替综合运用,才能保持它的青春活力,才能永远受学生的欢迎,才能充分地发挥它的积极作用。

5. 板书要设计小样

不少有经验的教师在深入钻研教材,认真备课的基础上,结合本班学生情况,在上课前会设计一个切实可行的"板书提纲"——小样,贴在教案的后面。上课时,由于对板书内容心中有数,使讲解和板书相互配合得更加井井有条,效果更佳。

二、小学科学板书的种类

一般说来,小学科学课堂上的板书大体上有五种形式。此外,还可采用剪贴图法。

(1) 纲要式板书。这种板书是教师讲解本节科学课的提要,要把内容板书得清楚、醒目、端庄,用的词语要准确恰当,行款格式要符合规范。纲要式板书往往是为课堂教学作总结时用。

(2) 图示性板书。这种板书是为教师讲解某个科学概念,归纳科学中法则、公式、规律时用。可以运用图表、图形、演示教具进行讲解。这种板书应精心设计,摆好图表、图形在黑板上的位置,使学生便于归纳、总结,一目了然。

(3) 对比式板书。这种板书要把易混概念、法则、公式进行对比,可以采用上下对比或左右对比,在对比中分清正误,在对比中进行辨析,在比较中使用彩色粉笔及时勾出重点。

（4）串联式板书。这种板书是把有联系的概念、公式、法则进行归类整理成为知识系统。在板书过程中图文并重，相辅相成。在关键处、重点处应及时强调，在知识发生转化处进行讲解；只有这样才能起到串联功能。

（5）零星板书。在采用纲要式板书、图示性板书、对比式板书和串联式板书时教师随时把不易理解的词语、易写错的字词，写在黑板一侧，随写随擦。

在小学科学课堂教学时，教师在教学中可以一种板书为主，其他种板书为辅，有主有次，有主有从，精心设计才能获得较好的教学效果。

（6）剪贴图法。有些复杂的挂图一下子出现在学生面前，容易分散学生的注意力；同时，因为挂图复杂，结构较多，不易引起学生的注意，这些都会影响学习效果，于是就可以采用剪贴图法。这样，就能把教师的讲述和学生的思维活动有机地结合起来，不仅起着直观形象的作用，而且起着组织教学的作用。它使形成的概念更加鲜明，理解更加深刻，记忆更加牢固。凡是讲授有关发展的科学知识，例如动植物的生活史，或复杂的结构，例如眼球的结构、蝗虫口器的结构等都可采用剪贴图法。

【知识导航塔】

一、板书造型

板书造型，是对一堂课的板书内容进行的布局安排。造型好的板书，不仅可以使板书美观、和谐，产生一种整体感，而且还可以更加充分地表达板书的思想内容。常见的板书造型，有对称型、偏正型、自由型三种。

1. 对称型

对称型是指上下或左右内容文字对称、不偏正的板书造型。这种布局方法常用于对比或类比的课文，它的特点在于能够通过两方面内容的比较，使人或物各方面的相同处与不同处突现出来，从而给学生以鲜明深刻的印象。

（1）单轴对称。以一条有形或无形的横线或竖线为对称轴，使板书的内容上下对称或左右对称。

（2）双轴对称。以横竖两条成垂直的线条为对称轴，使板书上下左右四个部分的内容都相互对称。

（3）综合对称。这种对称形式是将板书中众多的内容和各种示意符号排列得疏密合理而对称，能给人一种多而不乱、井井有条、处处对称的美感。

（4）字数对称。字数相等的板书造型。

（5）字距对称。用调整字距的方法使板书对称的造型。

（6）外框对称。用加外框的方法使板书对称的造型。

2. 偏正型

偏正型是指非对称的板书造型。这种布局安排依课文内容自然成型，显得生动活泼，有自然天成之美，能给人以明显的印象，并便于设计和记录。常见的有张翼型、雁行型、阶梯型、折线型四种。

（1）张翼型。犹如飞鸟张开一对翅膀形状的板书造型。它的特点在于能条理清楚地综合概括教学内容，或结构、或重点。

（2）雁行型。犹如鸿雁飞翔时排着的行列一样的板书造型。

（3）阶梯型。为了表现一层深过一层的内容，把词句单独提出来，排列得像阶梯一样的板书造型。

（4）折线型。即用不在一条直线上的顺次首尾相连的若干直线段所组成的线，来体现板书内容的一种造型样式。

3. 自由型

自由型系指板书造型不受条条框框的限制，自由活泼。常见的有辐射型和波浪型两种。这里不作过多的叙述。

二、板书内容设计应注意的几个问题

（1）深挖教材，把握重点。板书是学生掌握教材的凭借，巩固知识的依据。因此，教师的板书设计，应在十分准确地掌握了教材基本观点的基础上进行。要力求向更深层次奋力挖掘，使认识达到更高的层次。设计应遵循教材的逻辑顺序，紧紧把握教学内容的重点和难点。一般说来，应抓住以下重点内容：

① 能引导学生思路发展的内容，如必要的标题、问题的衔接和核心点。

② 能引导学生由形象思维向抽象思维过渡的内容。

③ 能引导学生产生联想、便于记忆的内容，如对课业结构的提炼等。

总之，备课时应十分注意把握重点，采取恰当的方法解决难点，突出特点，在此基础上再设计板书的内容。只有这样才能设计出高质量的板书。

（2）掌握情况，有的放矢。要设计好一堂课的板书，必须掌握学生的动态，了解他们的知识水平和接受能力。不然，设计出的板书就不会发挥很好的作用，勉强使用也不会得到好的效果。

（3）讲写结合，相得益彰。板书内容设计必须与讲解紧密结合。课堂的板书只是条条框框，它与教师的讲解是纲与目的关系。因此板书的内容不可能很多，这就要求教师在进行内容设计时，应与讲述内容统盘考虑，对写哪些内容，什么时机写，写在什么位置都应作周密合理的安排，使板书与讲解互相协调，相得益彰。

（4）主辅相随，紧密结合。系统性板书与辅助性板书应紧密结合。系统性板书是板书的主体，辅助性板书为系统性板书奠定基础。二者相辅相成，密切结合才能收到好的效果。

（5）语言准确，启发性强。教师板书的语言要确切、精当、言简意明、一目了然，给人以凝练之感，能起到"画龙点睛"、指点引路的作用。

（6）内容完整，条理系统。有些板书虽是在授课过程中不规则地间隔出现的，但最后要形成一个整体。一堂课的板书，应是对该堂课讲述内容的浓缩，内容应完整系统，以便学生在课后利用板书的章、节、目、条、款，进行归纳小结，收到再现知识、加深理解、强化记忆的效果。

【任务接受所】

结合下面科教版小学《科学》三年级上册《蜗牛》板书设计,谈谈你的认识。

蜗　牛

身　体	食　物	其他习性
可伸缩的触角	黄瓜	喜欢向上爬
触角有眼睛	苹果	喜欢有水的地方
背上漂亮的壳	白菜	爬过会留下白的痕
（左旋、右旋）		

【阅读资料】

小学科学教学板画

板画,一般分为简笔画和示意图等,通常是以简化的示意图表达事物复杂的结构、关系和变化过程,帮助学生想象,促使学生从形象思维向抽象思维过渡,以达到对教学内容的理解。板画是实物的简化,它通过简单的线条,将学生的注意力统一到被观察实物的主要特征上,从而略去了大量非本质因素,为接下来的分析概括思维活动提供较为鲜明突出的表象,是实物直观与抽象思维之间必要的过渡手段。

一、板画的类型

1. 视图。立体透视图是按照我们看到的实物样子画出的图,其优点是形象逼真,但画起来比较费时。教学手段现代化(如实物展示台)使教师可以用各种印刷品上的图直接投影展示,从而减少了画立体图的机会。

2. 正投影图。正投影图是将实物的正面垂直投影到竖直平面所得到的图形,画起来简单,科学课上的当堂板画,一般都采用正投影图。

3. 剖面图。由于这种图对于一些不透明的物体,要了解它的内部构造,常常设想将它沿某一平面一刀剖开,这个剖面的正投影图便是剖面图。教学中,一般采用成品挂图或实物投影。

4. 示意图。示意图是从教学要求考虑,忽略非本质,突出本质,采用概括或抽象的手法,对实物或演示对象所作的简图。受力分析图、电路图、光路图本身都能表达一定的规律。

5. 混合图。在实际教学中,为了作图的方便、省时和突出重点,对某些较复杂的图,可将其中几个组成部分采用不同的画法,即混合画法来表示。

二、怎样画简笔画?

简笔画是物体形象的简单抽象,在画法上也有其自身规律,掌握简笔画的基本要领和技法就可以作到举一反三,根据教学的需要,就能够创造出更多更新的画面。画简笔画的基本要点如下:

  1. 尽可能用简单的几何线条代替复杂的实物形体；

  2. 抓住表现主体的轮廓和主要特征；

  3. 适当地忽略主体的细节和局部；

  4. 合理安排各部分的比例关系；

  5. 要科学地安排笔序，还要尽量设计成连笔或一笔；

  6. 为了达到迅速而准确，需要经常作绘画练习，熟能生巧，才能使简笔画在教学中发挥更大的作用。

  简笔画在简化笔画的过程中有两条基本原则：

  1. 简化后的形象要以人们能够识别辨认为准。例如，在表现一个男人正面头部时，把头的轮廓抽象为椭圆，忽略耳、鼻、眉和头发等细节和局部，保留眼和嘴，并且只用三条线段来示意(如下)。但不能再简化，笔画不能少于三条，少于三条，则人的五官就不能被识别。

  2. 笔画随表现主体与观察者之间的距离增大而减少，也就是说景别不同，笔画多少也不同。所谓景别，是指观察者(或镜头)与表现景物(主体)之间的距离不同时，表现画面的形象差别。景别大体分为以下六种：远景——表现主体全部出现及其所在环境的画面。全景——表现主体刚好全部出现的画面。中景——表现主体的四分之三左右出现的画面。近景——表现主体的四分之一左右出现的画面。特写——表现主体某一部分的画面。大特写——表现主体某一局部细节出现的画面。

参考信息资源

  【1】马云鹏等. 优质学校的理解与建设——21 世纪中小学教育改革探索. 北京：高等教育出版社, 2006.

  【2】科学课. 河北教育报刊社, 2006.

  【3】中学物理教学板书板画技能. http://blog.sina.com.cn/s/blog_6137d9fa0100ea5t.html

  【4】郑金洲. 新编教学工作技能训练. 上海：华东师范大学出版社, 2007.

  【5】刘炳升, 仲扣庄. 中学物理教师专业技能训练. 北京：高等教育出版社, 2004.

  【6】教师的课堂教学技能刍议. http://www.cctve.com.cn/iSystem/pageprocess?pageurl=disquisition

  【7】教师应用教育技术教学大赛 6——板书技能. http://www.astdjx.cn/xxjs/ShowArticle.asp?ArticleID=48

第十四章　小学科学课堂结课技能

结课技能与导入新课技能互为关联,它是导入新课的延续和补充。导入时引起的话题和引入的内容在课堂教学行将结束时应该有一个完美的交代和解答。如果说导入的主要目的是激发学生的学习兴趣和动机,那么在结束时应该使这种兴趣和动机最终升华为对知识的理解和对技能的掌握。特别是体现新课程理念的小学科学课堂教学,如何教会每一个学生掌握本节内容,是对科学课教师的极大挑战。

【观点演绎场】

△ 结课是教师完成一个教学任务或活动采用的行为方式。好的结尾能够起到"高潮迭起","画龙点睛",前后呼应或者"又入佳境"的作用,它可以激发学生进一步的思考和学习活动,成为连接课内与课外或者连接前后两节课的纽带。

△ 结课技能是教师在一个教学内容结束或一节课的教学任务终了时,有目的、有计划地通过归纳总结、重复强调、实践等活动使学生对所学的新知识、新技能进行及时的巩固、概括、运用,把新知识新技能纳入原有的认知结构,使学生形成新的完整的认知结构,并为以后的教学做好过渡的一类教学行为。

△ 结课的形式应多种多样,对不同年级的学生,要根据他们心理、生理的特点选择不同的结束方式。低年级一般采用"启发谈话,回顾复述"的结课形式,高年级一般采用"抽象概括、整理归纳"的结课方式;同时,还可以安排一定的学生实践活动,如练习、口答和实验操作等。通过思维训练和实践活动,启发学生积极思维,培养学生的抽象能力、概括能力、口头与书面表达能力。

△ 课堂结课是新课结束时,以精练的语言,通过归纳总结、实践活动、转化升华和设置悬念等方式,对所学知识和技能及时地进行系统巩固和运用,使新知识有效地纳入学生的认识结构中的过程。完善、精要的结尾,可以使课堂教学锦上添花,余味无穷。

△ 有这样一个故事,说一个美国学者听了一节中国教师的课。下课时,他看到所有的问题都解决了,所有的学生都明白了,意味深长地说:中国的课堂学生是带着问号来,带着句号走的;而美国的课则是学生带着问号来,也是带着问号走的。不管这则故事的真实程度如何,它留给我们的启示是深刻的。我们过于关注学生的认知形成,而忽视了学生的情感体验;过于关注教学目标的达成,却忽视了学生的可持续发展。如何把课堂结束的"句号"变成"问号"?

【教学案例园】

案例1：科学课《降落伞》

......

师：同学们，今天我们一起研究了降落伞，那你知道在哪些地方能用到降落伞吗？

四、课堂小结。

师：这节课你有哪些收获？（学生发言。）

师：我这里有一个鸡蛋，但你不要把它当作鸡蛋，你把它当成是"神舟六号"返回舱，请同学们制作一个"降落伞"，要保证这个鸡蛋能安全着陆。

学生设计出制作方案，集体交流。

师：请同学们课下根据自己的方案，制作出这个"降落伞"。

师：同学们，这节课上到这里，下课。

案例2：《测量呼吸和心跳》

......

师：关于呼吸和心跳你还有哪些感兴趣的问题想进一步研究的？

生：为什么运动后呼吸和心跳就会加快？

生：呼吸和心跳为什么会同时加快？

师：同学们的问题很多，下节课我们再继续研究。

案例3：《有趣的浮沉现象》

师：相信同学们以后做实验时或在生活中都会有独特的发现，通过刚才这些试验，我们可以得到什么结论呢？

生：完全沉在水中的物体也会受到向上托的力。

师：通过刚才的两个实验，同学们发现了什么规律？

生：不管浮在水面的物体，还是沉在水中的物体，都会受到向上托的力。

师：物体在水中受到向上托的力，就是水的浮力。说说你对水的浮力的理解。

生：水的浮力的方向是向上的。

师：同学们在生活中感受到过水的浮力吗？

生：我们在洗澡的时候会感受到水的浮力。

师：水的浮力在生活中用处非常广泛。关于物体的浮沉现象，还蕴含着很多科学的奥秘，请同学们课下继续研究。

【分析反思亭】

俗话说:编筐编篓,重在收口。同理,一堂课也应重视"收尾"。只有能引起注意,产生共鸣,又与整堂课融为一体的结课教学,才堪称成功的收尾。但在实际教学中,结课却常常被忽略,或时间得不到保障,或过程流于形式,或主客体产生错位。久而久之,不但教师对小结没兴致,学生对结课更是心理冷却。当教师惯以"这节课我们学习了……"来作结课语时,传递给学生的信息可能就只剩下"这节课该结束了"的心理暗示。

教学实践证明,恰当地设计结课,不仅可达到纵览全课要领、架构健全的知识体系、巩固课堂所学知识的目的,还可为后续知识的学习埋下伏笔,激发学生进一步探索的兴趣,使学生产生强烈的学习愿望。那么,结课应怎样进行呢?

1. 明确结课技能的要求

(1) 新课结束前的及时总结和复习巩固,尤其是一些逻辑性很强的规律性知识,对于由瞬时记忆向短时记忆进而向长期记忆过渡非常必要。

(2) 总结要精当,有利于学生回忆、检索和运用。结课应从教材内容出发,紧扣目标和学生实际情况,采用恰当的方法,或从重难点点拨,或从智力开发、思想教育角度予以引导,针对性强,不可面面俱到不分主次。

(3) 能够概括出本节课的知识结构,深化重要事实、概念和规律。能帮助学生把零散的、孤立的知识进行有效的网络化。结课要以科学为指导,向学生传授科学的知识和技能,并结合教材自然地进行思想教育,不可信口开河。

(4) 恰当安排学生的实践活动,如练习、小结和实验。在设计结课时,应重视在"趣"字上下功夫,尽可能设计得生动活泼,有趣味,使学生乐学。切忌从头到尾简单重复。

(5) 鼓励学生继续探索,培养学生的想象力。结课应重点突出,切中要害,画龙点睛,恰到好处,语言精练干净利落。要给学生以启发,要"点而不透,含而不露,意味无穷"。这样才能开启学生思维的闸门,激起思维火花,有助于思维能力的培养,才能收效良好,意味隽永。

(6) 布置作业要求明确,数量恰当,结束环节安排紧凑,不拖堂。

2. 结课技能的构成

结束新课所需的时间没有确切的指标,由所选用的方法来确定。一般在下课前三五分钟结束是合适的,再利用所余时间布置作业。当一切活动有条不紊地完成后,下课铃响,最受学生欢迎。在结束一个课题的时候,大体需要经过以下几个阶段:

(1) 简单回忆——对整个教学内容进行简单回顾,整理认知思路。

(2) 提示要点——指出内容的重点、关键是什么,之间有怎样的联系,它们和已学过的知识之间又是如何联系的。必要时可做进一步的具体说明,进行巩固和强化。

(3) 巩固应用——把所学知识应用到新的情境中去,解决新的问题,在应用中巩固知识,并进一步激发思维。

(4) 拓展延伸——有时为了开阔学生的思路或把前后知识联系起来,形成系统,而把课题内容扩展开来。

3. 结课技能的一般程序

结课技能的一般程序为：提供心理准备——概括要点，明确结论——回顾思路与方法——组织练习——布置作业。

提供心理准备。一节课上到最后阶段，时间快到了，学生精力容易分散，情绪容易松弛。这时要演好"压轴戏"，取得"丰收"，必须要通过有效方法唤醒学生的有意注意，调动学生的参与热情。

概括要点，明确结论。就是教师要通过对知识的整理，指明教学内容的重点、难点，掌握识记和理解的关键点，明确主干知识和学习的主线，实现情感、态度、价值观的升华。

回顾思路与方法。就是教师要引导学生通过对知识形成过程的回顾，进一步明确理论逻辑是架构在生活逻辑基础之上，掌握辩证法、归纳法、演绎法等多种思维方法，培养自主学习、自主思考的能力。

组织练习。就是采取文字练习、口头提问或其他有效形式，检验和反馈教与学的状况，巩固新知识，训练学生的解题能力。

布置作业。主要是通过布置书面或行为作业，引导学生把所学知识应用到新的情境中去，在应用中解决新的问题，巩固、扩展知识，并进一步培养学生操作和运用新知的能力。

4. 常用的几种结课类型

与导入新课一样，结束新课没有固定模式。既可以以复习、巩固为主，也可以承上启下，为下一节做准备；既可以以一两个问题为重点，也可以从全面、系统的角度出发；既可以以本节内容为主，也可以联系以前学习的内容；既可以以教师为主，也可以师生协同进行；既可以采取讲授法，也可以采用练习法、实验法、讨论法等。

（1）归纳总结。要求必须体现提纲挈领、全面准确、简明扼要和生动形象的特点，意在巩固和运用新知识。这种方式的结课，一般用于新知识密度大的课型或某一单元教学的最后一次新授课。这些知识的前因后果的逻辑关系如何，易错点在哪里，这些问题不理顺，则学生对知识的掌握就会出现混乱。因此，教师要引导学生归纳、归类、理顺关系。形式有：

学生自我总结结尾——这类总结一般用于在学生有较为丰富的科学学习经验的五、六年级科学课中。例如学生在对定滑轮、动滑轮的作用进行比较后，让学生自我总结、交流结尾：像旗杆顶部的滑轮那样，固定在一个位置转动而不移动的滑轮叫定滑轮，定滑轮不省力但能改变用力方向；像塔吊的吊钩上可以随着重物一起移动的滑轮叫做动滑轮，动滑轮省力但不能改变用力方向。

师生共同总结结尾——这类结尾一般用于在学生有一定的科学学习经验的四、五年级科学课中。例如《运动与摩擦力》一课结束时，就据板书引导学生共同总结该课知识点：一个物体在另一个物体的表面运动时，两个物体的接触面会发生摩擦，运动物体要受到一种阻碍物体的力，这种力叫摩擦力；物体间接触面光滑，摩擦力小，物体间接触面粗糙，摩擦力大；物体重，运动时的摩擦力大，物体轻，运动时的摩擦力小。

教师总结结尾——这类总结主要用于在学生刚接触或接触科学课不久的三、四年级科学课中。例如三年级《植物的共同特点》一课可采用此类方法结尾——植物的共同特点是：都需要阳光、空气、水分等；都会生长发育；都会繁殖后代；都经历从生到死亡的历程。

（2）比较异同。将那些相互交叉、矛盾、对立的概念通过分析、比较，既找出它们各自的本质特征或不同点，又找出它们之间的内在联系或相同点，从而使学生对概念理解得更加准确、深刻，记忆得更加牢固、清晰。

（3）首尾呼应。首尾呼应又称前呼后应、回应式。它是结课时，用教学内容中的知识来回答导入新课时所设置的悬念、所提出的问题及所进行的假设。它是悬念的释然、问题的解决、假设的证实或否决。

（4）概括中心。课堂结课时用简练的语言（包括书面语和教学口语）把这一堂所讲的知识中心概括出来，可以帮助学生删繁就简，把握中心。这样做，有利于学生理解、记忆和应用所学的知识。

（5）悬念激发。在结束课之际，提出与本节和后续课内容均相关的问题，设立悬念，使学生在"欲知后事如何"时却戛然而止，从而给学生留下一个有待探索的未知数，激起学生学习新知识的强烈欲望，使"且听下回分解"成为学生的学习期待。这无疑对活跃学生的思维，训练他们分析、解决问题的能力都是很有价值的。此种过程对下一步要学的内容点到即止，不要画蛇添足。一般上下两节课的内容和形式均有密切联系，用悬念激发式结课效果较好。此节课的结尾，正是下节课的导入，尾首相连，形成一个知识的逻辑整体。来个自然转折——"我们下节课继续研究吧"或"看哪些同学课后能主动继续研究"等结束该课。这样的结束，能让学生感觉到教师真正是"民主教学"——不挤压他们的课间休息时间，能保持学生学习科学的盎然兴趣。

（6）巩固练习。教学实践中发现，有些内容的教学，引出概念、得出规律并非难事，而要让学生全面、正确地理解、掌握并能灵活运用却非易事。巩固练习方式的结尾就是针对这种情况而设计的。实施时，教师应抓住重点和关键性问题，精心设计习题，通过动手动脑，将知识转化为能力。练习题要灵活多样，不拘一格，层次要由低到高，由简到繁，口答和笔答相结合，内容不宜太多，用时不宜太长，使学生从成功中体验到进步。如《斜面的作用》一课结尾时，让学生运用所学知识解释开课时提出的问题："来到山区，我们会发现山路弯弯，盘旋其间。山路为什么要这样修建呢？"（因为山的高度未改变，盘山公路盘旋其间，相当于延长了山的路程，使坡度变得较小，因而省力，便于人车上山。）

（7）延伸结尾。科学课的内容来源于大自然，且内容是"开放"的，并且科学学习习惯的养成也需要在不断的强化中内化形成，因此单靠科学课课堂学习是远远不够的，这就需要在科学课结尾时巧妙地将科学内容延伸至课外进一步深化研究。

延伸课后动手种植、养殖或制作，强化动手能力。如学生对杠杆类工具进行比较后，组织学生开展"小杆秤"制作比赛；再如上完《电磁铁的磁力（二）》以后，让学生以小组为单位合作设计一个强磁力电磁铁；又如上完《金鱼》一课，让学生课后养殖金鱼，观察金鱼的生活等，都能培养学生综合运用所学知识去解决问题或延伸研究的能力，强化动手能力。

延伸课后调查、参观或观察，培养发达的观察力。如教学《桥的形状和结构》后，组织学生观察研究家乡的桥，画出桥的结构，并写一段介绍它的短文；再如上完《做框架》一课，让学生课后观察生活中哪些地方使用了框架结构，使用这些框架结构有什么好处，既让学生亲身感受到科学知识与我们的生活息息相关，又培养了学生的观察力。

课后知识拓展延伸,深化学习兴趣。例如学生学习了《校园生物分布图》后,让学生通过上网、查问书本、走访等方式,了解世界珍稀动植物和它们分布的地方;再如学习《谁选择了它们》后,让学生课外搜集"自然选择和人工选择改变生物特征的资料"并交流。不仅拓展了学生的科学知识,而且培养了学生学习科学的良好习惯,更深化了学生学习科学的兴趣,使学生想学、会学、善学科学。

【知识导航塔】

一、结课技能的心理学基础

(1) 美国心理学家奥苏伯尔认为,获得新信息主要取决于认知结构中已有的相关观念;意义学习是通过新信息与学习者认知结构中已有的概念相互作用才得以发生;由于这种相互作用的结果,导致了新旧知识意义的同化。同化活动不仅存在于意义获得的知觉和认知过程中,而且在认知的保持和组织阶段,同化活动仍在继续。

有意义学习的同化理论认为,人脑不同于计算机,它在短时期内只能储存有限的信息。人脑为了减轻记忆负担,必须对知识加以组织。在知识的组织中,原有的较巩固的观念倾向于替代或者擦去新的较不稳定的意义痕迹。在新旧观念的相互作用中,原有观念擦去新观念的痕迹的过程,叫遗忘性同化。同化理论认为,有意义遗忘不完全是一个消极过程。因为知识只有经过加工和组织,才能有效地保持在认知结构中。简化和减轻记忆负担,是组织知识的根本原则。在有意义的遗忘过程中,人的认识简化,合乎经济原则,是以遗忘知识的具体细节为代价的。

根据有意义遗忘的心理机制的假设和有意义遗忘过程的特点,我们可以看出,在应用结束技能时,有意识地忽略那些知识的细节而突出知识内容的重点是符合保持与遗忘的规律的。而所谓突出知识内容的重点就是强调那些反映知识结构的概括性和适用性的内容。既明确新知识与原有知识之间的联系,又强调它们之间的区别,使遗忘只发生在不重要的细节内容上,只有如此才能在学生的头脑中留下清晰深刻的印象。否则,就会出现前面提到的现象,学生对新知识理解了,但下课后又感觉什么也没抓住。

(2) 当代认知心理学的研究也表明,当主体理解了媒体所负载的信息含义后,对信息还要进行深入的加工和转化。主体依据信息本身的特性及联系,在头脑中进行复杂的分解、组合等活动,以建立新的认知结构。

(3) 对学生知识掌握的心理机制的研究中也可以看出,学生获得了新知识的意义并不意味着认识活动的结束,为了使新知识能够保持和再利用,则必须将它纳入原有的认知结构中,这种纳入不是一个简单的知识相加过程,而要对信息进行进一步深入的加工和转化,这种加工和转化使新知识与原有认知结构建立起某种联系和区别,同时也使原有认知结构发生某种变化从而形成新的认知结构。

由此可见,结课技能的基本任务是促进学生将初步获得的知识纳入原有的认知结构,从而形成新的认知结构。换句话说,就是促进知识的保持和知识的不断分化与融会贯通。

二、小学科学教学中应重视结课的功能

(1) 加深印象,增强记忆。结课可以将本节课的中心内容加以"画龙点睛",总结归纳,提纲挈领地加以强调、梳理或浓缩,使学生将学到的新知识技能理解得更加清晰、准确,抓住重难点,记忆更牢固。

(2) 知识系统,承前启后。知识间有严密的逻辑性和系统性,新旧知识有必然的内在联系。通过结课帮助学生将所学知识系统化,形成知识网络。在总结中为新课创设教学意境,埋下伏笔,使前后内容衔接严密,过渡自然。

(3) 指导实践,培养能力。新课结束后,有针对性地做一些练习或提出具体的课外实践活动,对提高知识的运用巩固、培养学生分析解决问题的能力是大有裨益的。

(4) 质疑问难,发展智力。课堂教学时间是有限的。结课时结合教材内容提出一些有争议的问题和一些技能训练,让学生课后观察思考探讨,既可以扩大知识视野,又发展了他们的自学能力、思维能力、想象力和观察力。

(5) 及时反馈教学信息。教师设计一些练习、实验操作、回答问题、改错评价等活动,从中及时了解学生学习中的困难和对知识掌握的程度,以便改进教学。

另外,新颖的结课会使课堂气氛活跃,沟通师生情感交流,有助于师生活动的顺利进行。

三、结课技能中常见的问题

(1) 新课直到下课铃响才讲完,以布置课后作业代替结课环节。

(2) 下课铃响,不顾学生情绪,草草结课。

(3) 将板书内容复述一遍来代替结课环节。

(4) 新教师刚开始教学节奏过快,给后面的小结所留时间偏长,由于教学过程太快,致使过程语言和思维混乱,最后的内容难以形成网络化结课环节。

(5) 结课过程没有要点提示和编织知识链环节,使针对性课堂练习为无效劳动。

(6) 结课的着眼点放在为数不多的几个学生身上,放弃大多数,特别是放弃自认为升学无望的学生。

(7) 结课的手段(如多媒体大屏幕使用不当),图好看,讲形式,使学生眼花缭乱,无所适从。

【任务接受所】

结合下面具体案例,谈谈对小学科学结课的认识。

《奇妙的指纹》

师:指纹是我们每个人的特征之一,人们在生活中怎样利用指纹呢?

生:可以用指纹来破案。

生:我在妈妈的单位见过一种机器,妈妈上班的时候把手在那个什么上面按一下就可以了。

师：那叫指纹考勤机。

生：还有用指纹来开门的。

师：指纹锁。

（课件出示指纹扫描仪、指纹门锁、指纹考勤机、指纹鼠标、指纹保险箱等物体的图片。）

师：我国有些地区将把人们大拇指的指纹放到身份证上，来区别人们的身份。

课外延伸

师：今天我们班同学认真地上了一堂有趣的科学课，有许多自己的发现，好比吃了美美的一顿正餐。下面老师送给同学们一些课外自助餐供同学们选择，希望你们能喜欢（出示课件介绍"课外自助餐"：1.上中国指纹网，了解更多关于指纹的知识。2.拓印父母的指纹，建立"家庭指纹档案"。3.研究"趾纹"）。当然，还可以继续研究在课内已经提出的，还没来得及进行研究的问题，有了研究结果可以跟老师和同学们交流。

【阅读资料】

元认知策略与自主学习

元认知这一术语，是美国心理学家弗拉维尔于1976年首先提出来的，是近20年来西方心理学和教育学领域提出的一个新概念，包括认知主体对自己心理状态、能力、任务、目标、认知策略等方面的知识，以及认知主体对自身各种认知活动的计划、监控和调节。简单地说，元认知就是对认知的认知，即学习者对自己认知加工过程的自我觉察、自我评价和自我调节。1977年，Hosenfeld提出了元认知策略的概念。所谓元认知策略，是从元认知活动衍生出来的，是学习者整合自身语言学习过程的策略，是学习者对于自己所采用的学习策略的意识，是超过认知并能帮助学习者调整学习过程的方法，同时也是间接作用于并促进学习的策略。

自主学习是新课程改革倡导的一种主要学习方式，其精髓在于帮助学生提高学习的自觉性，逐步掌握学习方法，养成良好的学习习惯。它强调学生的主体参与和主动性。

1. 元认知策略是实现自主学习的条件之一

元认知过程的实质就是指导、调节认知过程，选择有效认知策略的控制执行过程。其实质是人对认知活动的自我意识，自我监控。元认知作为学习策略的一种，其发展水平是影响自主学习的因素之一。元认知是主体对自身活动的认知，包括计划策略、监控策略和调节策略。它与认知策略不同，认知策略是直接对信息的加工，而元认知策略是对信息加工过程的控制、监视和指导认知过程的进行。它的监控和调节功能对自主学习非常必要。只有个体把注意力指向自身的认知加工过程，才会更好地监控、评价和调节自己的认知活动，才可能将自己视为学习活动的主体，实现自主学习，提高学习效率。从某种意义上讲，自主学习就是一种全面自我调节的学习，元认知策略就是一种对信息加工、自我调节的策略。

所以，自主学习的实现离不开元认知的支持。

2. 自主学习为元认知策略的掌握提供了平台

自主学习者在学习过程中体现出来的强烈的学习动机和主动性，使元认知能力得到充分的发挥，元认知策略的使用充满活力。自主学习获得的过程是一个从外控到自控、从被动依赖到自觉能动、从单维到多维、从有意识到自动化的过程。而元认知学习策略教学，正是为自主学习提供了这种转化的机会。学习策略的获得与改造就是一个内化过程，它使策略由外在的东西变为自身学习能力的一个组成部分。因而，当学习策略教学使学生完成这种内在改造后，势必使学生在学习策略的自主性上有一个内在的质的飞跃。学习策略的获得提升了学习者的积极主动参与，而这种主体参与正是自主学习的要义，它势必要提升学生自主学习的自控性、能动性和多维性，从而达到自动化，提升自主学习的效果。反过来，自主学习良好的效果又为学习策略的掌握创立了必要的平台。这样，学习策略与自主学习的效果在相互作用中，良性运转，不断升华，达到预期的理想效果。

参考信息资源

【1】李冲锋.教学技能应用指导.上海:华东师范大学出版社,2007.

【2】教师结课的方法.http://dxg197010.blog.sohu.com/62916346.html

【3】傅建明.课堂教学基本技能训练.杭州:浙江大学出版社,2004.

【4】胡国清.教师教育技术能力建设指导全书.北京:教育科学出版社,2005.

第三篇　小学科学课外活动指导技能

苏联著名教育家苏霍姆林斯基认为课外活动是学生"智力活动的策源地",课外活动能使"青少年迈上科学思维的道路"。他认定课外活动是学生"个性发展的一个重要条件","只有当孩子每天按自己的愿望随意使用5—7个小时的空余时间,才有可能培养出聪明的、全面发展的人来。离开这一点去谈论全面发展,谈论培养素质、爱好、天赋、才能,只不过是空话而已。

第十五章　小学科学课外活动指导的认识

我国教育史上就有组织学生课余活动的实践。《学记》指出："时教必有正业,退息必有居学。"说明古代学校既有正课学习,又有课余活动。在现代社会,科学技术和社会生产的迅速发展,社会交往日益广泛,对人的发展提出了更高的要求,也提供了更多的条件。在课余生活中,积极的教育因素越来越丰富,它们对学生身心发展的影响作用越来越明显。

【观点演绎场】

△ 科学课外实践活动确实是科学教学的有机组成部分,对于学生学习和运用科学知识、发展个性和培养创造力具有重要意义。这就要求科学教师要充分利用课外活动灵活性的特点,帮助学生拓宽和延伸书本知识,充分运用创造学原理和创造技法指导学生提出问题、发现问题,并运用科学知识解决实际问题,从而使学生把书本知识与创造力有机地结合起来,达到事半功倍之效。

△ 科学课外活动是从科学课堂教学派生出来的,是课堂教学的延续和补充,它弥补了课堂教学在知识面、时间、空间和活动场地等方面的不足。科学课外活动也是加强对学生进行科技知识和科技意识教育的重要阵地。与课堂教学相比,课外活动具有更大的灵活性和选择性。

△ 课外活动却不同于课堂教学,它具有很强的实践性,活动中所遇到的问题范围很广,有的时候教师也不尽了解,这时,教师切忌不懂装懂,应和学生一起共同学习、研究,做到教学相长。"师不必贤于弟子",教师也是学习者,不是一桶水的拥有者,更不能是一眼取之不尽、用之不竭的泉水,而真正取之不尽、用之不竭的是学生,教师要以学生为无限的资源,转变角色,做引导学生发掘泉水的人,让学生这眼泉水喷涌而出,永不停息。

△ 陶行知先生说:"活一天,做一天;活到老,做到老。小孩子的做是小发明,小创造,小实验,小建设,小生产,小破坏,小奋斗,是探寻小出路。"课外实践活动是完全符合先生的"教学做合一"生活教育理论的,作为一名合格的教师,要顺应时代的要求,本着"为了每一位学生发展"的负责精神,要积极倡导并予以认真落实,要勇做新课程改革的实践者。

【教学案例园】

案例1:一个非常"有趣"的现象:很多老师在临近下课时,都喜欢说:"这个问题,请大家课外再去研究一下,把结果告诉你们的科学老师"或"对这个问题感兴趣的同学,回去以后可以研究一下"。

案例2：《磁铁的性质》

……

师：在日常生活中，磁铁可以吸哪些物质？

生：我们的黑板。

生：冰箱门。

生：文具盒盖子。

生：铁的饭盒。

生：硬币。

生：有的不能，一毛钱吸不上来。

生：新的一毛钱可以吸的，我试过。

师：一毛钱硬币旧版的不能吸，新版的可以，是这样吗？

生：是的，而且五毛钱的也是新的能吸，旧的不能。

生：老师，一块钱的可以吸。

生：不对，不能吸。

绝大部分学生：能吸的。

师问：你试过吗？

生：我昨天试过的，肯定不能。

（该生其他整体学习成绩较差，同学们对他的发言发出了低声的嘲笑。该生脸通红。）

师：（做一个安静的手势）对待不同意见要——真诚。你有证据吗？

生：有，我明天拿来（语气很肯定）。

师：科学讲究证据，同学们回去可以自己先试一下，感兴趣的同学明天早上课前二十分钟，和这位同学一起到我的办公室来研究这个问题。

……

【分析反思亭】

案例1：实际上教师是把问题简单地留给了学生，其中大部分学生在课后是不会去完成的。只有一小部分特别感兴趣的同学会去研究。但是由于缺少必要的引导，效果也不理想。

案例2：一般情况下，一元硬币是可以被磁铁吸住的，这也是大部分人的生活经验。然而一位同学却说不可以吸。这句话不仅让学生意外，也是在教师预设之外的。并且这个问题在课堂上暂时无法解决，于是老师将问题升级化，"你有证据吗？"引导学生拿出证据。其他同学非常想知道怎么可能吸不住，但见他的态度坚决，自己也想回去再试一试，到底是怎么一回事。此时学生对这个问题的兴趣非常高。于是老师抓住了这个问题，作为课外研究的一个课题。这样，学生产生了浓厚的兴趣，必然会在课后找证据来证明自己的观点，课后探究活动也就自然开始了。

科学课外活动是学校在以科学学科为中心而开展的教学活动之外,对学生进行的有目的、有计划、有组织的教育活动。它是从科学的课堂教学中派生出来的,是课堂教学的延续和补充。特别是在强调以探究为主的科学课堂教学的时间的延续问题上,起到了十分重要的作用。积极合理地开展科学课外活动的价值和意义在于:科学课外活动的开展对于以探究为核心的科学课堂教学有着重要的补充作用;科学课外活动的开展是培养学生情感态度价值观和非智力因素的重要手段;科学课外活动的开展是拓宽学生的眼界、丰富和补充科学知识的重要途径;科学课外活动的开展对于发展学生的个性有着特殊重要的作用。

一、当前科学课外活动中教师存在的主要问题

教师对开展课外活动流于形式。"那我们课后去研究一下",这是老师随口甩出的一句话,没有具体的研究方案,只是给学生一个参与课外探究的提醒,只是一种流于形式的行为,学生现有的只是短暂的动机,学生的回答也只是对老师尊严的附和。也正是教师的随意性导致学生行为的无目的性,使课外探究成了一句空话。

教师对课外活动的设计不精心。课外活动的设计需经过周密的考虑,而现实中往往是课外活动的内容单一,形式单调,不考虑学生的兴趣和个人差异,使课外活动的质量下降。

教师认为开展课外活动会加重自己的工作量。在科学教学工作中有相当一部分是兼职教师,除了教科学还要教其他学科,工作量很大,认为再参与课外活动,自己的工作量会大幅增加,正因为有此考虑,许多老师对课外延伸大多采取马虎应付、走过场的态度。

教师认为课外活动是学生的事。有一部分科学教师认为既然这个探究活动是课外的,就理所当然是学生自己的课外行为,忽视了这个活动应当是在教师的指导下进行的。

教师对课外活动缺乏监督和评价。大部分的科学老师对后续活动缺乏过程管理和监督评价,没有检查学生课外探究的执行情况,也正是教师对自己布置的后续活动缺乏一定的检查监督和适当的评价,导致课外探究成了一句空话。

二、小学科学课外活动设计的主要原则

主体性原则——课外活动是以学生自愿参加为原则,以学习兴趣为基础,以自主活动的探究性操作为主要方法,活动的设计要突出以学生为主体,应让学生自己确定研究的主题,教师在活动中只是组织者、引领者。

可操作性原则——课外活动让学生像科学家那样"真刀真枪"地"搞科学",但也不能难度过高、过大,所以教师在设计时,要考虑本地区的特点、学生的已有知识水平等因素,避免因盲目设计而遇到实际情况无法操作的问题。

趣味性原则——这一原则要求在课外活动过程中,既要注重增加学生的知识,又要使活动内容和方式、方法生动活泼,对学生有吸引力,还要使活动具有较强的操作性,给学生亲自动手实践的机会。这种要求反映在设计方面,就是要使活动内容尽量丰富、广泛,活动形式要灵活、富于变化,活动要具有操作性,让学生有亲身体验的机会。只有这样,学生才不会对课外活动产生乏味和厌倦的情绪,也不会觉得自己是置身事外的旁观者。

个性化原则——活动的设计要倾向于促进其个性化发展。儿童心理发展规律表明,儿童在某个年龄阶段的能力水平、兴趣倾向和个性特点,是制约其学习与发展的重要因素。因此,要针对活动者的情况,对不同年龄阶段儿童课外活动的设计,要从内容、形式和活动目的等各方面反映出活动者的差异。只有适应学生个体差异的活动,才是有的放矢的,才能取得预期的效果。

安全性原则——俗话说"安全第一"。在设计活动时更要充分考虑活动中可能出现的问题,如活动的地点、材料、方法过程是否有不安全因素,提前做到心中有数,防患于未然。

三、课外活动设计的主要内容及活动策略

1. 开展课外小实验活动,培养学生动手操作能力,激发学生学习科学的兴趣

科学新教材中有大量的"探究"、"演示"、"动手动脑"等内容的安排,教师要在课堂内一一完成,时间上不允许,也不利于学生充分参与。必须有意识地组织学生进行课外的实践活动,由学生自己创造实验条件动手操作、观察探究。比如让学生来完成"喷气火箭"、"纸锅烧水"、"油中取币"、"铁钉生锈"等等。这些课外小实验活动,能极大地激发学生学习科学的兴趣,加深对科学概念和规律的理解,同时提高动手操作和手脑并用的能力,帮助学生破除迷信,解放思想,树立科学的人生观和价值观。

活动策略:教师提前要准备好充足的实验材料,为学生活动提供充足的空间。在活动中学生失败后要及时鼓励,培养学生的抗挫折精神。

2. 开展课外小制作、小发明活动,让学生自由创造和发展

科技创造和发明给人类的生活带来了翻天覆地的变化,要想培养爱迪生式的大发明家,必须从小事做起。根据实际情况,积极组织学生利用课外活动时间开展科技制作活动,如制作地球仪、电铃、潜望镜、量筒,设计楼梯电灯开关电路等,并组织展评。科技活动的开展,满足了学生自由发展和创造的需求,让他们生活在创造的世界里,体验"先知"、"先觉"和成功的喜悦;培养他们独立思考、独立创造、独立幻想的能力,为他们养成良好的科学态度和良好的科学习惯打下坚实的基础,对他们未来献身科学的人生道路也有很大的启迪。

活动策略:在制作前教师要充分考虑材料的安全性,必要时可请家长协助。鼓励学生利用身边的材料搞科学小制作,促进学生能够运用所学知识,发展操作技能,并在制作过程中有所创新,进行发明创造。

3. 开展社会实践活动,培养学生应用知识的能力和社会适应能力

学生在学校相对比较封闭,与社会有较大距离,但学生终究要走入社会,在茫茫人海中寻找自己的位置,而未来社会对人才的要求更加苛刻,生存竞争更加激烈。因此必须引导学生学会面对社会和适应社会。结合当前社会生活中的热点问题,利用课外活动组织学生到农村、工厂和街道进行社会调查。

活动策略:教师要选择学校周围新发现的与科学教育相关的事件、工程、环境问题等教育资源,组织学生到现场进行教学。利用适当的时间结合近期学习的内容参观博物馆、科技馆,访问科学工作者、农业技术人员等,解答学习中碰到的困难。在考察前还要做好充足的准备工作,为顺利考察奠定基础。

4. 开展课外阅读，扩大知识面

阅读有利于交流能力的培养，科学新教材中有大量的"阅读材料"，学生仅靠课堂上听老师的讲授是难以丰富完善自己的语言系统，难以扩大自己的知识面的。阅读一些著名科学家的典型事迹、科学发展的历史，使学生更加了解科学家们对科学的态度，研究科学的方法以及他们热爱科学、献身科学的精神，了解科学技术给社会发展和四化建设带来的巨大动力，树立民族自尊心和自信心，更加热爱祖国，从中受到良好的科技意识教育。阅读科学教材中安排的阅读材料、小知识、小资料，既可以扩大知识面，又能培养学生学习的兴趣，有利于克服学生怕学和厌学的情绪。

活动策略：可以由教师自己或和学生们一起确定一个感兴趣的主题，然后指导学生去搜集相关的资料，再用各种表达方式汇报他们的成果。

5. 开展课外写作，培养学生的思维能力

可能大部分科学教师会认为写作是语文学科的事，与科学无关，那么你不妨利用课外活动尝试让学生写写"科学小论文"，将大有益处。首先，它有利于培养学生科学思考、解决问题的意识和能力。科学试题中探究题和阅读思考题的比例逐渐增大，观察能力、叙述能力的培养就显得更为重要。"科学写作"可以促使学生用科学的眼光去看生活中的问题，用科学方法分析生活中的问题，解释生活中的现象，解决实际问题。学生可以通过"周记"的形式记录下来，或对自己所学的内容进行总结，这样不仅可以考察学生对知识的理解，而且有利于培养学生的思维能力，有利于提高运用科学知识解决实际问题的能力。同时，"科学小论文"可以促使学生勤于观察，学习做实验，做调查，提出自己的观点，并论证自己的观点；学习"与人合作，与人交流"，"学会动手实验，自主探索"，逐步养成"勤观察、勤思考、勤动手"的良好习惯。

活动策略：可与考察活动结合进行。写作前教师要结合考察讲清写作的方法。对学生的作品，教师不必过高要求写作的技巧，重在培养学生的观察、分析能力。

6. 开展课外辩论，提高思辨能力

我们常说，"听一遍不如看一遍，看一遍不如做一遍，做一遍不如讲一遍，讲一遍不如辩一辩"，坚持真理，改正错误。例如呈现一些模糊不清的概念，利用课外活动时间分甲、乙两方进行辩论，直到弄清楚为止。再如课本上的"想想议议"就是很好的辩论内容。这种辩论不仅巩固了课本知识，也提高了学生的表达、交流、思辨能力，是学生主动参与学习的好形式、好方法。

活动策略：在活动前，提示学生要准备充足的资料，多一些实例。辩论前，提示学生参加辩论的同学要有分工协作精神，要注意自己的情绪，做到文明辩论。

四、把握小学科学课外活动的形式

1. 全员性活动

全员性科学课外活动是一种较为广泛的活动形式。活动的任务是吸引大量的学生参加，激发对活动的兴趣，培养集体主义精神和增进科学知识。活动的特点是可以在较短的时间内让较多的学生受到教育，对于活跃和充实科学探究学习有积极的作用。具体的活动形式有以

下几种：

(1) 报告会和讲座。如科普知识讲座、科技知识交流会等。

(2) 远足和春(秋)游活动。如登山、旅游等。

(3) 参观活动。如去大自然、工农业生产单位、博物馆、动物园、植物园或展览会。

(4) 办墙报和黑板报。如《科技之光》、《我们爱科学》等。

(5) 小发明、小创造活动。如学生创作作品展览会。

2．小组活动

小组活动是在教师的指导下根据学生对某项活动的兴趣、爱好,自愿组织小集体进行的活动形式。它的特点是小型、多样,能够照顾不同学生的兴趣、爱好,有利于发展学生的特长。活动的种类大致有：

(1) 模型制作活动。如飞机、舰船、车辆等的制作和竞赛活动。

(2) 教具制作活动。如制作昆虫标本、制作植物标本、制作简易实验用具等。

(3) 电工、化工类技术活动。如修理电器、化学小实验表演等。

(4) 种植和饲养活动。如栽培和管理油菜、饲养和护理蝌蚪、保护有益的动物等。

(5) 天文、气象观测活动。如观察月亮、观察星座、记录一个月的天气变化等。

3．个人活动

个人科学课外活动是在老师的指导下,根据个人的兴趣、爱好和特长,组织学生独立进行的活动形式。它的主要活动形式有：阅读课外书、写小论文、提小建议、做小实验等。活动要求学生会合理地安排时间,获得家长和社会的支持。

科学课外活动的形式虽然有全员性活动、小组活动和个人活动等,但是它们之间不是截然分开的,而是互相密切联系的。个人活动的开展是群众活动、小组活动的基础,而群众活动、小组活动则是个人活动的发展。开展科学课外活动的内容是很多的,一切应从本地、本校的实际出发,采用不同的形式,把科学课外活动蓬勃地开展起来。

五、发挥校内、外优势,营造科学活动氛围

校园是学生科学活动的主阵地。校内的草地、花园、绿树,为学生研究植物提供了现成的材料;实验室、各类活动场所、专用的教学仪器,为学生进行科学探究提供了优越的条件;校园网络系统、语音室、图书室、宽带网等现代化教学设备,为学生拓展视野、搜集整理资料创造了机会。教师可以在校内建立小气象观察站,让学生每天观察记录并公布天气情况;可以利用校园内种植的花草树木,让学生通过采访调查,给每一种植物挂上"身份证",注明名称、种别和生长特点,供全校同学观察;还可以在校园的墙壁上挂中外科学家画像和简介等等,通过这些活动,使学生们在潜移默化中受到爱科学教育,使课外活动开展得有声有色。

当然,教师也要充分挖掘校外活动资源。可根据实际选择工农业科技领先单位作为校外活动基地,定期组织学生参观实践,并邀请其技术人员介绍先进技术,指导学生实践。在校外活动基地中,学生学到了许多科学知识,领悟到如何去观察,如何发现和提出问题,如何设计方案去解决问题。虽然,他们的想法比较幼稚,但学生的探究兴趣得到了培养,无时无刻不闪烁着智慧的火花。

六、设计好活动方案

1. 选好课题

科技活动的内容丰富多彩,选择活动内容、确定活动主题极其重要,它关系到科技活动是否如期圆满完成。选择时要立足于学校的实际情况,符合小学生的年龄特点和知识水平,能引起小学生浓厚的兴趣,并结合当地的实际与特色,要体现现代科技的发展趋势。主题要鲜明,要有时代感与感召力,还要融科学性、思想性和趣味性于一体。

(1) 课题来源于学生在课堂探究活动中的闪光点。学生在课堂探究活动中,进行实验、观察、记录、思考、讨论,寻找问题答案。这时教师要时刻注意学生的一举一动,观察他们的进展和神态,了解他们的数据记录,做到心中有数。特别是要善于捕捉学生在实验中的创造性闪光点,不时地给学生以进一步发现的动力,促进学生对探究实验的进一步研究,如果课堂时间不够,可以把这进一步的研究作为课外探究实验。

(2) 课题来源于教材的教学难点。在科学教材中,有一些内容因为学生缺乏生活经验,或不注重观察,或由于抽象思维、空间想象能力欠缺而成为教与学的难点。

(3) 课题来源于课本中要求的研究性学习课题、实验与制作。科学教材的最后有一些实验与制作和研究性课题,其中有些可以随堂同步实验,全班学生一起探究。有些可以作为学生实验,走进实验室,两人一组。但是,有些由于受实验器材,尤其受时间的限制,在学校里不可能完成,而作为课外实验与制作活动,研究性学习课题可以适时展开。如观察蚯蚓实验,食物上滋生微生物的条件探究,种子萌发需要什么条件的探究,噪声污染及其控制等等。

(4) 课题来源于教育部门或学校组织的小制作、小发明、小论文等活动。教育部门或学校常会组织一些小制作、小发明、小论文比赛,这些在课堂上是没法完成的,可作为学生课外探究活动的内容,特别是寒假和暑假时。

2. 认真制订计划

应写明每项活动的目的、内容、时间、负责人等。有些活动要列入学校、教研组、课建组工作计划中。目的是科技活动的灵魂,科技活动目的一般包括科学态度、科学精神、科学知识与技能、科学方法和能力,以及科学行为与习惯等方面的要求。但不同的科技活动侧重点有所不同。

3. 建立组织

先调查学生不同的兴趣和爱好,让学生自愿参加相应的课外实践活动形式;其次,要选拔有特长有能力的学生为骨干,以保证活动顺利进行。

4. 深入进行临场辅导

必要的理论性的集中指导固然需要,但更重要的是针对不同个性、能力和心理特征的学生,在实践活动中进行具体的个别的临场辅导。实施因材施教,使有某种特长的学生能得到充分的发挥,使无显著特长的学生在活动中也得到恰当的训练和引导,形成一定的倾向,从而逐步养成某一方面的特长志趣。

5. 做好总结评比工作

每学期结束都要做好总结评比工作,及时表彰,积累经验,展览成果,鼓励先进,推动后进。

【知识导航塔】

一、开展科技活动的理论依据

1. 皮亚杰关于发生认识论的理论

皮亚杰关于发生认识论的研究表明,人的认识不可能单独起源于主体或客体,只能来源于两者的相互作用,即主体对客体的动作(活动)。儿童智力发展的根本原因和机制也是活动,儿童智慧的发展是以儿童自身的活动为中介实现的,是一个主动建构的过程。实践证明,活动教育的思想和实践是随着时代的发展而不断发展变化的。活动教学的许多观点是经受了实践检验的,是符合教育规律的,因而是有长久生命力的。活动教学所主张的解放儿童、尊重儿童、师生平等民主、让儿童在自己的自主活动中实现全面发展,以及反对单纯的知识灌输、反对强制性教学,等等,实际上也正是当前素质教育所大力提倡的,是时代精神的体现。

2. 列昂节夫关于活动心理学的理论

活动心理学是苏联心理学家列昂节夫提出的以活动为中心的心理学理论体系。列昂节夫认为,在"客体的作用"和"主体现状的改变"这两项心理图式之间,还应有一个中间联系环节,即"主体活动"。他把活动定义为"被共同目的联合起来完成一定社会职能的各种动作之总和"。活动心理学的基本观点是:活动是一个系统,它有自己的结构,自己内部的转化,自己的发展;活动具有社会性和对象性两个基本特点,活动不能脱离社会关系、社会生活而存在,活动总是指向一定的对象,即指向客观事物的心理现象;活动实现着主体和客体世界的联系过程,即活动在主客体的相互转化中起中介作用;活动分外部活动和内部活动,两种活动有共同的结构,保持双向联系。列昂节夫认为:"任何活动都要符合一定的需要,受一定动机的激发,由动机所组成,借助操作来实现。"科技活动课教学,应遵循"从动机走向目的"这一心理学的规律,把科技活动课变成一项真正由动机支配的活动。

3. 多元智能理论

美国哈佛大学著名发展心理学家霍华德·加德纳教授提出:人类至少存在七种以上的智能:语言智能、数学逻辑智能、音乐智能、身体运动智能、空间智能、人际关系智能和自我认识智能。每一种智能在人类认识世界和改造世界的过程中都发挥着重大的作用,而且具有同等重要性。作者还认为每一个人与生俱来都在某种程度上拥有这七种以上智力的潜能,环境和教育对于能否使这些智力潜能得到开发和培育有重要作用。

加德纳认为以上各种智力不是以整合的方式存在,而是相对独立的,各自有着不同的发展规律并使用不同的符号系统。各种相对独立的智力以不同的方式和程度有机地组合在一起。即便是同一种智力,其表现形式也不一样。

加德纳认为,因为每一个人的智力都有独特的表现形式,每一种智力都有多种表现形式,所以,我们很难找到一个适用于任何人的统一评价标准,来评价一个人的聪明和成功与否。教育和指导必须根据智能发展的轨迹来评价,以准确地了解学习者的智能状态为先决条件,评价在教育中扮演中心角色,只有适合学生的特定发展阶段,才能使学生获利。而过去的智商测试和传统教育,只重视课堂学习,忽视社会实践。单纯依靠用纸笔的标准化考试来区分儿童智力的高低,考察学校教育效果,甚至预言他们的未来发展和贡献,是片面的。这样实际上是过分强调了语言智能和数学逻辑智能,否定了其他同样为社会所需要的智能,使学生身上的许多重要潜能得不到确认和开发,造成部分学生虽然考试成绩很好,走上社会后却不能独立解决实际问题的教育弊端,是人才的极大浪费。

《多元智能》提出:评价多元智能的方法,必须符合三个标准:第一,必须是"智能展示"的评价方法,即直接观察到一种智能的潜力,而不必通过数学和逻辑的"反光镜"。如进行幼儿早期多元智能确认和培育的"多彩光谱"项目,说是通过有趣的、场景化鲜明的活动吸引儿童参加;通过儿童活动也即"智能展示"直接观察他们的智能状态,而不是通过语言和逻辑数学能力的间接表现来判断;有意识地模糊了课程和评价的界限,使评价更有效地融入日常教学之中;通过系列评价提出建议,测试学生擅长的领域。第二,必须具有发展的眼光,也即评价儿童在某一特定领域的知识,必须使用适合他或她在一定发展阶段的方法。如进行幼儿早期多元智能确认和培育的"多彩光谱"项目、小学阶段多元智能理论的"重点实验学校"项目、初中阶段的怎样在学校表现更出色的"学校实用智能"项目、高级中学的学科探索"艺术推进"项目等都是根据学生不同发展阶段提出的发展方案。第三,它必须和推荐相关联,即对一个具有特定智能测绘图的儿童,评价所得的分数和评语,必须和这名儿童推荐的活动相关联。如用情景化评价:标准化考试的替代方案。

多元智能所主张的教育评价应该是多渠道,采用多种形式,在多种不同的实际生活和学习情景下进行的。多元智能所欣赏的评价方法,将跨越物质条件的限制,最终找到解决问题和制造产品的能力。每一种智能的评价,都应该侧重这种智能所要解决的问题。也就是说,数学评价应该提供数学领域的问题。分数不代表一切,这种评价过程应该向家长、老师甚至向学生自己提出建议,是学生智能状况的部分表现,根据提供的信息,儿童能够加强他们自己智能的弱项,结合自己智能的强项,以便将来满足职业和事业的需要。

4. 陶行知先生的"六大解放"教育方法观

(1)解放他的头脑,使他能想;(2)解放他的双手,使他能干;(3)解放他的眼睛,使他能看;(4)解放他的嘴,使他能谈;(5)解放他的空间,使他能到大自然大社会里去取得更丰富的学问;(6)解放他的时间,不把他的功课表填满,要给他一些时间消化所学,并且学一点他自己渴望要学的学问,干一点他自己高兴干的事情。而科学新课程提倡"树立开放的教学观念"。这种观念的核心要求教师必须尊重学生的意愿,以开放的观念和心态,为他们营造一个宽松、和谐、民主、融洽的学习环境,引领他们到校园、家庭、社会、大自然中去学科学用科学。科学课程的开放性表现在时间、空间、过程、内容、资源、结论等多方面。它要求教师不要把学生束缚在教室这个狭小的空间里,教室外才是孩子们学科学用科学大有作为的更广阔天地;不要把上下课铃声当作教学的起点和终点,小学生探究科学的活动往往不是一节课所能完成的;不要拘泥于教科书上规定的内容,孩子眼中的科学世界永远是妙趣横生的。同时也要求教师要重视引导学生开展课外活动;要拓展学生的信息渠道,广泛利用存在于教科书以外的各种资源;要允许学生存有己见,即关注别人的答案又反省自己的答案。还要求教师根据自己学生的实际情况,根据学习内容的不同,精心选择和设计探究活动,组织教学过程。

二、科技活动课在发展学生智能中的地位和作用

第一,科技活动课为学生的智能发展提供了广阔、充实的知识基础,起到了知识向智能转化的作用。学生通过学科课程在课堂上所获得的知识是教学大纲所规定的,其知识面有限。而科技活动课形式多样,生动活泼,不仅从各个方面丰富、深化着学生的知识,而且可以使学生展开想象的翅膀,充分发挥其主观能动性。

第二,科技活动课完善和发展了学生智能的思维方法,充分调动了学生的积极性,使每个学生练就了一双小巧手。

第三,科技活动课能充分挖掘大脑潜力,有效调节脑功能,加速学生智能发展。充分发挥大脑潜能,就必须合理安排学生的活动,不使某一半球或某一功能区由于单调的刺激而疲劳,保证学生都能最佳地获取信息。学科课程虽然可以按合理安排的课表使学生脑力功能得到调节,但动手机会不多。而学生在科技活动课上可手脑并用,从科技活动中激发学生脑神经活动。

第四,科技活动课能有效培养学生的非智力因素,从而有力地推进他们智能的发展。科技活动课在发展学生智力因素中的作用表现在两个方面:一是教师可以从学生多样的活动中全面了解学生,为引导学生非智力因素的发展提供依据。科技活动课中学生是活动主体,他们的兴趣、爱好、特长等在活动中可以得到充分发展。教师可以从中把握学生的个性,发现其特长,从而因材施教。二是科技活动课充分发挥了学生的创造性,促进师生间、同学间相互了解和尊重,陶冶其情操,增进其友谊,激发其求知欲。

通过科技活动这一载体,使参加活动的每一个成员都能在基础知识、基本技能、基本能力等方面得到发展。无论是小组活动,还是其他形式的教育活动,辅导教师都要结合学科或项目的特点和儿童实际水平,有目的、有计划地传授相关系统的基本概念、基本原理、基本规律等基础知识和学生应该掌握的基本技能。而科技能力包括多方面的内容,从选择课题、收集资料、制定计划、实验研究、总结成果等过程中表现出来的各种能力,都属于科技能力的范畴。具体表现主要有四种。

(1) 观察问题的能力。通过活动,培养学生有目的、有计划地观察事物,养成善于观察事物的兴趣,掌握观察的方法和技能,学会作观察记录和总结的方法。例如:上过软体动物课在研究蜗牛时,可以在活动中让学生继续观察,它喜欢吃什么?试试蜗牛的力气有多大?还可以观察水域为什么被污染?植物的生长过程等等。另外还有一种随遇观察是不自觉的观察,一般表现为不自觉地接受外界信息,这种观察往往也会引发新的联想或灵感。诺贝尔就是不小心将硝化甘油泼洒到硅藻土里发现炸药很快被这种土吸附了。他抓住了这个随遇的现象,经过试验,于是安全炸药诞生了。

(2) 思考问题的能力。通过活动,要培养学生养成善于思考、勤于动脑的好习惯。使他们掌握正确的分析问题、解决问题的方法。引导学生结合实际,突破传统的思维方式,形成适应现代化科学技术发展的现代化思维方式。可以通过大量的思维训练练习:如在拔掉浴缸底

部出水口塞子的时候,水是怎样往下流的(在北半球,水是向右旋转着往下流的。在南半球,则是左旋着往下流的);在一透明塑料软管当中,有四白一黑五个球,黑球在中间。不许倒出白球,也不能剪断塑料管,怎样才能取出黑球(把塑料软管弯过来,使两个管口对接让两个白球滚进另一个管口内,即可取出黑球)。

（3）动手操作的能力。通过活动,不但要培养学生会动脑,还要学会动手、参加实际操作,学会使用工具,学会一些简单的实用技术。例如小制作、小发明活动,这是由学校组织的实践活动。可以运用在我们周围常见的物品制作万花筒、电磁小玩具。如利用废乒乓球就可制作机器人、人造卫星、地球卫星、火箭、太阳灶、地球仪、小台灯等等。其中小制作是凭借双手或简单工具和材料完成的某种实物作品,而小发明则是要求运用科学知识和科学规律,针对生活、学习或劳动中遇到的不称心、不顺手和不方便的事物,创造性地设计和制造的新产品。这类活动的选题广泛、取材方便、手脑并用,而且容易引发儿童、青少年的科学兴趣,对培养他们的动手能力和创造精神有重要作用。

（4）发明创造的能力。通过活动,培养学生不但能够借鉴前人的智慧和经验,而且在此基础上学会发明、创造。创造出符合社会需求,促进人类文明的新事物。以观察能力、思维能力和动手能力为核心构筑起来的科技能力的结构,将会极大地促进儿童、青少年的创造力的形成。

【任务接受所】

下面案例能给你一点启发吗?
关于"垃圾"课题研究活动方案

课题的提出:据有关资料统计:全球每年"生产"垃圾达100亿吨,平均每人近2吨。虽然我们时时都在生产垃圾,却从不曾仔细地研究过。从某方面讲,它只是个小问题,小到只与个人的日常生活有关;然而同时它又是个大问题,大到关系整个世界的资源与环境。因此,我们决定好好地研究一番。

课题研究目的:本次活动试图让学生就垃圾问题进行研究性学习,在实践中树立保护环境、节约资源的意识,养成良好的行为习惯,并会调查、实验、参观访问、查找资料等学习方法,提高学生对信息的分析、整合能力。通过学生对自然现象的分析、研究,培养他们勤于思考的习惯、勇于探索的精神及自主探索的能力,体验与人分享的乐趣,从而使学生关注社会,关心自然。

课题实施过程:
阶段一:分组确定研究项目
（一）收集垃圾,引出课题。
（二）头脑风暴活动,学生自由畅谈:关于垃圾,你了解哪些知识？对于垃圾,你有什么感兴趣的问题？相互补充,确定研究的问题。
（三）学生分组确定研究问题。自由选择,成立研究小组;讨论研究方法(查资料、调查、实验、参观访问等)。

(四) 分组制定研究计划。出示一份研究计划,供学生学习、参考;学生分组制定研究计划,教师及时指导。

阶段二:各小组按计划进行研究

(一) 小组围绕问题,查找、收集相关资料。

(二) 小组进行相关的实验、访问、调查等活动,并及时记录所得信息。

(三) 以小组为单位,对所得资料、实验结果等进行整理、分析,形成结论、成果。

(教师可作为普通一员参与个别小组的研究活动,适当指导;全面了解各小组的研究情况,促进研究的展开。)

阶段三:信息交流会,展示研究成果(组织学生交流研究成果)

(一) 小组自由展示,学生自由参观、交流。

(二) 班级交流活动。

A. 什么是垃圾。垃圾产生的途径?查找资料,以文本形式展示;利用电脑绘画技术将垃圾产生途径用示意图的形式展示。

B. 垃圾的种类。收集资料、图片,以手抄报或科技小报的形式展示。

C. 垃圾的危害。采访环保专家,了解垃圾的危害,录音并拍摄照片;拍摄某某区内被垃圾严重污染的区域;联系数学学科计算:按现在的速度,若人类不及时处理垃圾多久后人类将被自己制造的垃圾所覆盖?

D. 废电池的危害。查找资料,以文本形式展示;实验研究:种几盆植物,观察、比较放入与不放入废电池物质植物的生长情况。

E. 垃圾的处理方法。联系垃圾处理厂,了解、拍摄目前本市垃圾处理的方法;联系环保局,搜集垃圾处理的录像、VCD等资料;利用网络,查找国内其他城市,国外发达国家先进的垃圾处理方法。

F. 垃圾在自然情况下的分解情况。搜集各类垃圾样品,进行实验前的猜测、记录(哪些容易分解,哪些不容易分解),掩埋实验,隔周查看分解情况,拍照并记录。

G. 垃圾的回收利用。查找资料,了解垃圾回收方法;搜集垃圾回收的录像、VCD;利用废弃物品,做一些工艺品。

H. 某市区垃圾现状。走访垃圾中转站,了解有关数据,制成统计表;采访清洁工、环保工作人员及市民,了解本市垃圾分类收集的现状;日常生活中注意观察市区内垃圾分类收集的情况。

针对现状,谈谈自己的想法(关于垃圾的研究,你还想说什么?还想知道什么?)。

1. 学生自由畅谈。如何减少垃圾;如何变废为宝;谈谈自己的设想、各组研究过程中的收获、体会等。

2. 小组合作,整理一份研究报告。

【阅读资料】

协同学理论及其对学习系统的影响

1. 协同思想的基本观点

"'协同学'一词来自希腊文,意思是协同作用的科学,即是关于系统中各个子系统之间相互竞争、相互合作的科学。"后来哈肯教授将协同学进一步发展。"目前协同学已成为描述系统从无序到有序,从有序到有序转变的条件和规律的横断学科。"引文中的"从有序到有序转变"指的是系统从一个有序到一个新的更高层次的有序系统的转变。协同学思想有两个基本论点——"协同效应"和"自组织"。

"协同效应"是核心概念。对于一个系统,它的子系统存在着自发的无规则的独立运动,同时又存在着子系统之间关联而形成的协同作用。在远离临界点时,子系统间的关联弱,系统呈现无序状态。随着控制参量的不断变化,当系统接近临界点时,子系统间的关联增强,独立运动相对变弱,当控制参量达到"阈值"时,关联起主导作用,此时系统中出现协同现象,子系统间协调、合作,使系统从无序走向有序。在系统发生质的飞跃前后,序参量起着支配子系统协同行为的作用。"序参量是协同学用来描述系统有序度的,是所有子系统对协同运动的贡献总和。"因此,要想使一个系统发生协同效应,分析序参量,让它们合作起来协同一致地控制系统是关键。

"自组织"是实现协同效应的途径,是在一定的环境条件下由系统内部自身组织起来的行为。"自组织发生的必要条件是:(1)系统必须是开放系统,与外界不断进行物质、能量和信息交换;(2)系统必须远离平衡态,其内部存在着物质能量分布的显著差异,不断进行着物质能量的宏观转移和变换;(3)系统内必须存在着非线性反馈的动力学机制;(4)系统的各要素的发展表现涨落性特点。"

2. 协同思想与学习系统

"学习系统的实体就是学习者——'人'系统。"学习系统的内部结构包括学习者的身体素质结构和心理素质结构,学习过程是使学习系统由一个有序系统不断向更高层次的有序系统的转变。

学习系统具有自组织性:学习系统是开放的,它不断通过物质、能量、信息,调整自身;学习中不断地产生怀疑和否定,是一个不断远离平衡态的过程;学习过程会有新奇的想法,具有非线性关系;学习系统中旧的认知结构失稳,出现涨落。

在学习系统中利用协同思想,使其子系统自发组织起来,发生协调、同步、相互合作的效果,提高学习效率。充分利用学习系统的自组织性,改善教学中他组织占主导地位的被动学习状态,提高学习主动性。

参考信息资源

【1】 刘显国. 激发学习兴趣艺术. 北京: 中国林业出版社, 2004.

【2】 吴丽丽. 小学科学课外活动设计与实施的研究. http://www.kxsy.net/jxyj/ShowArticle.asp? ArticleID = 3636

【3】 浅谈科学与课外活动的有机结合. http://www.zjjyedu.org/n4265c31.aspx

【4】 杨永安. 科学课活动指导中的问题与思考. http://www.xsedu.net.cn/zhuanti/cdei/luntan/42.htm

第十六章　小学科学课程资源的开发与利用

小学课程改革提出了课程资源开发利用的问题,教育部《基础教育课程改革纲要(试行)》提出要"积极开发并合理利用校内外各种课程资源"。为了使小学生的科学学习具有广阔的智力背景,科学教育不能局限于传统意义上的教材,必须利用与开发各种各样的课程资源。

【观点演绎场】

△ 课外活动要涉及到活动内容、辅导人员、活动资金、设备条件等方方面面许多问题,所以为了使之得以顺利开展,在校内要与其他学科活动、班级活动、团队活动、课题组研究等相互结合,争取家长、老师、学校的支持;在校外要与兄弟学校、文化教育机关、生产单位、科研单位等活动基地建立联系,得到他们的帮助。而每个学校情况不尽相同,所以,只有切合本地、本校的实际,课外实践活动才能开展得广泛深入,富有生机特色。

△ 课程资源是指课程设计、实施和评价等整个课程教学过程中可资利用的一切人力、物力以及自然资源的总和,包括教材、教师、学生、家长以及学校、家庭和社区中所有有利于实现课程目标,促进教师专业成长和学生个性化全面发展的各种资源。

【教学案例园】

许多学校中都有小池塘的存在,在一位课程资源意识很强的教师眼里,小池塘便是一个很好的课程资源,它里面蕴含着许多可供探究的东西。如,我们可以引导孩子观察这个小小的生态系统究竟生存着哪些小生命?经过一番调查,学生不难发现:池塘的岸边生长着各种树木花草,还生活着许多诸如蚂蚁、蚂蚱、蚯蚓、蜜蜂、蝴蝶等小动物;池塘的水面上漂着浮萍,还不时地有蜻蜓、水蜘蛛在活动,池塘的水面下生长着水草、鱼类、青蛙,还有各种浮游生物。在此基础上我们还可以提出这样的问题:这些生命都是怎样生活的?它们之间有联系吗?这里面是否存在着食物链?如果将整个小池塘封闭起来,少了某种生物,是否会对整个生态系统的平衡产生影响?有哪些情况会对小池塘造成污染?如果池塘里的水受到了污染,哪种生物首先受到伤害?有哪些措施可以保护小池塘,使它免受或少受污染?在对这些问题思考的基础上,我们还可以进一步将问题拓展开,如:由对小池塘保护的思考,你对我们的城市环保有哪些建议?

【分析反思亭】

教师是课程资源的重要组成部分,发动有科技特长的教师,结合学校的优势所在,开发学校的特色课程,开展多种多样的科技活动,对于实施素质教育,达成科学课程的目标将起到重要作用。

一、学校课程资源呈现形式

学校课程资源主要包括科学教室、实验室、劳技制作室、图书馆、阅览室、校园网络或音像阅览室、电子阅览室及其配备的资料,学校内的各种建筑、走廊、操场等的环境布置,树木花草、喷池园林、气象或环境观测点、生物角、科技景点等等。

二、学校课程资源开发利用的途径与方式

学校课程资源的开发与利用工作的成效,很大程度上取决于主管部门和学校领导对科学课程是否重视和恰当定位。学校应当基于自身条件,从人力、物力、经费上给予全盘考虑,制订出科学课程资源开发与利用的长期规划和措施,并逐一落实到位。学校课程资源开发利用的具体途径有:

(1) 充分发掘现有资源条件,提高学校现有设备的利用率,如自然教学场地、仪器装置与设备、图表、实物、模型、标本、教具等。

(2) 更新科学教育设备,包括创建专门的科学教室、实验室,或者利用改造原有自然课的活动室,使之适应科学课程教学需求;添加更新科学课程所必须的实验仪器、设备。

(3) 增添科技图书资料,不断丰富藏书资源,提高科技图书资源和利用率。

(4) 扩展电子阅览室、音像阅览室的功能,通过各种途径补充和更新科技类光盘、音像资料,也可通过播放、录制科技教育频道上的节目扩展学校的科学课程资源。

(5) 充分利用校内的土地,开辟科技、劳技教育基地(如百草园、气象站、饲养园地等)。

(6) 在校园内设计并建立科技景点(如太阳钟、风力发电机、科技雕塑等)。

(7) 利用在科技方面有特长的教师,利用学校所在地的地域特点与资源,积极开发与科学教育有关的校本课程。

三、家庭课程资源开发与利用的途径与方式

家庭中的科学资源是学校科学课程资源的补充和扩展。发展中的科学教育观念更加注重引导学生进行科学探究,更加关注学生的学习过程和方法,孩子们将自然地把学校中开展科学探究活动的内容、过程、方法,复制或迁移到课堂以外甚至自己家里。每个孩子的家里都存在着各种形式的能被孩子利用的科学资源,有效地开发和利用这类资源,将为孩子在家里开展各种科学学习和探究活动提供支持。我们应当积极改变过去忽略对家庭课程资源开发利用的状况,积极引导孩子,沟通与鼓励家长开发利用家庭课程资源。

(1) 丰富家庭的科普读物,关注科技资讯信息,引导孩子建立自己的小小图书馆并提高其利用率,例如,引导孩子按内容分类整理图书、自制简易卡片登记图书、使用书签标记所喜

爱的阅读章节、养成良好阅读习惯等等。

(2) 鼓励家长和孩子一起对家庭饲养与种植的动植物进行一些简单的科学探究活动。

(3) 家长尽可能带孩子接触大自然，接触社会，进行社会实践。

(4) 鼓励和促使家长关注和关心孩子在家里进行的科学探究、科技小制作等活动。

四、社区课程资源的开发与利用

1. 丰富的社区课程资源

社区课程资源主要包括科技工作者、工厂、农场、田园、科技实验基地、植物园、动物园、科技场馆（如图书馆、科技馆、博物馆、少年宫、农技科站等）、大专院校、科研院所等。

2. 社区课程资源开发与利用的途径

(1) 开展改善社区环境的科技活动。

(2) 与社区科研、企事业单位建立联系，共建科技活动场所，开展现场科技教学活动。

(3) 聘请科技人员和专家担任学校科技活动的指导教师，聘请家长中的科技工作者定期向学生作科普讲座。

(4) 组建学生科技团体，利用社区资源开展科普宣传和实践活动。

五、科学课程网络资源的开发与利用

1. 开发与利用科学课程网络资源的意义

科学课程网络资源具有信息容量大、信息传播快、智能化、虚拟化、开放化和多媒体的特点，对于延伸感官、扩大科学教育教学规模和提高科学教育教学效果有着重要的作用，是其他形式的课程资源所无法替代的。

科学课程网络资源的开发与利用不仅拓宽了科学教学的内容，它对科学教学方式的影响也是深刻的。网络提供的科学学习内容的广泛性和呈现的多样性，使学生可以按自己的学习基础和兴趣来选择科学学习的内容和方式，使学生真正从被动学习转变为主动学习。网络方式的交互性，适合集体学习、协作学习、个别化学习，将彻底改变传统的以教师为中心，以课堂为中心，以课本为中心的科学教学方式。

2. 科学课程网络资源的开发与利用的内容

首先，建立 CAI 科学教学软件库。库中的 CAI 科学教学软件应满足内容丰富和形式多样等要求，以适合学校不同年级的科学课堂教学的需要或个别化学习的需要。

其次，建立科学教学资源库。为学校教师提供丰富的备课用参考资料（包括各种科学教学参考资料、特级科学教师的优秀教案和优秀科学课例的分析等）。

第三，建立科学电子图书馆。在校园网上建立 CD 服务器，采用光盘储存与科学教育教学有关的视听材料及重要的图书资料。

除此之外，还将一些电子化图书馆联入网络，从而组成一个庞大的网上电子图书馆，实现一种全新的科学信息资料检索模式。另外，有条件的地区或学校可以尝试建立虚拟科学教育学校。由不同学校、不同地区的一些优秀科学教师和科学教学设计专家组成的科学教研组负责科学课程的规划与科学课件脚本的设计，再由软件编程专家负责把脚本制作成高质量的网

上科学教学课件,然后实施网上科学教学,由来自不同地区的学生组成虚拟班集体,这样就可以形成一所或多所虚拟学校,从而实现某个地区乃至全国范围的远程科学教育教学网络。虚拟学校的科学教学有多种不同的模式,常用的模式有讲授型、个别辅导型、讨论型、探索型和协作型。其中尤以讨论型、探索型和协作型更能体现网上教学的优越性,也更有利于学生高级认知能力的培养与发展。

【知识导航塔】

  青少年科技指导站(以下简称少科站),它是专业型的教育机构,是对小学生进行科学教育的重要阵地,也是小学生开展课外科学教育的指导中心、培训基地和活动场所。它的主要任务是按照小学课外科学教育的特点和规律,对青少年学生进行科技知识的普及教育,以提高他们的科学素养。它的活动宗旨是使青少年学生开阔视野,增长知识,培养他们的动手能力和科学创造精神,激发他们热爱科学、学习科学的热情,使他们的个性特长得到和谐发展,从小树立为祖国的现代化建设学好本领的志向。通过科技活动,发掘和培养各级各类科技后备人才。少科站要面向学校,积极为小学开展科技活动创造条件。充分发挥其指导、示范、统筹、服务的功能,担负起指导中小学科学教育活动的重任。

  少科站的活动内容一般有以下三大类:技能性项目——船模、航模、车模、电工等;学科性项目——数学、物理、化学、天文、地理、生物、电脑等;新科技项目——激光、超导、光纤、环保、海洋、宇航等。其主要形式有:(1)科技小组。它以小学生中在某一方面有兴趣、有特长的学生为主,是少科站重要活动形式之一。如:模型制作、业余电台、金工、化工、动植物、微生物、天文、气象、地质、计算机、激光、宇航、能源、超导、环保、数理、摄影等小组。小组以动手实践为主,辅之以必要的基础知识和基本原理教学。通过大量的实践活动培养学生获取和运用知识的能力。(2)群众性科普活动。包括:①科技讲座。目的是迅速传递最新科学知识,介绍科技新成就。②纪念会、报告会、见面会、主题会。活动通过一个鲜明的科技方面的主题,对学生进行教育。③科技参观、考察与科技夏令营。通过走向社会,培养学生的观察能力、实践能力和创造力,开阔视野。(3)对学校科技活动的指导。少科站要面向广大青少年学生,把指导学校的科技活动列入议事日程,为小学开展课外科技活动提供项目、材料、方案,并提供各种条件。

【任务接受所】

  随着现代信息技术的不断发展,网络逐渐打破校内与校外课程资源的划分界限,从而在很大程度上使得课程资源特别是素材性课程资源的广泛交流和共享成为可能,校内课程资源和校外课程资源相互转化的可能性越来越大了。网络科学课程资源具有信息容量大、信息传播快、智能化、虚拟化、开放化和多媒体的特点,对于延伸感官、扩大科学教育教学规模和提高科学教育教学效果有着重要的作用,是其他形式的课程资源所无法替代的。请你谈谈如何开发与利用小学科学课程的网络资源。

【阅读资料】

研究性学习理论

20世纪90年代以来，根据国家教育部的课程改革方案，各地高中广泛开设了活动课，并进行了富有成效的探索。部分省市的一些学校又在活动课的基础上发展出了一种在开放性的现实情景中实施的，强调亲身体验和问题解决的，基于项目学习的课程形态，这就是我们现在所说的研究性学习。2000年初，国家教育部将研究性学习作为综合实践活动的一项内容，纳入了新一轮扩大试验的课程计划之中。

研究性学习是学生在教师指导下，从自然、社会和生活中选择和确定专题进行研究，并在研究过程中主动地获取知识、应用知识、解决问题的学习活动。研究性学习与社会实践、社区服务、劳动技术教育共同构成"综合实践活动"。

研究性学习强调对所学知识、技能的实际运用，注重学习的过程和学生的实践与体验。因此，需要注重以下几项具体目标：

1. 获得亲身参与研究探索的体验

研究性学习强调学生通过自主参与类似于科学研究的学习活动，获得亲身体验，逐步形成善于质疑、乐于探究、勤于动手、努力求知的积极态度，产生积极情感，激发他们探索、创新的欲望。

2. 培养发现问题和解决问题的能力

研究性学习通常围绕一个需要解决的实际问题展开。在学习的过程中，通过引导和鼓励学生自主地发现和提出问题，设计解决问题的方案，收集和分析资料，调查研究，得出结论并进行成果交流活动，引导学生应用已有的知识与经验，学习和掌握一些科学的研究方法，培养发现问题和解决问题的能力。

3. 培养收集、分析和利用信息的能力

研究性学习是一个开放的学习过程。在学习中，培养学生围绕研究主题主动收集、加工处理和利用信息的能力是非常重要的。通过研究性学习，要帮助学生学会利用多种有效手段、通过多种途径获取信息，学会整理与归纳信息，学会判断和识别信息的价值，并恰当地利用信息，以培养收集、分析和利用信息的能力。

4. 学会分享与合作

合作的意识和能力，是现代人所应具备的基本素质。研究性学习的开展将努力创设有利于人际沟通与合作的教育环境，使学生学会交流和分享研究的信息、创意及成果，发展乐于合作的团队精神。

5. 培养科学态度和科学道德

在研究性学习的过程中，学生要认真、踏实地探究，实事求是地获得结论，尊重他人的想法和成果，养成严谨、求实的科学态度和不断追求的进取精神，磨炼不怕吃苦、勇于克服困难的意志品质。

6. 培养对社会的责任心和使命感

在研究性学习的过程中,通过社会实践和调查研究,学生要深入了解科学对于自然、社会与人类的意义与价值,学会关心国家和社会的进步,学会关注人类与环境和谐发展,形成积极的人生态度。

研究性学习内容的选择和设计:

1. 因地制宜,发掘资源

选择研究性学习的内容,要注意把对文献资料的利用和对现实生活中"活"的资料的利用结合起来。要引导学生充分关注当地自然环境、人文环境以及现实的生产、生活,关注其赖以生存与发展的乡土和自己的生活环境,从中发现需要研究和解决的问题。把学生身边的事作为研究性学习的内容,有助于提高各地学校开展研究性学习的可行性,有利于培养爱家乡、爱祖国的情感以及社会责任感,有利于学生在研究性学习活动中保持较强的探索动机和创造欲望。

2. 重视资料积累,提供共享机会

学习内容的开放性为学生的主动探究、自主参与和师生合作探求新知识提供了广阔的空间。师生在研究性学习中所获取的信息、采用的方法策略、得到的体验和取得的成果,对于本人和他人,对于以后的各届学生,都具有宝贵的启示、借鉴作用。将这些资料积累起来,成为广大师生共享并能加以利用的学习资源,是学校进行研究性学习课程建设的重要途径。

3. 适应差异,发挥优势

不同地区、不同类型学校和不同学生开展研究性学习在内容和方法上是有层次差异和类型区别的,因而在学习目标的确定上可以各有侧重,在内容选择上可以各有特点。学校应根据自身的传统优势和校内外教育资源的状况,形成有地区和学校特点的研究性学习内容,同时为学生根据自己的兴趣、爱好和具体条件,自主选择研究课题留有足够的余地。另外,教师要在日常的各科教学中,结合教学内容,注重引导学生通过主动探究,解决一些开放性的问题,这也在一定程度上体现了研究性学习的价值与性质,对于提高学科教学水平也具有积极的意义。

参考信息资源

【1】裴娣娜. 教育科学研究方法. 大连:辽宁大学出版社,1999.

【2】张和平. 小学科学教学活动设计. 北京:北京大学出版社,2005.

【3】徐敬标. 有效教学——小学科学教学中的问题与对策. 长春:东北师范大学出版社,2007.

【4】杨国聪. 浅谈如何指导小学生进行科技发明活动. http://www.2008red.com/member_pic_505/files/lllskjw/html/article_1252_1.shtml

【5】屠国平. 开展《科学》课外活动的实践与思考. http://547.blog.tcedu.com.cn/22348.html

第四篇　小学科学教学评价技能

"评价"原意为评论货物的价值,《宋史·戚同文传》:"市物不评价,市人知而不散。"今亦泛指衡量人物或事物的价值(《辞海》,第1111页)。在英文中,"评价(evaluate)"的含义为引出和阐明价值。因此,从本质上来说,评价是一种价值判断的活动。评价与教学具有非常密切的关系,评价是达成教学目标的重要手段,通过评价的反馈作用,可以提高教学的成效。教学评价是在教学过程中有目的地观察、测定学生在学习过程中的种种变化,根据这些变化对照教学目标、教学效果、学生的学习质量及个性发展水平,运用科学的方法作出价值判断,进而调整、优化教学进程的教学实践活动。它主要包括:教学过程的评价、学习活动的评价及教学效果的评价。小学科学教学的评价是一种多元的激励性评价。通过评价,以激发学生的兴趣、鼓励学生的好奇与探索精神,使学生对科学学习始终保有愉悦的情感体验。小学生学习能力的形成不是一蹴而就的事情,不同年龄阶段,由于生理、心理的成熟程度不一样,所表现的每个侧面程度也不一样。只有评价内容适合小学生的实际水平,才是有效的,要求过高或过低都会影响学生的积极性。

第十七章　小学科学教学评价技能

教学评价是根据教育目标的要求，按一定的规则对教学效果做出描述和确定，是教学各环节中必不可少的一环，它的目的是检查和促进教与学。在长期的教学实践中，已经产生了多种不同的评价标准和评价方法，如：相对评价和绝对评价；诊断性评价、形成性评价和总结性评价；定性评价和定量评价等。对学生评价的目的是为了帮助他们更好地发展，评价的方式、方法必须服从评价目的。通过教育教学评价，能够增强学生的自尊心、自信心，激发学生发展的主动性和自觉性，鼓励学生不断上进。作为教育教学评价的主要阵地、主要环节，要想更好发挥它的激励和导向作用，就必须注重课堂评价方式的多样性和科学性。

【观点演绎场】

△ 教学评价是研究教师的教和学生的学的价值的过程。教学评价一般包括对教学过程中教师、学生、教学内容、教学方法和手段、教学环境、教学管理诸因素的评价，但主要是对学生学习效果的评价和教师教学工作过程的评价。教学评价的两个核心环节：对教师教学工作（教学设计、组织、实施等）的评价——教师教学评估（课堂、课外）、对学生学习效果的评价——即考试与测验。

△ 评价课堂教学就是从课堂实际出发，对教师的教和学生的学给予客观的价值判断，不应当感情用事，更不能歪曲事实，否则将导致教学决策的失误，更易影响教学积极性。同时评价课堂教学要从课堂教学的整体出发，树立全面观点，进行多方面的检查。既要评价教学过程，又要评价学习过程；既要评价教学目标，又要评价教学效果；既评价认知领域的知识、能力达成目标，又评价情感领域、体现学生心理素质的方向目标。防止以点代面，以偏概全，以局部代替整体。

△ 课堂评价是一门特别的艺术，它与人的情感丝丝相系，到位的评价会让学生心头盛开鲜花，无效的评价会让学生的心智疲惫懈怠，夸张的评价会让学生轻视教师的付出，损伤的评价会使学生的心灵受到伤害，所以评价的好与坏，关系非常重要，重视评价，就是重视自己的实际存在。

△ 评价是依据一定的标准（价值分析建立指标），通过系统地搜集信息（搜集与测量），在对标准与信息比较的基础上作出价值的判断。评价的主要目的是为了全面了解学生的科学学习历程，激励学生的学习和改进教师的教学。具体包括以下几个方面：反映学生科学学习的成就和进步；激励学生的科学学习；诊断学生在学习中存在的困难，及时调整和改善教学过程；全面了解学生科学学习的历程，帮助学生认识到自己在科学素养（科学知识、探究能力、科学情感态度价值观）方面的长处和不足；使学生形成正确的学习预期，形成对科学积极的学习

态度、情感态度和价值观,帮助学生认识自我,树立学习信心。

△ 评价是一个广泛的含义,大而言之,是对一个老师的评价,对一节课的评价。小而言之,是课堂上教师对学生回答问题的评价。从形式上看,可以是口头评价,也可以是书面评价。有时老师的表情、动作对学生来说也是一种评价。如课堂上教师一个温和的眼神、一个赞赏的微笑、一个肯定的点头,都会给学生带来巨大的精神力量,令学生精神兴奋,思维活跃起来。因此说,评价是一门科学,也是一门艺术,是科学就有规律可循。

△ 教师的教学评价理念决定着教师对待学生的态度情感,决定着教师对待学生的言行举止,决定着教师对待学生的考察方式等,可以说,有什么样的学生评价理念,就会培养出具有什么素质的学生。小学科学教学的评价改革是科学课程改革的重要组成部分,它以师生教与学的实践为评价重点,和谐地贯穿于科学教学活动和学生探究活动的全过程,对有效完成科学课程的培养目标,切实提高学生的科学素养起着重要作用。科学课程的评价理念与其他课程评价的理念有其共同之处。例如,教学评价要引导学生积极、主动地参与学习,使学生真正理解所学知识,获得对该学科的积极的情感体验;要注重形成性评价与终结性评价相结合,定性评价与定量评价相结合,以及自我评价与他人评价相结合;要不断继承和创新评价理念及方法等。除此之外,因课程性质、课程目标和课程内容的不同,科学课程的评价理念应有所不同。

【教学案例园】

案例1:当学生回答的问题教师感到比较满意时,教师便会表扬道:"棒极了,说得太好了,大家为他鼓掌。"伴随着热烈的掌声,教室里会响起"嗨、嗨、嗨,你真棒"的夸奖声。有时,一堂课下来,孩子的脸上会贴上许多金星,看起来,像唱京剧的。

案例2:争当"★"小组。

上《了解空气》一课,教师课前在黑板上画出如下表格,在上课伊始给学生说明,这节课,看哪个组得的"★"最多。然后,教师在上课的过程中重点在实验探究环节、小组讨论环节结束时对学生的表现给予评价,并在小组番号后面画上相应的"★"。得到"★"的组学生兴高采烈,没有得到"★"的组学生也马上告别活动的"热闹",坐得端端正正,学生在一种有序的状态下进入下一阶段的学习。这节课结束时,教师根据不同的组得"★"的情况,对各学习小组学习情况进行总体的评价、激励和总结。

争当"★"小组	
1组	
2组	
3组	
4组	
5组	

案例3：常常看到这种情景，课堂上出现了难题，片刻之后，有个勇敢的想"跳起摘果子"的学生举手发言，教师带着期望让这个学生发言，可惜学生发言有误，教师就说："请坐下，再想想。"学生不知道错在哪里，众目睽睽之下尴尬坐下。老师又去请第二位学生发言，这位学生答对了，老师语调升高大加表扬。

【分析反思亭】

案例1：目前，这种方式在课堂上很流行，教师普遍采用这种方式，究竟出于什么考虑？

一位教师说："传统教育似乎总是一味地批评、指责、否定学生，使学生缺乏自信心。所以，这次课改提倡多鼓励学生。哪怕只有一点点成绩，我们也要表扬，只要有一点点进步，我们也要鼓励。"那么，"嗨、嗨、嗨，你真棒"就是"表扬促进学习"？教师对学生笑一笑、点一点头，是不是表扬呢？教师认为，这种方式不够有力，鼓励的力度越大，学生越积极。

为了保护学生的积极性，有的教师采取滞后评价的方法，于是出现了一些教师在课堂上少评价甚至不评价的现象，有人提出评价应以鼓励为主，于是课堂上出现了"好"声一片，只要学生回答问题，教师一概以"好"、"很好"笼统评价。这样做的结果，很容易使学生形成模糊的概念，对学生错误的结论不加纠正，模糊的概念不置可否，这实在是一个不容忽视的欠缺。教师在课堂上鼓励学生，坚持正面引导，这本没错，但是一节课上处处有表扬之声，"你真棒"连续重复十几遍，有时还带着学生一起说，一边做动作，一边打手势，显得训练有素。看着学生整齐、机械、木偶般的动作，令人心中很是不安，把表扬方式变成一种表扬公式，这样的表扬鼓励究竟能有多大作用。这种方式能否改一改？送学生小红花、小卡片如同商家在搞有奖竞猜活动，过于渲染，但如果留心观察，会发现学生很浮躁，反而会影响学生深入思考问题，无论回答得如何，都会得到表扬，久而久之，他们还会在乎表扬吗？还会稀罕那些小红花、小卡片吗？对于这种情况，福建师范大学教授余文森认为，一味表扬，正如一味惩罚并不可取。对学生而言，过多的夸奖起不到鼓励作用，尤其是教师不假思索、脱口而出的随意性夸奖，不仅不能对学生产生积极的导向，反而可能导致学生形成随意应付的学习态度。因此，对学生的"鼓励赞赏"必须建立在"客观评价"的基础上。

案例2：应该说，这节课教师对小学生采取这样的争当"★"小组的评价取得了比较好的效果。但也有弊端：课堂教学中教师往往还是注重对最终的结果加以评判，以得失成败论英雄，总是尽揽对结论有效的信息，而回避一些对结论虽然看似无效，实则恰恰能体现学生全面发展的信息，如学生学习科学的过程、态度、方法等等，结果造成了评价问题中理论与实践的严重脱节。

案例3：教师对前后两位学生不同的态度已使第一个学生有因受挫遭冷落之感。教师此时如能多从保障学生心理安全与自由的角度去考虑，用进一步的追问来引发第一个学生的思考，那么课堂将会呈现另一番景象。教师如能对积极思考大胆发言的学生的勇气表示肯定，对学生的回答结果表示重视，就对学生的求知心理起到了小心呵护和激励作用，让所有学生都感受到教师对他们的公平与尊重。

评价是评定价值的简称,通常是指对事物的价值高低的判断,包括对事物的质与量作的描述和在此基础上作出的价值判断。将评价用之于教育,便产生和发展了教育评价和教学评价。教学评价是以教学目标为依据,以参与教学活动的教师、学生、目标、内容、方法、设备、场地和时间等因素的有机组合的过程和结果为评价对象,运用可操作的科学手段,对教学活动的整体功能作出价值上的判断,并为被评价者的自我完善和有关部门的科学决策提供依据的过程。它是教育评价的一个重要组成部分,在广泛的教育评价中占有核心地位。

教学评价的作用:评价是一种获取和处理用以确定学生水平和教学有效性的证据的方法;评价包括了比一般期末书面考试更多种类的证据;评价是简述教育的终极目的与教学任务目标的一种辅助手段,是确定学生按这些理想的方式发展到何种程度的一种过程;评价作为一种反馈系统,用于在教学过程中的每一步骤上判断该过程是否有效,如果无效,必须采取什么变革,以确保过程的有效性;评价作为教育研究与实践中的一种工具,用于查明在达到一整套教育目标时,可供选择的程序是否同样有效。

一、小学科学教师要具备教学评价新理念

教师的教学评价理念决定着教师对待学生的态度情感,决定着教师对待学生的言行举止,决定着教师对待学生的考察方式等,可以说,有什么样的学生评价理念,就会培养出具有什么素质的学生。

1. 科学教学评价的宗旨

培养和提高学生的科学素养。在传统的科学教学活动中,科学学习的评价主要集中在基础知识的掌握上,评价注重近期的、显性的效果,衡量指标是刚性的,评价方法单一,强调定量分析,大多以笔试题、客观题为主。新的国家科学课程标准提出了全新的、带有明确指向性的评价理念——以促进学生科学素养的形成与发展为宗旨,既要关注学习结果,又要关注学习过程以及情感、态度的变化。要实现评价目标多元化,评价手段多样化,形成性评价和终结性评价并举,定性评价和定量评价相结合,创设一种"发现闪光点"、"鼓励自信心"的激励性评价机制。学生的科学素养有着丰富的内涵,包括科学知识,科学方法,科学过程,科学技能与思维方法,价值观,解决社会及日常问题的决策、创新能力,"科学-技术-社会"及其相互关系,科学精神,科学态度,以及科学伦理与情感等。因此,科学素养的形成是一个长期的过程,我们要将培养和提高学生的科学素养评价的宗旨落实到每一节课和每一项探究活动中,评价要关注学生的每一个细节和每一点变化,让每一项评价都成为科学素养培养过程中聚沙成塔的沙,滴水穿石的水。

2. 科学教学的评价核心

以学生为主体的科学探究活动。在科学教学评价中,我们要将"学生的探究活动"作为课堂教学评价的重要维度,学生的探究状态应成为课堂教学评价的聚焦点和出发点,并以此去审视其他方面的利弊与得失。要利用对"学生的探究活动"的评价作为杠杆,改变传统教学中只重视科学知识的习得而忽视学生学会探究的状况,促进教师从备课开始就重视"学生的探究活动"评价的载体功能,切实关注学生探究力的提升。我们可以根据学生在探究过程中的外显行为特征,来评价课堂教学中学生群体的探究学习水平。

（1）学生在探究中的参与状态。评价学生是否能全体参与探究的全过程，评价学生是否全身心投入探究全过程，即参与探究的广度和深度。

（2）学生在探究中的交往状态。评价学生之间在探究过程中是否友好地合作，评价观察整个课堂的探究气氛是否民主、和谐、愉悦、主动，评价课堂上是否有多边的、丰富多彩的信息联系与信息反馈。

（3）学生在探究中的生成状态。评价学生是否在自主、合作、探索中不断提升自己的认识，能否生成预设内容，评价学生在探究中有没有独特的表现，是否能生成非预设内容，提出深层次的问题或得出不同寻常的答案，给人意外的惊喜。

（4）学生在探究中的思维状态。评价学生在探究中的思维是否敏捷，是否有条理，是否善于用自己的语言解释说明所学知识，评价学生思维的批判性，看学生是否善于质疑，提出有价值的问题；评价学生思维的独特性、创造性，看学生在探究中是否能标新立异，是否有自己的思想或创意等。

（5）学生在探究中的情绪状态。在课堂上感受学生的张扬和活泼，通过捕捉学生细微的表情变化去分析判断。看学生在探究中是否有适度的紧张感和愉悦感，还要评价学生是否能自我控制与调节探究情感。例如，是否能从激烈的争论中一下子转入到专注的聆听，从上一次成功探究的喜悦中立即转入新的、更具挑战性的探究活动。

（6）学生探究活动的持续状态。评价学生是否能全神贯注、有始有终，评价学生能否都各尽所能，并学有所得，感到满足和踏实，评价学生是否对后继的探究更有信心，感到轻松。

二、小学科学教师在评价时必须理清以下几个关系

1. 教学评价是以教为主还是以学为主

行为主义学习理论强调刺激——反应，把教师放在主导核心的位置，是知识的传播者和灌输者，而把学习者视为知识的被动接受者，是灌输的对象，因此教学评价的主要对象是教师，评价的内容，围绕教师的教展开，如：教师确定的教学内容的范围和深度是否合适；选择的教学媒体是否适合所选的教学内容和教学对象；讲解的时间有多长等。在这种评价体系中，对学习者的评价，一般是检验学生接受教师所传授知识的数量和程度，通过学生的学习状况来审查、评价教师确定的教学内容和教学方法是否合适；教学策略是否得当等，评价结果是作为评价教师的实例和佐证。简言之，这种对学习者的评价，是为评价教师服务的。

在以教为主的传统教学模式评价体系中，评价方法一般是收集、整理和分析学习者的有关信息，用来证明教学的效果。并且以知识为核心，考察学生对知识的掌握程度，更确切地说，是学习者能够记忆教师所教知识的数量的多少。这种评价方法的问题是，学习者学习的好坏，固然与教师的教密切相关，然而也不能排除如下因素：课堂集体式的教学形式，不可能照顾到每一个学习者原有的知识结构，而学习者原有的认知结构肯定会影响对所灌输的知识的接受能力。课堂集体授课的形式，还不能适用于具有各种不同认知特性的学习者，这是因为，有的学习者善于形象化思维，而另一些学习者则长于抽象思维；有些学习者喜欢听教师讲解，而有的学习者更愿意独立思考，自己学习；有的学习者记忆能力很强，而另一些学习者强于推理；有的学习者自主学习意识强烈，有较强的学习能力，而另一些学习者却依赖成性，必须依赖教师指导。另外，学习者的个性、学习兴趣、学习动机等都会影响教师的教学效果。

建构主义学习理论提倡以学习者为中心,强调学习者的认知主体作用,所以教学评价的对象,必然从教师转向学习者,评价学习者的学习。如:学生的学习动机、学习兴趣、学习能力等。在此指导思想下,教学评价的主要对象是学生,当然也对教师进行评价,但评价的出发点从教改变成是否有利于学生的学,是否为学生创设了有利于学习的环境及是否能引导学生自主地学习等,显而易见,对教师的评价标准是围绕着学习者制定的。

在以学为主的教学模式中,因为采用了自主学习策略,学习者可以按照自己的认知结构、学习方式,选择自己需要的知识,并以自定的进度进行学习,所以评价方法也多以个人的自我评价为主,评价的内容,也不是掌握知识数量的多少,而是自主学习的能力、协作学习的精神等。个人自我评价的优越性在于,学习者可以不顾及评价结果造成的不利影响,因此评价会更客观确切地反映学习者的实际情况。

课堂教学是教师组织和引导学生进行有效学习的过程,是师生互动、生生互动共同实现具体发展目标的过程。"评教",建立促进教师不断提高的评价体系,这样才有利于大面积提高教学质量。"评学",建立评价学生的学习状态和学习效果的评价体系,以具体评价一堂课的教学效果。课堂教学评价要以"评学"为重点,坚持"评教"与"评学"相结合,以此来促进教师转变观念、改进教学。

2. 评价中的褒扬与批评

以前人们常常抱怨学校教育中批评得太多、表扬得太少,造成了学生缺乏自信心。而现在的科学课堂上似乎有表扬过多的嫌疑。在课堂上我们到处能听到"你真棒"的夸词,这些夸奖有些"冲昏了学生的头脑"。在科学教学中,对学生的评价正面的表扬和反面的批评都应该有,关键是如何运用。首先教师的表扬或批评都应该是发自内心的,都应该是基于培养人的教育本身。在学生确实做得很好的时候,教师不应该吝惜自己的褒扬之词。在学生犯一些原则性的错误时,该批评的时候也要批评,在批评学生的时候教师应当十分审慎,要考虑到他们将来的发展和接受心理,要考虑帮助他们改正错误。我们的学校教育不应该是一个只讲好话的"温室",学生不能是一个个的"小皇帝"。在学校的教育中学生既要能体验到成功的快乐,也要能对失败进行品尝和反思,这样才能让他们更坚强起来,有更好的心理承受力。学校的教育更不应该是一个创造最适合学生"成绩发展"的应试环境,而是要培养他们的综合素质,营造一个能有助于学生终身发展的学习氛围。而我们的科学课堂是最能培养学生的刚毅、理性、坚韧、宽容、民主等优良品质的,但是这些品质的获得不完全靠"你真棒"这类的表扬之词,过多的"你真棒",会让学生感觉是一种"虚情假意",会弱化学生的意志品质,在有些时候还需要"你还要努力",还需要学生在经历失败后的重新奋起。

3. 评价中的教师与学生

(1) 教师应该如何评价学生。在新的课程理念指引下,《科学课程标准》中对评价环节作出了明确的规定,科学课的评价要从过去只关注学生的学习结果转变到现在的关注学生学习的全过程;在评价形式上,也要从单一的评价主体发展到多元化的评价主体;评价内容将更趋全面、合理;评价方法将更加灵活、多样。但是在教学实践中,由于受传统的应试观念影响,我们发现:课堂教学中教师往往还是注重对最终的结果加以评判,以得失成败论英雄,总是尽揽对结论有效的信息,而回避一些对结论虽然看似无效、实则恰恰能体现学生全面发展的信息,如学生学习科学的过程、态度、方法等等,结果造成了评价问题中理论与实践的严重脱节。

老师遵从激励上进、奖励贡献的原则,对学生的自我评价和小组评价进行调控、监督。学生在进行自我评价和小组评价过程中,由于每个人的认知水平不同,对各项评价要求的完成程度理解可能有较大的差异,因而影响了评价结果的公平性,需要老师对此进行调整,并逐步引导到统一的标准。为了激发后进生的学习积极性和全体同学的创造性,老师可以在本节课上给进步大和贡献大的学生加分。评价内容、要求、分数如表17-1。

表17-1 评价内容、要求、分数

评价内容	评价目的和要求	打分
课堂评价	对自我评价和小组评价进行调控,使全班的评价结果更合理、公平,又使同学之间有竞争性	在原来的自我评价分和小组评价分上更改
单元综合作业(观察种植、调查研究、饲养报告、制作作品等)	按作业的要求、完成质量程度、完成时间长短、价值大小	独立作业,每次每项满分为100分
期末考查	笔试与非笔试,按考查要求评价	满分为100分,按各项平均分数计量

此表评价在每个活动后进行。

(2) 学生如何进行自我评价。在进行学生自我评价的过程中,我们明显感到由于受到旧观念和教师潜移默化的影响,学生也把关注的焦点对准了学习结果,即那些可以量化的东西。同时我们还发现,现在的孩子大多是独生子女,在进行学习时往往缺少应有的自信心和成功的欲望,凡事从兴趣出发,稍有挫折,就灰心丧气,停滞不前。而且不会与人进行合作,不能把自己的想法与大家交流共享,即使勉强能够表达出来,但是在表达的过程中总是显得底气不足,开始的想法很好,在实际操作中又觉得漏洞百出,最终造成了不敢想、不敢说的局面。

自我评价的方法有激励作用。它以过去的"我"作评价基础,今天的"我"在学习上比昨天的"我"在某方面有进步,就可以得合格以上分了;明天的"我"比今天的"我"有进步,这就可以说明"我"是一个不断上进的学生。评价内容、要求、分数如表17-2。

表17-2 评价内容、要求、分数

评价者:　　　　　　　　　　　　　　　　　　　　　　　　　年　月　日

评价内容	评价要求	该项满分	自评成绩
学习态度	按时上课	10	
	专心听课,不违反纪律	10	
	提出问题或回答问题声音响亮	10	
探究活动	准备好老师布置的学习用品	10	
	参加课堂的学习活动	10	
	主动提出和回答问题,尊重科学数据	10	
	完成活动后主动收拾好有关材料,搞好清洁卫生	10	

(续表)

评价内容	评价要求	该项满分	自评成绩
知识技能	掌握观察、操作、记录等方法	10	
	观察到现象或收集到数据	10	
	完成作业或解释现象	10	
加　分	上述三项内容有独特贡献,每项加5分	15	
总　分		115	

(3) 学生之间如何进行相互评价。在课堂教学中发现,学生对实验材料始终存有好奇心,总是抑制不住地把玩。但随着时间的推移,新奇感消失后,学习热情也逐渐减退。这时学生开始东张西望,不再关注别人的活动了。由于不会倾听,导致学生在相互评价时常常出现机械性的重复,评价方式也显得很单一。另外,由于独生子女自身的弱点,他们总是以自我为中心,总认为别人的想法不好,不懂得尊重他人的意见,这就使得在评价环节中出现只盯住别人的缺点,而不去发现他人长处的毛病,不能全方位评价别人,更没有好好关注同伴在观察方法、语言表达、操作技能等方面的长处。

以小组为单位组织课堂活动,是目前小学科学课的主要教学形式。小组同学之间的协作配合,有序与无序,直接影响科学课的教学质量。小组评价既可以激励同学的团队精神,分工合作,互相学习,互相帮助,共同提高,又能展示特长。评价内容、要求、分数如表17-3。

表17-3 评价内容、要求、分数

班别：　　　　第(　)小组　　小组长：　　　　　　　　　年　月　日

内容	评价要求	该项满分	小组评定成绩		
			甲	乙	丙
团队精神	遵守纪律,服从小组安排	10			
	分工合作,不依赖别人	10			
	安全有序,荣辱与共	10			
探究活动	遵守操作规程	10			
	操作、观察、搜集等活动耐心细致,尊重科学	10			
	交流、讨论、汇报、解释等真实、清晰	10			
	小组长、记录员、操作员等实行轮换制	10			
知识技能	掌握观察、操作、搜集、制作等方法和技巧	10			
	理解课文内容,完成课堂作业	10			
	应用所学知识解决日常生活中的问题	10			
加分	上述三项内容有独特贡献,每项加5分	15			
总　分		115			

此评价表,小组同学在本节课内集体讨论每个同学完成每项活动的情况并打分,老师作监督。

（4）学生评价教师。在过去评价主体单一的情况下，教师就是绝对的权威，评价活动就是教师的一言堂，学生不敢，更不会对教师进行客观的评价。新课程让师生处于平等的地位，教学活动也由过去的教师单一讲授变成了师生互动、生生互动交流的活动。这就给学生评价教师搭建起一个心与心交流的平台。民主的课堂让学生真正成为主人，学会思考的学生当然会对教师有一个自己的评判。但是，习惯于受压抑的主体意识一旦得以释放，似乎一下子又无法适应。所以出现了学生不知该怎样评价教师，对教师又该评价些什么的局面，弄得教师尴尬异常。

三、把握小学科学评价的原则与内容

1. 评价原则

构建新的评价体系是新一轮课程改革提出的新的要求，对素质教育实践活动起着导向与调控作用。课堂教学评价是课程评价系统的一部分，促进全体学生生动活泼地、主动地发展，是新的课堂教学评价体系建构的出发点与归宿。为实现这一目标，必须确立评价的原则。

（1）发展性原则。评价关键要促进"两个发展"。一是促进全体学生的全面发展。首先体现在教学目标上，不仅要完成知识、技能等基础性目标，更要关注学习的发展性目标的形成，即关注学习的过程与方法，形成正确的学习态度，获得积极的情感体验，培养正确的价值观。其次体现在教学过程中，教师要认真研究课堂教学策略，激发学生的学习兴趣，促进学生积极主动的学习。再次体现在教学的效果上，要真正体现"以学论教"的思想。二是促进教师的专业发展。评价的方向应该沿着促进教师专业成长的方向发展，要坚决摒弃那些形式主义的、急功近利的做法，真正关注教师的专业发展。课堂教学评价的重点不在于鉴定教师课堂教学结果，不把课堂教学结果作为判断教师是否已具备奖励或处罚的条件，而是诊断教师教学上的问题，制定教师发展的目标，满足教师专业发展的需要。

（2）多元化原则。多元化包括评价主体多元，包括专家、教师、学生、家长等共同参与评价；评价手段多元，包括运用教师课后反思、学生座谈、家长调查、信息化平台等多种手段进行评价；评价内容多元，包括对学生学的情况、教师教的情况以及课堂活动几方面进行多维评价。

（3）个性化原则。小学科学课程要找准自己的立足点。小学科学课，是一门以小学三年级为起始学年的全新的课程。在《科学（3—6年级）课程标准》中指出："小学科学课程是以培养科学素养为宗旨的科学启蒙课程。"科学课程的教学评价，其主要目的是了解学生实际的学习和发展情况，以利于改进教学、促进学习，最终实现课程宗旨，即提高每个学生的科学素养。

（4）过程性原则。要体现教师教学经验的发展过程，以及促进学生学习经验发展的过程，它不是就某一事件评定某一结果，而要体现个体发展的连续性。为了真正发挥评价的教学作用，我们把教师、学生个体成长与进步放在重要位置上，教师要不断对自己的教学思想、教学态度和教学行为进行分析和反思，对评价资料进行细心收集、整理与分析。应注重评价对教与学的反馈与激励作用，建立教师、学生、家长共同参与的评价制度。

2. 评价内容

对一堂课的评价，虽然没有一个完全公认的标准，但是按照上述评价原则和几年来的实践探索，可将课堂教学评价的内容分为七个部分：探究性、活动性、兴趣性、生活性、合作性、发展性、创新性，每一项包括若干要点。

(1) 科学探究。探究既是科学学习的目标,又是科学学习的方式。科学活动的本质在于探究,教育的宗旨在于形成人的良好素质,科学教育只有引导学生通过科学探究来发展其科学素养,才能实现科学本质与教育宗旨的内在统一。

表17-4 "学"的评价

序号	重点评价内容	评价方法
1	参与科学学习活动是否主动积极,是否持之以恒,是否实事求是	主要采用现场作业和观察记录,即教师可以通过设定一系列科学探究活动的基本操作,让学生去做,看学生完成任务的过程中操作的水平和质量,然后作出评价。也可以通过提出一项科学探究任务,让学生回答准备怎样完成,或者有条件的也可以让学生当场完成,从学生提出的假设,或当场完成质量中进行评价。除了上述集中评价外,教师在平时的教学过程中注意对学生有价值行为和表现的观察与随时记录也是必需的,这可以增加评价的可靠性与有效性
2	观察是否全面,提问是否恰当,测量是否准确,设计是否合理,表达是否清晰,交流是否为双向或多向的	
3	搜集、整理信息,进行合理解释的能力怎么样,动手能力怎么样,同伴之间交往合作的能力怎么样	

表17-5 "教"的评价

评价项目	具 体 内 容	
教学目标	能否引导学生通过对周围事物的观察,发现和提出问题,能否启发学生运用自己已有知识作出自己对问题答案的假想	
	能否指导学生根据自己的假想制定简单的科学探究计划	
	能否引导学生通过观察、实验、制作等探究活动,搜集整理探究活动的信息,能否启发学生用不同的方式分析和解读数据	
	能否引导学生选择自己擅长的方式表达探究过程和结果,并与他人进行多向的交流和评议	
教学策略	探究问题的评价:看学生发现和提出问题是否来自对周围事物的观察	评价学生能否从"这是什么"、"为什么这样"、"这是怎样形成的"等角度对周围事物及现象提出问题
		评价学生所提问题是否适合探究
	探究计划的评价:看学生能否根据假想提出进行探究活动的大致思路,即探究的计划	
	探究过程的评价:看学生能否通过观察、实验、制作等探究活动搜集整理相关信息资料	
	探究结果的评价:看学生能否选择自己擅长的方式表达探究的过程和结果,并与他人进行多向的交流与评议	

总之要注意鼓励小学生进行科学探究活动,理解科学探究过程,获得科学探究的乐趣,逐步提高他们的科学素养,而不要强调小学生科学探究的结果或水平。

(2) 情感态度与价值观。情感态度与价值观既是科学学习的动力因素,影响着学生对科学学习的投入、过程与效果,又是科学教育的目标。主要包括对待科学学习,对待科学,对待科学、技术和社会的关系,对待自然四个方面。培养小学生的情感态度与价值观,不能像传授知识一样直接"教"给学生,而是要创设机会,通过参与活动,日积月累,让学生感受、体验与内化。

表 17-6 "学"的评价

序号	重点评价内容	评价方法
1	学习兴趣是否浓厚,学习动机是否强烈	主要是表现性评价,应该以观察记录和学生自评、互评为主。应该多观察学生的表现,一旦发现有价值的信息,及时记录在案,做好学生学业档案袋的信息搜集和记录工作。当然,必要的时候也可以采用情景测验,或者专题活动的现场记录,即由教师指定一种情景活动让学生参与,记录学生在活动中表现出的各种态度,并进行评价。这种方法主要用于对平时观察记录信息不足时的补充,或者对特殊学生的个案评价
2	是否积极主动地参与学习活动(举手发言的次数,回答问题是否积极,参与讨论的积极性等)	
3	能否尊重事实、尊重证据,能否大胆想象、勇于创新	
4	是不是乐于合作与交流,乐于采纳别人的意见及表达自己的意见,乐于改进自己的学习或研究	
5	能否崇尚科学的人文精神,关心科学、技术与社会的关系及热点问题,如:环境问题、人口问题、能源问题等等;能否从自我做起,热心参与有关活动,发展对自然和社会的关怀和责任感	

表 17-7 "教"的评价

评价项目	具 体 内 容
教学目标	对待科学学习,评价学生在科学探究中,能否保持和发展想了解世界,喜欢尝试新的经验,乐于探究与发现周围事物奥秘的欲望;能否进行大胆的想象;能否注重事实、尊重证据,克服困难,善始善终,参与中长期科学探究活动;能否尊重他人意见,敢于提出不同见解,乐于与他人合作与交流
	对待科学,评价学生是否知道科学是不断发展的,科学是不迷信权威的
	对待自然,评价学生能否珍爱生命和善待周围环境中的自然事物,并能从自然中获得美的体验,能用一定方式赞美自然美,初步形成人与自然和谐相处的意识
	对待科学、技术和社会的关系,评价学生能否形成用科学提高生活质量的意识,愿意参与和科学有关的社会活动。例如,关心日常生活中的科技新产品、新事物,关注与科学有关的社会问题等。能否意识到科学技术对人类与社会的发展既有促进作用,也有消极影响
教学策略	对待"科学学习"的评价:看学生在探究学习过程中能否自主合作,并产生乐于探究与发现周围事物奥秘的欲望
	对待"科学"的评价:看学生能否从科学发展的故事中体会科学是不断发展的事实
	对待"自然"的评价:看学生能否在对自然的探究活动中形成珍爱生命、人与自然和谐相处的意识
	对待"科学、技术和社会关系"的评价:看学生能否在丰富多彩的科学实践活动中感受科学对人类、对社会的双重价值

(3) 科学知识。通过科学课程的学习,知道与周围常见事物有关的浅显的科学知识,并能应用于日常生活,逐渐养成科学的行为习惯和生活习惯是科学课达到的目标之一。重点应评价小学生对生命科学、物质科学、地球与宇宙科学、人文与社会科学诸方面最基本的概念和技能的理解过程和应用情况,对所学的内容掌握的程度,能否在理解的基础上用所学知识于新情境中,能否综合应用知识,灵活、合理选择方法解决有关问题。尤其是学习过程中表现出来的对科学知识的把握与应用,而不是检查学生最终记住了多少信息。

表17-8 "学"的评价

序号	生命世界	物质世界	地球与宇宙
评价的主要内容	主要从生物的多样性、生命的共同特征、生物与环境、健康生活四个方面着手	抓住物体与物质、运动与力、能量的表现形式三大块	地球的概貌与物质、地球运动与所引起的变化、天空中的星体三个部分
内容评价标准	第一类是不需要学生掌握,只需要了解的。这类内容标准一般不属于测验、考试的范围,评价的主要办法是日常课堂上的随堂提问与观察记录,看学生是否知道,能否讲得出就行了		
	第二类是需要学生掌握的最基本知识,主要是现象、事实或过程,如,知道繁殖是生命的共同特征,声音是由物体的振动产生的,知道地球的形状、大小,等等。这些内容标准是该学科测验、考试的主要对象,必要时可以通过各种测验的方式检查学生掌握的程度,但需注意考试方式的情景性与灵活性,不能引导学生死记硬背		
	第三类是过程性目标,如通过栽培植物了解它们的生长过程,探究怎样才能让杠杆保持平衡,探究风的成因等等。对这类内容标准的评价则需要教师通过课堂教学的观察记录,记下学生在这些探究活动中的参与表现与探究结果,然后进行评价,必要时也可以设置专题性操作实验考查,或者从学生的长期作业中做出评价。因此,科学课程中"科学知识"领域的评价主要采用的评价方法有课堂观察、作业分析以及必要的测验和专题考查		

表17-9 "教"的评价

评价项目		具 体 内 容
生命世界	教学目标	评价学生能否从多角度、多渠道来认识周围常见的动植物,学习的方式、方法是否多样,能否用合适的方式表达观察的结果
		评价学生能否从多样的生物中总结归纳出生命的共同特征,启发学生在观察中学会记录、整理数据的能力,并学会分析、推理、求证、总结和交流的能力
		评价学生能否找出生物的特征与生存环境之间的必然联系,启发学生从现象看本质,是否遵循自然规律,是否形成保护生态环境的良好意识
		评价学生能否科学地认识人的生理机能和成长规律,能否找出影响人类健康的各种因素,从饮食、家居环境、生活习惯等方面评价家庭生活质量,启发学生进一步形成良好的生活习惯和健康意识

(续表)

评价项目		具 体 内 容
生命世界	教学策略	"多样的生物"包括常见的植物、动物及其他生物。让学生说出一些周围常见的动植物名称，并要对周围常见的动植物进行简单的分类，但评价不能仅停留在"掌握知识的多少"上，更重要的是评价学生在认识动植物的过程中，是否经历了真实的探究活动，是否有自己特殊的观察和记录方式，是否对动植物产生了认知情趣，是否形成了爱护动植物的良好意识等
		"生命的共同特征"包括生物的生命周期，生物的繁殖，生物的基本结构和功能，生物的基本需求及遗传现象。评价学生面对多种生命进行比较与分析，归纳与总结的能力，让学生在生命世界这个多样、复杂的系统中找到认识事物的规律
		"生物与环境"包括生物对环境的适应和进化现象。侧重于学生能否捕捉生活中的现象来解释环境对生物存在的影响，是否能从观察动植物的外形特征来联系生物的生存环境，知道环境对生物生长、生活习性等多方面的影响，通过实验和观察来探究生物在不同环境中的特性，评价学生对生物适应性的解释能力和设计探究实验的能力
		"健康生活"包括生理与健康，生长发育及良好的生活习惯。更多关注的是学生对自身的了解，会将人类与动植物的生长进行比较，找到影响健康生活的内在因素，最终看学生是否能形成一个良好的生活习惯，从而提升自己的生活质量
物质世界	教学目标	评价学生能否用多种方法准确地认识各种物体的特征与物质的变化，能否用科学的语言描述不同材料的性质和用途，能否从"不可逆变化"的角度认识物质与环境的关系，并树立保护环境的意识
		评价学生能否从定性的角度描述物体的位置与运动，能否认识生活中一些常见的力，并了解力的基本特点，能否了解一些简单机械的使用，从而对生活中的一些简单机械提出改进建议
		评价学生能否区分日常生活中常见的能量表现形式，能否科学地认识能量与人类的关系，从而形成科学的行为和习惯，保护自己和他人的健康与安全
	教学策略	物体与物质包括物体的特征，材料的性质与用途，物质的变化，物质的利用。 关于"物体"的评价：在评价时要看学生能否利用简单的工具，科学、准确地描述周围物体的特征，根据物体的特征对物体进行简单的分类，并知道加热或冷却可以使物体的形状发生变化。对特征的描述，可以根据大小、轻重、形状、颜色、冷热、沉浮、结构、所用材料等对特征进行分类或排序，也可以根据软硬度、透明性、可溶性、导热性、导电性、磁性、隔音能力等进行分类或排序。 关于"材料"的评价：能否根据材料对物体进行分类，能否认识一些常见材料，能否认识一些常见材料的基本性质和常见用途，能否认识材料的使用给个人、社会、环境带来的正面的积极的作用或消极的影响。 关于"物质"的评价：看学生能否了解物质的存在有三种状态，物质的变化有两大类，能否判断生活中常见的变化属于哪一种变化，更要科学地认识这些变化对人类生活产生的影响，并从"物质的再生与不可再生"的角度认识保护资源的重要性

(续表)

评价项目		具 体 内 容
物质世界	教学策略	"运动与力"包括位置与运动,常见的力和简单机械。 "位置与运动"的评价:要准确地描述一个物体的运动,需要知道它在每一时刻的位置和速度,这就需要精确地测量,"速度"是日常生活中经常出现的词汇,学生也早已知道,但在这里,不提"速度"这个概念,仅用方向和快慢来代替。在这里就涉及需要学生掌握的"参照物"与"测量"。 "力"的评价:对自然界中各种力的认识情况。能否正确地使用力的测量工具。是否会分析力。能否认识几种最简单的和最典型的机械,如斜面、杠杆、滑轮、齿轮、轮轴等。能否了解这些简单机械在日常生活和工农业生产中的应用
		"能量的表现形式"介绍了五种常见的能量:声音的产生与传播,热现象,光的传播,简单电路,磁现象,要使学生知道它们都是能量的不同表现形式,能量可以相互转换
地球与宇宙	教学目标	学生能否通过对静态的地球的认识来了解地球的概貌,了解地球物质对人类和其他生物生存的意义,能否对地球物质充满感激之情
		学生能否通过观察、实验等活动认识动态的地球:昼夜、天气、四季和地表的变化,能否树立保护人类唯一家园的意识
		学生能否选择用自己最擅长的学习方式去认识天空中的星体:太阳、地球、太阳系、银河等宇宙空间。学生能否通过了解人类对宇宙奥秘的探索,认识科学的进步和人类智慧的潜力,形成科学是不断发展的观点
	教学策略	"认识静态的地球"的评价。看学生是否对地球的概貌、地形、大小、内部形态等产生浓厚的兴趣;是否对司空见惯并非常"熟悉"的地球物质——岩石、沙、土壤、水、空气等保持好奇心,产生主动探究的欲望
		对"认识动态的地球"的评价:看学生对昼夜、天气、四季以及地表的变化的认识是否来自于自己的观察、实验等;看学生是否受到自然力量是对地表变化的作用的震撼,对自然力量充满探究的欲望;能否设计一些探究活动来研究地球运动与所引起的变化,建立对地球问题的敏感性
		"地球运动与天气变化"应首先看学生是否灵活运用已有经验,分析研究天气现象
		对"认识天空中的星体"的评价要侧重于学生能否捕捉地球上的某些现象和测量数据,分析天空中星体的状态

（4）创新性。教师的教学素养怎样,是否有创新意识,是否形成个人独特的教学风格和教学特色。教学活动中能否引发学生求知探究的欲望,思维表现出开放性和创造性。教学关注学生在学习过程中所表现出的方法和思考,关注学生应用意识和创新能力的培养,关注学生在学习过程中的情感体验和价值观的培养与形成。

四、在小学科学课堂做好对学生的随机评价

1. 课堂教学评价要求真务实

"连这些都知道,真不愧是班级小博士!""你的记录很有特色,可以获得'牛津奖'!""你的表现很出色,老师特别欣赏你!""你真爱动脑筋,老师就喜欢你思考的样子!""瞧瞧,谁是火眼金睛,发现得最多、最快?"

"小博士"、"牛津奖"这些带有浓重的荣誉色彩的高帽子还是慎用为好!此类评价有一种虚无飘渺、脚不着地的感觉。再则"表现出色"——学生如果乐于为了使老师满意而去"表现"自己,就会努力去揣测老师的意思,而忽视事物的真相,他们的言行就难免有有失真实的时候。其实,学生在真实的探究情景中,几乎是进入了一种忘我的状态。孩子的言行状态是真实流露的,而不是有目的的"表现"。教师应用这样的评价用语,不仅滞后于学生学习状态,而且还对学生科学精神的培养产生误导。这里有一个非常值得我们思考的问题:学生为了什么而学?是为了老师的欣赏而学习的吗?有些孩子从幼儿园时的不知红花为何物,到五年级时不奖励红花就没力气做事,似乎学习的快乐不是求知而是求"红花"所代表的荣誉。我们在科学课上应引导学生经历的是:为了探求事实,追求真理而努力,千万不要再要求学生为了老师的表扬而努力了。这样不但学生学习的动力系统要出问题,而且学生的探究情感也要被污染了。真诚、客观、平和的评价用语是比较有利于学生科学态度和健康心理的形成的。如:"你是一位非常负责的材料员,每一次实验后都能把材料整理得整整齐齐!""你实事求是的态度真好!""你的思维很独特,能具体说说你的想法吗?""你倾听得真仔细,这么细微的地方你都注意到了!""你讲得很有道理,如果你能把语速放慢一点,其他同学听得就更清楚了!"

在小学科学的探究过程中,更多的时候还是通过教师的追问、反问,来实现学生的自我评价和生生互评。如:是吗?你是怎发现的?你是怎样想的?这真的是你观察发现的吗?等等。追问不仅是培养学生质疑精神和求证意识的良好途径,而且可以促使学生进行自我评价、自我反思和自我修正。

2. 课堂教学评价要及时

教师与学生接触最多的还是上课时间。要抓住课堂教学时间与学生交流,科学评价的内容可以是多方面的,其中对学生的情感态度价值观以及对科学知识的理解与应用的评价尤其显得重要。科学教师要学会鼓励,在对学生的评价中要以恰当鼓励为主,很多学生都有进步的愿望,只是表现在行动上有所差别而已。尤其一些学习稍有困难的同学,本身自信心比较差,教师要细心观察,随时关注学生在课堂上的表现与反应,及时给予必要的适当的鼓励性、指导性的评价,肯定学生为自己的进步所做出的努力。可以在教学过程中,每当学生答对问题时,就及时评价说"回答得很好"、"真不错"、"对"或者把他正确的答案再重复一遍;对有创造性的回答,就说"真了不起"、"值得大家学习"等;对一时答不上来的或答错的同学,就鼓励说"再仔细想一想"、"谁帮他一下"、"相信你一定能答对"等。由于学生的回答得到及时表扬、肯定,他们就发言踊跃,课堂气氛活跃。

表 17－10　小学科学课堂教学评价方案

评价内容		评价指标
学生学习表现	参与程度	参与的深度
		参与的广度
		参与的时机与效率
	科学知识	基础知识落实
		多边的信息传递
	科学探究	和谐的人际交往关系
		提出问题、发表见解
		思维的求异性、独创性、批判性
		动手实践、自主探索、合作交流的能力
	情感态度	学习活动的兴趣与求知欲
		一定的自我调控能力
		体验成功，建立自信心
		良好的学习习惯
教师教学行为	角色行为	信息的传递者
		学习活动的组织者
		学习进程的引导者
		解决问题的合作者
	教学设计	合理处理、驾驭教材
		目标把握与定位
		教学程序的设计
		教学方法、手段的选择使用
		教学理念的渗透
	课堂调控	根据学生学习状况及时调整教学
		充分利用学生学习资源
		合理运用评价机制
		全面照顾学生个体差异
	教学素养	教态：自然亲切、大方得体
		语言：规范风趣、启迪思维
		板书：简洁端正、条理清晰
综合评价		

【知识导航塔】

一、建构主义的基本主张及其对教育评价的启示是什么？

建构主义的基本主张概括为以下几个方面：

（1）学习是一个积极主动的建构过程，学习者不是被动地接受外在信息，而是根据先前认知结构主动地有选择性地知觉外在信息，建构当前事物的意义。

（2）知识是个人经验的合理化，而不是说明世界的真理。因为个体先前的经验毕竟十分有限，在此基础上建构知识的意义，无法确定所建构出来的知识是否就是世界的最终写照。

（3）知识的建构并不是任意的和随心所欲的。在建构知识的过程中，必须与他人磋商并达成一致，并不断地加以调整和修正，在这个过程中，不可避免地要受到当时社会文化因素的影响。

（4）学习者的建构是多元的。由于事物存在复杂多样性，学习情感存在一定的特殊性，以及个人的先前经验存在独立性，每一个学习者对事物意义的建构将不同。

建构主义理论给我们实施新课程教学提供了有益的启示：课程实施决不是教师给学生灌输知识、技能，而是学生通过驱动自己学习的动力机制积极主动地建构知识的过程，这种建构是学生在自身的经验、信念和背景知识的基础上，通过与他人相互作用而实现的。教学过程不仅仅是师生互动，而且是师生之间、学生之间的多边互动。教学的中心应该在于学生，而不在于教师，教师在课堂教学中应该是引导者、促进者和帮助者。教学过程应该关注培养学生分析问题、解决问题的能力，进而培养他们的创新精神。由此，我们认为，新课程评价应该把学生作为评价主体，在评价过程中，学生不是一系列评价的消极应付者，而应该是主动参与者。让学生学会自我评价，引导学生成为自律学习者，使其在自我评价与他人评价的共同作用下前进。

二、后现代主义的基本思想及其对教育评价的启示是什么？

后现代主义教育思想强调多元、崇尚差异、主张开放、重视平等、推崇创造、否定中心和等级、去掉本质与必然。后现代主义者否定绝对真理的合法化。后现代主义尊重个性，强调学生的个别差异，注意学生的主体性和创造性的发挥，鼓励教师和学生发展一种平等的对话关系，破除教师在课堂上的权威地位，加强师生之间的对话和交流。后现代主义认为，五彩缤纷的现实世界应该容忍每一个学生的奇思妙想。在这个以创新为时代精神的社会里，科学技术日新月异，各种新生事物层出不穷，创新已经成为社会、个人发展的动力源。承认开放性，也就为人充分展示人的生命的本质提供了舞台。后现代主义以其兼容并包的宽容态度和尊重个体主动性的宽广胸怀给每一个人开发了生命空间。后现代主义注重过程，认为个体在活动过程中得以不断发展。

后现代主义为我们实施新课程评价提供新视野。后现代主义教育思想对课程的看法是：课程是一种发展的过程，而不只是特定的知识体系载体，因而课程的内容不是固定不变的，是一个动态的发展过程；课程是师生共同参与探究知识的过程；课程发展的过程具有开放性和灵活性。课程目标不再是完全预定的、不可更改的,而是可以根据实际加以调整,课程的组织不再囿于学科界限,而向跨学科、综合性发展,课程从累积知识走向发展和创造知识;承认和尊重价值观的多元性,不以权威的观念控制课程。

每一个学习者都是独一无二的个体,教学不能用绝对统一的标准去度量学生的学习水平和发展程度,要给学生的不同见解留有空间。这个世界本身就是多元的,我们要把学生看作知识的探索者和发现者。因此,评价不仅要注意结果,更应注重过程。评价不仅仅是对现时状况的价值判断,更应该是开展下一步学习活动的逻辑起点,其功能在于促进学生充分发挥主观能动性,推进学生学习。

三、小学科学课堂教学评价的类型与方法

1. 按评价范围分

教学评价的类型,按照评价范围的不同,可以分为广义评价(宏观评价)和狭义评价(微观评价);按其价值标准分,可以分为绝对评价、相对评价和自身差异评价;按其功能分,可以分为诊断性评价、形成性评价和终结性评价;按其评价性质分,可以分为定性评价和定量评价。

(1) 广义评价(宏观评价)和狭义评价(微观评价)。广义的教学评价是就较长的时间和较大的空间而言的。例如,对科学课堂教学现状的分析,对科学课程教学理论的探讨,对目前科学课堂教学改革的特点和走向的评价,对目前教材的剖析等,所涉及的往往不是具体的科学课堂教学细节问题,它对学生的学习活动评价是间接的。

狭义教学评价主要是指以教师和学生为评价对象的评价,即以教师的教和学生的学为主要内容的评价。时时刻刻都以学生为重心,虽然是教学中一些细小而具体的问题,但与学生的综合素质教育密切联系,能促进学生学习的积极性,激发他们的学习热情。

(2) 绝对评价、相对评价和自身差异评价。绝对评价(目标参照标准评价)。绝对评价是在被评价对象的集合之外确定一个标准,这个标准被称为客观标准。评价时把评价对象与客观标准进行比较,从而判断其优劣。评价标准一般是教学大纲以及由此确定的评判细则。为绝对评价而进行的测验一般称为目标参照测试。目标参照测试与常模测试相对,是以某项测验应达到的目标为参照点的考试或测验,即用来测量学生的实际水平,而不是参照他人的成绩来决定某生在团体中的名次。例如,科学期中期末测试,满分100分,那么制定的客观标准是:90—100分为优秀,75—89分为良好,60—74分为及格,59分以下为不及格等。评价某一学生的科学成绩就以此为标准,评价某一班就以此班级的平均分来衡量。绝对评价的优点是标准比较客观公正,操作起来比较简单。如果评价正确可靠,并且运用得当就可以使每个被测学生看到自己的学科成绩与客观标准之间的差距,以便不断地朝客观要求努力。对于教师来说,可以通过得到的反馈信息,了解教学情况。

相对评价(常模参照标准评价)是在被评价对象的集合中选取一个或若干个个体为基准,然后把各个评价对象与基准进行比较,确定每个评价对象在集合中所处的相对位置。为相对评价而进行的测验一般称为常模参照测验。常模参照测验是指以某一团体在考试中达到的平均成绩为参照点的考试或测验。在这类测试中,学生成绩的好坏是以该生的成绩与团体的

平均成绩相比所处的位置来决定的。所以它衡量的是某生在某一团体中的相对水平。它的试题取样范围广泛,测验成绩表明了学生学习的相对等级。由于所谓的常模实际上近似学生群体的平均水平,所以这种测验的成绩分布符合正态分布规律。例如,学生在科学学习的测试过程中成绩在提高,但他在班里的相对位置也许仍然不变。相对评价具有适用面广、甄选性强、鼓励竞争的特点。它不受整体水平的限制,无论集体水平如何,都可作为教师分类排队、进行分层次教学、分类推进的重要依据。其缺点是对于学生个人努力状况及进步程度不加重视,尤其对于后进同学的努力缺乏鼓励作用。

自身差异评价是指被评价者对自身的不同方面进行的纵横比较,以确定自己的进步情况和各方面的能力的评价。

绝对评价、相对评价和自身差异评价是从不同角度对同一个被评价对象的评价。如果每一个被评价对象,既看到自己与目标的差距,又看到自己在群体中的位置,兼顾各种评价方法,就可以扬长避短,充分发挥各自的优势。

(3) 诊断性评价、形成性评价和终结性评价。① 诊断性评价。这种评价也称教学前评价或前置评价,即准备性评价,是在教学活动开始之前进行的准备性和预测性评价,是对评价对象的现状和存在状态作出鉴定。一般是在某项活动开始之前,为使计划更有效地实施而进行的评价。通过诊断性评价,辨认出哪些学生已经掌握了过去所学的全部教材内容,哪些还没掌握,已达到了什么程度,设计出适合不同学生学习的教学计划。科学课堂教学要选择适合每个学生特点和需要的有效教学策略,也必须了解学生和他们的知识储备,了解他们对学科的态度和愿望,而了解的重要手段是对学生进行学科考查和测试。根据诊断结果,设计一些能够发挥学生长处以弥补其不足的活动方式,即"长善救失",帮助学生在原有的基础上和可能的范围内获得最大的进步。

② 形成性评价。又称过程性评价,是在教学过程中进行的评价,是为引导教学过程正确、完善地前进而对学生学习结果和教师教学效果采取的评价。形成性评价的主要目的不是为了选拔少数优秀学生,而是为了发现每个学生的潜质,强化改进学生的学习,为教师提供反馈。例如,《恐龙时代》一课教学,教师深入了解学生的知识背景以及他们的兴趣,教学中引导学生讨论交流所搜集的有关恐龙的资料,了解学生的学习进度和学习情况,看他们关心什么,在哪些环节和问题上有困难,在哪些地方不理解,再运用一些教学策略,给学生提供及时的反馈,使他们能更快地纠正自己的错误,更有效、准确地完成教师规定的学习任务,而且还帮助教师有效地调整教学进度,促进教学相长。在进行形成性评价时不评定等级,只找出不足的原因和所犯错误的类型,要尽量缩减那些判断性见解。只有对评价不带有任何要评成绩的联想,被评者才不致害怕,而看作是一种帮助。为达到形成性评价的目的,往往要频繁地进行,每当一种新技能或新概念的教学初步完成时,就应进行形成性评价。在教学技能训练中所进行的评价就是形成性评价,只指出优点和不足,不评定成绩。

③ 总结(终结)性评价。这种评价又称事后评价,一般是在教学活动告一段落时为把握最终的活动成果而进行的评价。这种评价的目的就是评定一段时期以来学生的学习情况,并为学生作出证明或提供关于科学教学的方案及实施是否有效的证据。例如,学期末或学年末科学学科的考核、考试,目的是验明学生的学习是否达到了科学教学目标的要求。总结性评

价注重的是教与学的结果,借此对被评价者所取得的成绩作出全面鉴定,区分等级,对整个教学方案的有效性作出评定。

表 17-11　诊断性评价、形成性评价与终结性评价的区别

要点 类型	诊断性评价	形成性评价	终结性评价
实施时间	教学之前	教学过程中	教学之后
评价目的	摸清学生底细以便安排学习	了解学习过程,调整教学方案	检查学习效果,评定学习成绩
评价方法	观察、调查、作业分析、测验	经常检测、作业分析、日常观察	考试或考查
作用	查明学习准备情况和不利因素	确定学习效果	评定学业成绩

诊断性评价、形成性评价和终结性评价都是相对某一个教学阶段、某一种教学活动的评价。对整个教学过程来说,终结性评价也可以看作下一教学阶段的诊断性评价和形成性评价。而诊断性评价和形成性评价,也可以看作是即时的或前一阶段的终结性评价。教学设计方案的评价主要是形成性评价。

(4)定性评价和定量评价。定性评价是对评价资料作"质"的分析,是运用分析和综合、比较与分类、归纳和演绎等逻辑分析的方法,对评价所获得的数据、资料进行思维加工。分析的结果有两种:一是描述性材料,数量化水平较低甚至毫无数量概念;另一种是与定量分析相结合而产生的,包含数量化但以描述性为主的材料。一般情况下定性评价不仅用于对成果或产品的检验分析,更重视对过程和要素相互关系的动态分析。

定量评价则是从"量"的角度,运用统计分析、多元分析等数学方法,在复杂纷乱的评价数据中总结出规律性的结论。由于教学涉及人的因素,各种变量及其相互作用关系是比较复杂的,因此为了提示数据的特征和规律性,定量评价的方向、范围必须由定性评价来规定。

由于教学内容、教学要求不同,教学评价的角度、侧重点也应有所区别。

2. 评价的主要方法

评价的主要方法,主要有以下几种。

(1)观察。观察是过程性评价中搜集情况和表现信息的有效手段之一。这里的观察不是日常用语中所说的"用眼睛看",而是指有目的、有计划地关注对象的表现,搜集各种有关信息的过程。要做好这种观察,首先要有比较明确的观察目的,即针对评价要求,围绕评价指标,设计好观察要点。观察要点一般可以分为两种,一种是以观察对象为标志,另一种是以观察现象为标志。以对象为标志的观察,要求评价者事先明确好观察对象,始终关注他们的表现,进行跟踪,随时记下有价值的信息。有的可以事先就设计好要观察哪些表现,一旦当对象出现了这种表现就记录在案。例如,对学生学习的认识方面的个体差异的观察,学生就可设为观察对象。

表 17-12　基于观察对象的观察记录

学生行为表现	学生甲	学生乙	学生丙	……
一接触问题就立即回答				
经过一番思考后才回答				
不愿思考,也不愿回答				
过于紧张,不能集中注意力思考与回答				
认为回答问题与自己无关,缺乏思考问题的热情,不能进行回答				

对以观察现象为标志的教师观察来说,要观察哪些现象也必须事先决定,以便评价者知道什么应该记录,什么不需要记录。例如,对科学课的课堂教学中师生互动情况的观察就必须抓住师生互动,不是师生双方互动的,而只是师生一方面的活动表现就不需要进行记录。

（2）访谈。访谈是过程性评价中搜集具体情况和征求意见时常用的办法。对观察搜集到的信息,有时还需要进一步了解周围人的看法或者意见,这就可以使用访谈的方法。为使访谈达到预期目的,评价者应当明确访谈议题和想要搜集哪些信息,访谈前可拟定一个简要的访谈提纲,以便评价者在访谈过程中掌握控制谈话的议题方向,防止跑题。由于提纲只是一个粗线条,评价者对访谈问题的了解不一定深入和全面,有一些重要的问题可能根本就没有想到,所以在使用过程中要不断地修改、调整自己的访谈提纲。

（3）作业。作业往往是反映学生学习表现的窗口,通过对学生作业的评价可以比较准确地评价学生的学习态度,也可以了解到学生在学习和探究活动中的水平与存在的问题,帮助教师进一步判断学生的整体学习情况和质量。对学生科学探究过程和能力的评价,作业法也是一种比较有效的办法。一项完整的作业任务是学生科学探究综合的表现,既反映了他们对待科学探究的兴趣、态度,也反映了他们的科学探究知识、技能,而作业的水平则可以反映学生的科学探究综合能力,通过一项探究活动,对学生的评价是多方面的。学生的科学学习整体质量也可以通过科学探究的作业或者作品来展示。评价者可以从学生的作业或者作品的立意、设计、实施、结论、资料的正确性和完整性、结论的科学性和独创性等方面,综合考察其对所学知识、技能的掌握水平,科学方法与研究能力的运用水平。学生科学素养的评价是科学课程教学中最难解决的问题之一。要从整体上对学生的科学素养做出评价,可以通过让他完成一项作业,或者从他独立完成的作品,或者对他科学学习或者探究活动中的表现加以考察。作业法评价的关键是建立作业的评价标准,一般可以从科学性、独创性、现实价值等方面考虑。

（4）测验与考试。首先要对测验与考试进行定位分析。过去的学科测验与考试一般不考虑定位问题,反正试题按教学大纲和教学要求出,成绩按分数高低排队,在一个测验中同时出现目标参照性与常模参照性两种要求,结果是什么要求都实现不好。教育测量学指出,学科测验可以分为目标参照和常模参照两种。目标参照测验以检查学生达到预定目标的程度为主,因此试题要紧扣教学目标,最好做到一一对应,这样可以通过测验反映学生达到预定教学目标的详细情况,以便下一步的改进和调整,其结果应该以学生的自我对照为主,反映进步或退步的情况,而不应该多作学生之间的相互比较。常模参照性测验以检验学生在一个团体中的相对位置为主,因此,试题要以能够拉开学生之间的差距为主,不一定强调与教学目标的一一对应,这样通过测验可以分出学生的好、中、差。科学课程的教学中,单元小测验,期中、期末考试应该属于目标参照性测验,因此试题要多注意与课程标准、教学目标的对应,并且结果以学生的个体内差异评价为主。学科知识竞赛、某些单项比赛属于常模参照测验,它们的主要目的是分出学生的好、中、差,其试题也应该以能够区分学生层次为主要的考虑因素。另外要加强测验、考试的设计。一次考试怎么出考试题是很有讲究的,可以通过设计测验蓝图的方法,先确定测验的知识与能力要求,并按这些要求排出相应的比例,再按照各部分的比例要求编制或者选取试题。试题可以从难度和区分度两方面体现质量。对目标参照测验来说,试题的难度主要受制于其所对应的目标的难度,而常模参照测验则希望试题的难度适中,区分度好。

(5) 评定量表。评定量表是教育评价中对表现满意度、没有现存工具可以测量的综合因素等比较抽象的评价对象进行评价时常用的办法。评定量表的办法实质是对评价者在价值判断中的感受程度的一种表达方式。评定量表一般按照对象符合评价指标要求的程度分为若干等级,评价者把心目中对评价对象符合评价指标的程度,按高低归入某一级别,得出最后的评价结果。也可以把符合程度用某一范围的数字,再按照数字等级的对应规定,转化成等级。

(6) 学生成长记录袋。学生成长记录袋是教学领域"质"的评价的一种常用模式。学生成长记录袋评价的实施是指用做档案的方法做学生学业的全过程评价。"学习档案袋"是发展性评价的一种方式。

① "学习档案袋"的设立。首先要明确"学习档案袋"的作用和意义。"学习档案袋"能记载学生本人的学习态度、合作能力、操作水平、创新意识,为我们全面评价学生提供生动活泼的素材,使我们的评价更全面和具体。要求学生每人自做或购买一个大信封作为档案袋,让学生自己设计有个性的封面,以便清楚地反映个人在这一年中科学学习过程的目录。

② "学习档案袋"的内容。"学习档案袋"的内容主要有:①查找的资料(上网、图书馆、社区调查);②有价值的实验探究过程记录;③探究性实验报告(文字、电子版或图片);④家庭小实验设计与实施报告;⑤单元自我小结;⑥课后问题讨论;⑦测试后反思;⑧自我评价或小组评价表;⑨师生交流园地。

③ "学习档案袋"的使用。"学习档案袋"的作用是通过记录学习过程,让学生不断地看到自己学习过程的具体情况,有利于及时总结经验和教训,不断地自我反思,及时调整学习计划,确立新的学习目标。因此,教师可根据学习的章节和课题,不定期组织学生把新的"作业"放进"学习档案袋"里,通过翻阅其中的材料,让学生自己分析学习历程与现状,评价自己学习的态度和学习特点。对其中的材料允许有以下的更改和补充:有些学生发现以前的实验报告做得不够好,提出要重做;有些学生认为上一次收集的有关数据不够准确,要重新取样等等。对有些学习内容还可以要求学生家长参与完成或参与评分。

④ "学习档案袋"的存放。全年级300—500个学生,每人一个"学习档案袋",存放也成问题。学校如果无法统一存放,可以"化整为零",存放在学生家里,让家长协助管理,需要时带回学校。毕业时,发还给学生。有些学生还把"学习档案袋"的内容制成光碟保存。

⑤ "学习档案袋"内容的评价。"学习档案袋"的内容评价方式可以用等级制(优、良、及

格)或百分制,只要学生参与了,不论制作的水平如何,迟交、补交都应评及格等级以上。有些学校为了鼓励更多的学生积极参与,还可以根据学习内容项目的不同,设立"版面设计艺术奖"、"实验创新奖"、"实用性优秀奖"等等,凡获奖者累计在期末总评时加分。还应规定评定的成绩占学期总评的一定比重,综合考察学习态度、学习水平、学习能力和考试学习成绩,尽可能对学生学习情况进行全面的评价。

(7) 网络平台。评价系统,将所有评价资料,在网上共享,教师可以看到学生的,学生也可以查阅到教师的情况。其中课堂教学中学生的表现(音像资料)由学生自行根据需要从教师课堂实录上裁剪。在网络上教师学生没有秘密可言,共同交流,或共同提高。有的学生说:现在可以查到老师要考我们什么。的确,有些考核内容让他们早知道,他们会更努力去学、想法去学。

四、有效教学的标准

有效教学的定义——有效教学指教师遵循教学活动的客观规律,以尽量少的时间、精力和物力投入,取得尽可能多的教学效果。教学的有效性包括如下三重意蕴:

有效果:是对教学活动结果与预期教学目标的吻合程度的评价;

有效率:教学活动是一种精神性生产活动。教学活动表述为:教学效率 = 教学产出(效果)/教学投入,或教学效率 = 有效教学时间/实际教学时间;

有效益:指教学活动的收益、教学活动价值的实现。即教学目标与特定的社会和个人的教育需求是否吻合及吻合程度的评价。

有效教学的标准——国内研究分为基础性和发展性两个维度:

基础性:(1)是否把握教学内容的定位;(2)是否注重个别差异;(3)教师的表述是否清晰,包括言语概念式表述、案例领悟式表述和图式结构式表述;(4)是否有效地使用教育资源。

发展性:(1)是否能灵活运用、选择和编制教学计划;(2)是否运用启发式使学生积极投入到课堂教学(如开放性提问,适当的幽默,鼓励冒险精神等);(3)课堂教学能否体现互动和开放的要求,老师能否尊重学生,唤起学生的自律意识,能否容许学生个体专长的课外开放;(4)是否具有科学思维和创造性。

这两个纬度的缺点是:(1)把研究过多地囿于课堂教学范畴,就课堂教学谈课堂教学,看不到教学与其他外界系统(如政策、管理乃至社会)的联系。(2)标准过于宽泛,缺乏可操作性与指导性。

【任务接受所】

1. 以科学教材的任意一个单元内容为素材,设计一个学生实验探究活动表现评价的方案。

2. 为你自己设计一个"小学科学教学技能"的学习档案袋,体验档案袋的设计要求和过程,然后与同学交流、分享和研讨。

3. 科学课程需要多种评价方式和策略的相互配合,请你谈谈如何根据科学课程的特点选择有效的评价策略。

4. 尝试使用本书介绍的科学课堂教学评价表去评价某一堂科学课,把你的评价结果与其他同学或老师进行比较,看是否一致。如果不一致,请分析可能的原因。

5. 教师观察法、问卷调查法、作业作品分析法、评议法、成长记录袋评定法、表现评价法各有什么特点?在小学科学教学中如何科学地选择这些评价方法?请你选择一种评价方法,结合自己的教学实践写一篇教学评价案例并加上评析。

6. 小学科学教学评价有哪些常见的类型?不同的评价类型各有什么功能?

【阅读资料】

陶行知爱生思想

一、教育是从爱里产生出来的

教师对学生爱的情感,不是基于血缘关系的一己之爱,而是源于社会赋予的神圣责任,源于对青少年未来的殷切希望,它具体表现为对学生的一种亲近感、期望感、责任感。正是这种崇高的情感激励许多优秀教师对工作认真负责,一丝不苟,对业务刻苦专研、精益求精。对此,陶行知有着深刻的体会。他说:"晓庄是从爱里产生出来的"、"有了爱便不得不去找路线,寻方法,造工具,使这爱可以流露出去完成他的使命。流露的时候,遇着阻力便不得不奋斗——与土豪劣绅奋斗,与外力压迫奋斗,与传统教育奋斗,与农人的封建思想奋斗,与自己带来之伪知识奋斗。这奋斗之历史,也就是这颗爱心之历史。"

陶行知先生是这样说的,更是这样做的。抗日战争时期,他在重庆创办了育才学校,为了使育才学校的幼苗茁壮成长,他在经受政治上接连不断的迫害和经济上的严重困难的情况下,以不屈不挠的精神和惊人的毅力,硬是坚持把育才办下来。曾有人劝他放弃育才学校,理由是"抱着石头过河游泳会淹死的"。他却表示:"我不是抱着石头游泳,而是抱着爱人游泳,越游越起劲,要游过急流险滩,达到胜利的彼岸。"

二、从"爱满天下"出发,把爱生与爱才、爱民族统一起来

陶行知奉行的格言是"爱满天下"。对学生一视同仁,不以家庭门第、衣裳面貌及个人好恶取人。尤其把关注的目光投向许多有特殊才能的穷苦孩子。在普及教育运动的实践中和参观抗战后的长沙、重庆等地的保育院时,他发现老百姓中有许多穷苦孩子有特殊才能,因为没有得到培养的机会而枯萎了。对此,他感到深深的惋惜,认为这是"民族的损失,人类的憾事",主张对国家民族的人才,不管他有什么缺憾,只要有特殊才能,都应该加以特殊之培养。他克服重重困难,创办了育才学校以培养难童中有才能的人才幼苗,从而为中国革命,为新中国建设培养出一大批有用的人才。为了实现"爱满天下"的夙愿,他抛弃大学教授的优裕生活,谢绝国民党高官厚禄的邀请,脱去西装革履,穿起布衣草鞋,奔赴乡村,面向中国最底层的劳动人民,投身于平民教育运动中。

三、真教育是心心相印的活动

在陶行知的爱生思想中,有一段话特别感人至深:"要想完成乡村教育的使命,属于什么计划都是次要的,那超过一切的条件是同志们肯不肯把整个的心献给乡村人民和儿童。真教育是心心相印的活动。唯独从心里发出来的,才能打到心的深处。"这段话启示我们,教育者在教育过程中不能把目光仅仅投向教学的技术及硬件建设方面。当然,这些都是必要的,但更重要的,师生交往主要是精神的交流、心与心的交流。因此,作为教育者首要关注的是被教育者的情感及态度。如何才能实现教育者与受教育者之间的心心相印呢?

首先,教育者应向学生"烧心香"。教育者心里应常常牵挂着学生成长过程中的困难,惦记着学生所期盼的幸福,与学生同甘共苦。换句话说,教育者内心应永远保持一颗童心,善于走进学生的情感世界,去感受他们的喜怒哀乐。

其次,跟学生学,与学生、大众站在一条战线上。陶行知在《中国大众教育问题》中告诫教育者:"如果你不肯向你的学生虚心请教,你便不知道他的环境,不知道他的能力,不知道他的需要;那么,你就有天大的本事也不能教导他……不但为着学生而且为着你自己,你也得跟着学生学。你只须承认小孩有教你的能力,你不久就会发现小孩能教你的事情多着咧。只须你甘心情愿跟你的学生做学生,他们便能把你的'思想的青春'留住;他们能为你保险,使你永远不落伍。"接着,陶先生进一步指出,教师不仅要心甘情愿拜学生为师,而且需与学生、大众站在同一条战线上,共同为追求真理而奋斗。这样,才能使教师的身心与学生融为一体,师生的身心与社会融为一体,在师生之间搭起风雨同舟、相依为命的感情桥梁,成为探索真理道路上互相尊重、心灵相通的同志和战友。

第三,注重师生接近,注重以人教人。拥有童心,成为学生真诚的朋友,是教师施教的前提、基础。但仅限于此,并不等于就有了教育。要实现心心相印的真教育,培养出"追求真理的真人",关键是教师要摒弃师道尊严的传统观念,建立平等、民主的工作作风,注重师生接近,注重以人教人,促使学生早日实现"自觉觉人、自化化人"的飞跃。陶先生在《南京中等学校训育研究会》文章中对此进行了详细的论述:"我们希望今后办训育的人要打破侦探的技术,丢开判官的面具。他们应该与学生共生活、共甘苦、做他们的朋友,帮助学生在积极活动上行走。他们也不应当忘记同学相互感化的影响;最好还要运用同学去感化同学——运用朋友去感化朋友。"他深信这种共学、共事、共修养的方法能打破人与人的隔阂,促使师生间实现真正的精神相通,从而达到心心相印的教育效果。同时,教师要鼓励学生与教师赛跑,教师也要不断鞭策自己努力跑在学生前头引导学生,这是教师的责任,也是教师的可敬之处。

四、正确对待天理与人欲

青少年时代,是充满梦想的年龄,色彩斑斓的社会对青少年充满诱惑。教学中,如何正确对待天理与人欲,一直是教师甚感棘手的问题。长期以来,许多教师一直戴着有色眼镜看待学生生活中的正常要求,甚至有些教师认为,为了学生未来的前途,牺牲个人眼前的正常需要是值得的、必要的。正是在这种错误思想指导下,我们的教育渐渐失去了人情味,变得野蛮、残酷起来。对此陶行知给予了深刻的批判:"中国从前的旧文化,是上了脚镣手铐的。

分析起来,就是天理与人欲,以天理压迫人欲……是以天理为一件事,人欲为一件事。人欲是不对的,没有地位的。"在陶先生看来,理不是欲外之理,不是高悬在人欲之上、远离生活的虚无缥缈的教条;人的欲望也不是很坏的东西。在生活即教育原则下,人欲是有地位的。教育者的使命就是用教育的力量,来达民之情,遂民之欲,把天理与人欲打成一片。因此,教师要正视孩子的要求。在教育过程中,教师要创造条件满足孩子正当合理的需要,使我们的教育多些情义,少些冷酷;多些人道,少些野蛮。使学生接受教育的时候,有求学之乐趣,而无不必要之恐怖与烦恼。

五、爱护和发展学生的个性及创造性

陶行知希望教育者要像爱迪生母亲宽容爱迪生那样爱护有"个性"的青少年。陶行知号召教师,要有爱迪生母亲那样了解儿童及帮助儿童的修养,像园丁一样,给予适当的阳光、空气、水分和养料,并扫除害虫,使他们一天天生长繁荣。与此相适应,陶行知非常反对扼杀青少年个性和创造力的行为。他告诫教师,不要当"糊涂的先生"。要防止"墨水笔下有冤魂",要警惕"教鞭下有瓦特","讥笑中有爱迪生",别把学堂办成"害人坑"。

针对旧教育"死读书、读书死"的特点和缺乏创造力的弊端,陶行知首先提出了"六大解放"的独创性见解,以培养和发展儿童的创造力。即解放儿童的眼睛,使他们能看事实;解放儿童的头脑,使儿童的创造力从固有的迷信、成见、幻想层层裹头布中解放出来;解放儿童的双手,是要让儿童有动手"做"的机会;解放儿童的嘴,让他们得到言论的自由,让他们能自由发问;解放儿童的空间,让小孩子"去接触大自然中的花草、树木、青山、绿水、日月、星辰以及大社会中之士、农、工、商、三教九流,自由地对宇宙发问,与万物为友,并且向中外古今三百六十行学习";解放儿童的时间,使儿童有学习人生的机会。六大解放的独到性见解,为青少年儿童社会化与青少年创造力的培养和发展提供了广阔深厚的实践土壤,也为当代教育改革拓开了思路。

【小贴士】

什么是好课的最高境界

在20世纪90年代,山东十几个校长跑到辽宁盘锦去听魏书生老师的课。

校方很热情,把他们安排进教室,坐在后面,等着魏老师上课。校长们想,今天终于如愿了,看看魏书生的课有多厉害!上课铃响了,魏老师走进来,一句话没说,只是在学生中间转来转去,瞧瞧这个,看看那个,时而嘀咕几声,时而交流几句。校长们沉不住气,跑到跟前去看学生在干什么。学生一边看书一边讨论,写写画画,一会儿下课铃响了,魏书生悄悄地走出了教室,学生还是该干啥就干啥。

回来的路上,校长们悻悻然。有的说:"跑了这么远,啥也没看到。"有的说:"魏书生一句话也没说,这是什么课?!"也有的说:"这才是真正的好课啊。"教师在课堂上不讲,这是好课的最高境界!

记得苏霍姆林斯基说:"在学生的脑力劳动中占首位的,不是熟背、死记别人的思想,而是学生自己进行思考。"教师是学生学习的组织者和推动者,应充分发挥主导作用,创设各类学习情境,让学生个人的新旧知识间产生摩擦,让学生与学生之间、学生与教师之间产生交换意见的冲动,让学生的认知产生从感性到理性的飞跃。

魏书生老师的课,正是这一理论的极好佐证。最高效率的教学方式是让孩子动手、动眼、动嘴、动脑的学习。

参考信息资源

【1】 张红霞.小学科学课程与教学.北京:高等教育出版社,2004.

【2】 陈乾晖.小学科学有效性合作学习探析.教材与教法,2005(19).

【3】 陈华彬,梁玲.小学科学教育概论.北京:高等教育出版社,2003.

【4】 余林.课堂教学评价.北京:人民教育出版社,2007.

【5】 郑金洲.教育的意蕴.福建:福建教育出版社,2008.

【6】 张大均.教与学的策略.北京:人民教育出版社,2003.

【7】 课程论与教学评价.http://www.csust.edu.cn/pub/cslg/xxzy/ldxdjyzx/lilun/t20070905_53659.htm